KB193344

미래인재육성의 요람

# 중국의 교육

미래인재육성의 요람

# 중국의 교육

이수진

차이나하우스

**중국의 교육: 미래인재육성의 요람**

지은이 이수진
펴낸이 이건웅

초판 1쇄 인쇄  2021년 01월 05일
초판 1쇄 발쇄  2021년 01월 08일

차이나하우스
출판 등록 2009년 4월 27일 제2020-000028호
서울시 종로구 자하문로 301 2층
전화(02) 3217-0431, 팩스(0505) 352-0431

이 책은 차이나하우스가 저작권자와 계약하여 발행했습니다.
본사의 서면 허락 없이는 어떠한 형태나 수단으로도
이 책의 내용을 이용할 수 없음을 알려드립니다.

ⓒ 이수진, 2021

ISBN:  979-11-85882-43-7 (93370)
가격: 16,800원

이 책은 한국교육개발원 교육정책네트워크에서 발행한 해외교육동향 기획기사(2017-2019)
및 교육정책포럼, 교육신문에 발표된 내용을 수정·보완하여 완성되었음.

# 머리말

　　1978년 개혁개방 이후 중국은 국민경제와 교육이 빠른 속도로 발전하면서 교육재정이 확대되고 교육기회가 늘었으며 교육여건이 크게 개선되었다. 신중국 성립 초기 80%의 인구가 문맹이었지만, 오늘에 이르러 중국은 세계 최대 규모의 교육시스템을 갖추게 되었다. 그동안 중국은 교육우선 발전전략을 견지하며 교육의 총체적 발전, 교육체제 개혁 심화, 세계적인 도약을 위한 인재육성과 인적 자본의 축적을 위해 지속적인 노력을 해왔다. 자질을 갖춘 인재를 대거 양성하고, 국민 소양을 제고하였으며, 과학기술 혁신과 문화 번영을 추진하여 경제 발전, 사회 진보와 민생 개선을 실현하였다.

　　이처럼 교육은 국가발전의 중요한 초석이 된다. 교육은 국민의 종합적 자질을 높이고, 인류의 발전을 촉진하는데 결정적 역할을 한다. 정보화 사회 진입, 지식경제화 및 글로벌화가 가속 되는 요즘, 교육은 국가발전에 점점 더 중요한 영향을 미치고 있다. 교육은 이러한 현대화 발전을 위한 중요한 동력이자 원천이 되는 것이다.

　　이에 중국은 경제의 지속적인 발전, 부강 · 민주 · 문명 · 조화의 현대화 목표를 실현하는데 선진적인 교육이 뒷받침되어야 한다고 강조하고 있다. 중국 국무원은 2010년 「국가 중장기 교육개혁과 발전계획요강(2010~2020년)」을 발표하고 2020년까지 교육 현대화 실현, 학습형 사회 기초 형성, 인적자원 강국 진입을 제시한 바 있다. 중국공산당 제

19차 전국대표대회(이하 19대)에서도 교육사업을 우선적으로 발전시키겠다고 강조하고, 2035년까지 교육 현대화 실현, 교육 강국 진입을 목표로 하는 '교육 현대화 2035' 계획을 발표하였다. 교육이 먼저 현대화를 이루어야 국가 현대화를 위한 적합한 인재를 공급할 수 있다고 보았기 때문이다. 19대가 제시한 교육 강국 건설은 교육 현대화를 가속화하고, 모든 아이들이 공정하고 질 좋은 교육을 누릴 수 있도록 하며, 교육 우선발전을 계속 견지하고, 교육의 공평성 심화, 전반적인 교육의 질 향상, 교사양성 강화를 추진해나가는 것이다. 중국은 이러한 교육 현대화 사업을 바탕으로 세계 강국으로 부상하기 위한 날개짓을 하고 있는 것이다.

지난 40년을 돌아보면, 1977년 대입시험 부활부터 9년 무상 의무교육 실시, 고등교육 대중화 실현까지 중국의 교육발전은 매우 눈부시다. 중국 교육은 이제 기본적인 필요를 충족시키는 것으로부터 바람직한 교육을 추구하는 역사적 전환점을 맞고 있다. 정부의 강력한 정책에 기반하여 중국 교육은 기존의 양적 확대에서 질적 발전으로, 교육대국에서 교육강국으로, 그리고 인적자원대국에서 인적자원강국으로의 전환을 향해 나아가고 있는 것이다. 이것이 바로 중국 교육체제 개혁의 성과에 세계가 주목하는 이유이다.

하지만 오늘날 중국은 이와 같은 양질의 교육을 제공하기 위한 많은 노력에도 불구하고, 교육 현대화 건설을 위해 교육 사상, 교육 제도, 교육 내용, 교육 수단과 관리 등 여러 면에서 보완해야 할 요소들이 산재해 있다. 각종 교육자원의 역사적 축적이 부족하고 교육 전반의 여건은 아직 미완성 상태이며, 늘어나는 국민의 좋은 삶에 대한 요구에 비해 지역 간 교육 격차가 여전히 크다.

최근 자기주도학습과 계발식 · 연구식 수업을 강조하고는 있지만,

실제로는 여전히 입시를 위한 지식위주의 교육이 지나치게 중시되고 있다는 점은 중국 교육의 중요한 해결과제이다. PISA 테스트에서의 뛰어난 활약으로 상하이 기초 교육이 지속적인 관심을 끌고 있지만, 이 학생들이 거둔 성적은 '고강도, 장시간' 훈련의 토대 위에 세워진 것이라는 분석도 있다. 이에 중국 교육부는 2016년 「고등학교 입시제도 개혁 추진에 관한 지도의견」을 발표하고, 학업수준시험과 학생종합소양평가를 보완하여 입시교육 위주의 경향을 극복할 것을 제시하였다. 이는 중국 교육이 '점수 중심'에서 점차 '소양 중심'으로 변화되고 있음을 보여준다.

중국이 안고 있는 또 다른 중점 과제로는 교육자원 불균형이 있다. 국무원은 이를 해결하기 위해 「교육 빈곤퇴치 5개년 계획」을 발표하고 각 빈곤지역의 의무교육에서 드러난 문제를 보완할 것을 요구한 바 있다. 최근에는 중국에서 교육 정보화가 견고한 기반을 갖추고 인공지능(AI) 기술이 성숙해지면서 이를 교육 분야에 응용해 지역 간 교육 불균형 문제가 크게 완화될 것으로 기대되고 있다. 이를 통해 중국 중서부 낙후 지역에서도 유능한 교사의 수업과 사교육 콘텐츠 등 양질의 교육 자원을 쉽게 얻을 수 있게 된다.

중국은 "미래 발전은 인재에 달려 있고, 그 기초는 교육에 있다"고 강조하고 있다. 중국은 앞으로도 이러한 교육관을 바탕으로 국가차원의 대대적인 지원을 통해 교육 현안을 해결하고 교육의 질을 크게 향상시킴으로써 더욱 스마트하고 개방적이며 역동적인 미래를 만들어 갈 것으로 예상된다.

이 책은 저자가 한국교육개발원 교육정책네트워크 해외교육동향 기획기사(2017~2019년)와 교육정책포럼, 교육신문 등에 기고한 글들을 모아 완성하였다. 매달 중국의 교육정책과 제도 중 이슈가 되는 주제를 다루다 보니 폭넓은 내용들에 대해 훑어볼 수 있었다. 그동안 다룬 다양한 주제들을 교원임용과 업무경감, 교권보호와 교원역량 강화, 연계교육과 맞춤교육, 교육의 다양화와 정보화, 학생생활 및 교육지원, 교육복지 및 교육규모, 교육분야와 지역사회 간 협력 등 7개 파트로 구성하였다. 이 책에서 다룬 중국 교육의 다양한 현상과 정책들이 중국 교육에 대해 궁금해 하는 학생, 교사 및 연구자들에게 참고자료로 활용되어 조금이나마 도움이 되었으면 하는 바람이다.

마지막으로 이 책의 집필 뿐 아니라 연구를 위해 항상 지원해주는 서주의과대학(徐州医科大学)에 감사한다. 특히 지난번에 이어 이번에도 출판을 흔쾌히 허락해주고, 출판작업을 위해 애써주신 차이나하우스 이건웅 대표께 깊은 감사의 마음을 전한다. 앞으로도 차이나하우스를 통해 중국의 다양한 분야를 아우르는 좋은 글들이 많이 출간되기를 바란다.


2021년 1월
중국 서주(徐州)에서
이수진(李秀珍)

# 차례

머리말      5

목차      9

01 교원임용과 업무경감      13

중국의 교사 임용 시스템      14

중국의 교육분야 비정규직 현황      23

중국 학교 내 인력의 역할과 기능      34

중국의 교원평가 실시 현황      41

중국 초중등학교 교사의 하루 일과      50

중국의 교원 업무 경감 정책      59

02 교권보호와 교원역량 강화      71

중국 「교사법」 과 교권보호      72

중국의 교사 수업권 보호      84

중국 골간교사제의 실시배경과 운영내용      93

중국의 교원 전문성 함양 프로그램      102

03 연계교육과 맞춤교육      113

중국의 유초등 연계 교육      114

중국의 초중등 연계 교육      124

중국의 학습자 중심 수업 운영      136

중국 고등학교의 학점제 운영 현황   147

중국의 대학입시제도   156

**04 교육의 다양화와 정보화**   169

중국의 대안교육 운영현황   170

중국의 생존수영 교육   181

중국의 금융문해 교육   190

중국의 초중등 진로교육   199

중국 초중등 인공지능 교육   223

**05 학생생활 및 교육지원**   235

중국 초중등학교 학생의 하루일과   236

중국의 수업방해 학생에 대한 교내 지도방법   248

중국의 기초학력 부진학생 지원 시스템   258

중국의 청소년 자원봉사활동   268

**06 교육복지 및 교육규모**   277

중국의 정규수업 전·후 초등학생 돌봄 정책   278

중국의 초중등 무상교육 범위   290

중국의 통학 안전정책 추진내용   300

중국의 학급편성 및 운영 체계   313

중국의 학교 규모 적정화 정책   325

중국의 인구구조 변화 대응을 위한 교육정책   336

**07 교육분야와 지역사회 간 협력**   345

중국의 특수학교 운영과 지역공동체의 역할   346

중국의 마을교육공동체 실시 현황　　　　　　　　　359
중국 초중등학교의 고농도 미세먼지 대응 현황　　　369
중국의 국민 소통을 통한 교육정책의 신뢰 제고　　379
중국의 헌법·교육법 속 교육 기본권　　　　　　　　388

교원임용과
업무경감

## 중국의 교사 임용 시스템

중국에서는 '천지군친사(天地君親師)'라 하여 교사를 천지, 임금, 부모 다음의 위치에 두었다. 이는 전통적으로 중국에서 교사의 위치가 얼마나 중요했는지를 알게 한다. 교사는 학생을 가르치는 교육자일 뿐 아니라, 학습의 조력자이고, 정신적 지도자이며, 사회 공헌의 촉진자이기도 하다. 이 때문에 중국 정부와 학교에서는 유능한 교사를 채용함으로써 학생발전과 교육발전을 끌어올리고자 노력하는 것이다.

## 1. 전통적 교사임용 방식의 문제점

중국은 과거 교사임용에 있어서 '교사임명제(敎師任命制)'를 채택해왔다. 교사임명제는 중국이 계획경제 체제하에서 학교와 상급 교육주관부처가 자격에 상응하는 교사를 임명하고 임명장을 발급해주던 제도이다. 교사임명제는 계획적인 채용, 행정적인 임명, 조정배치의 형식을 통해 교사를 효율적으로 활용·관리하는 제도로 이 제도 하에서 교사는 학교, 교육행정부문과 '피관리자' 대 '관리자'라는 행정적 관계에 놓이게 된다.

1949년 신중국이 성립된 이후 오랜 기간 중국의 초중등학교 교원 수는 매우 부족한 상황이었다. 당시 중국의 교사에 대한 처우 및 사회적 지위가 매우 낮아 교원선발이 쉽지 않았다. 교사임명제는 이러한 중국의 열악한 교육환경에서 총괄적인 교원수급 계획을 통해 안정적인 교원수급을 보장하는 중요한 역할을 하였다.

임명제에서 교사와 학교 간에는 명확한 권리, 의무관계가 없고, 교사들의 책임감이 부족하였다. 당시 교원들 사이에는 "잘하든 못하든 마찬가지다", "많이 하든 적게 하든 마찬가지다"는 식의 인식이 만연하여 초중등 교사의 동기를 상실하게 하고 교육의 질을 떨어뜨리는 요인이 되었다. 즉 한번 임명되면 정년이 보장되는 '철밥통' 교원임용제 하에서 교사들은 미래에 대한 걱정이 없기 때문에 교육업무에 대한 스트레스와 열정이 줄어들게 된 것이다. 또한 한번 임명되고 나면 한 학교에서 다른 학교로 이동이 없고, 부적합한 교원에 대해 학교가 해임권을 갖고 있지 않아 학교 간 교육자원 및 교사자원의 공유가 어렵다는 점이 문제로 지적되어 왔다.

## 2. 중국 교사초빙 임용제의 실시현황

중국 사회에 시장경제체제가 도입되면서 "개인의 노동에 대한 보수와 이를 위해 투입된 노력이 일치될 때 일에 대한 적극성을 이끌어낼 수 있다"는 관념이 보편화되기 시작하였다. 또한 중국 정부는 기존의 낡은 방식이 변화하는 사회경제체제와 부합하지 않는다는 점을 인식하고 1990년대에 들어 '교사초빙임용제(教師聘任制)'를 제안하게 되었다. 교사초빙임용제는 중국이 사회주의 시장경제체제에 적응하기 위해 도입한 것으로 이는 '근로 계약제(勞動合同制)'를 교육영역에 적용시킨 것이라 할 수 있다.

중국에서는 개혁개방이 심화되면서 기초교육의 질적 문제를 인식하고 사회주의 시장경제의 발전에 적응해가기 위해 교육영역에 대한 개혁이 필수불가결한 문제로 대두되었다. 그중 기초교육 인사제도개혁은 전체 교육개혁의 핵심과제가 되었다. 초중등교사 임용제도에 대한 개혁은 80년대부터 시작되었고 90년대 들어 임용제 개혁을 원활히 진행하기 위해 일련의 법규와 정책이 발표되었다. 1993년 「중화인민공화국 교사법」 제 17조를 통해 "학교와 기타 교육기관은 점차적으로 교사초빙임용제를 실행하여야 한다. 교사의 임용은 마땅히 쌍방 평등의 원칙을 따라야 하며 학교와 교사는 임용계약을 상호 체결하고 쌍방의 권리, 책임 및 의무를 명확히 규정해야 한다"고 밝혔다. 1995년에는 「중화인민공화국교육법」 을 발표하고 "국가는 교사의 자격, 직무, 임용제도를 정하고 평가, 상벌, 교육과 연수를 통해 교사의 질을 제고해야 한다"고 명시하였다. 이어 1999년 교육부가 제정한 「21세기를 향한 교육진흥행동계획」 (이하 '행동계획')에서도 초중등학교에서 교사초빙임용제를 실시하고 평가를 강화하며 경쟁을 통해 교원의 역량을 최적화할 것을 언급하였다. 또한, 행동계획에서는 교원선발 대상의 범위를 확대하고 교사자격을 갖춘 비사범계열 대학의 우수 졸업생들이 초중등 학교 임용에 적극 지원하여 교원구조가 개선되도록 할 것을 언급하였다. 2002년 발표된「사업단위 인원 임용제도 시행에 관한 의견 통지(關於在事業單位試行人員聘用制度意見的通知)」및 2003년 발표된「초중등학교 인사제도 개혁 심화에 관한 실시의견(關於深化中小學人事制度改革的實施意見)」에서는 초빙임용제를 구체화하고 있다. 이러한 문건에서 보여주듯이 중국의 교사초빙임용제의 실시는 기초교육 개혁을 촉진하기 위한 중요한 역할을 하고 있다고 볼 수 있다.

초빙임용제에서 교사와 학교 간 상호 선택을 통해 임용계약서를 체결하기 때문에 법률적으로 상호 간 완전히 동등한 지위에 놓이게 된다. 또한 교사는 학교선택 및 임용여부에 대한 자유가 있고, 학교는 법적 임용 및 해임의 권리를 갖는다. 때문에 학교와 교사는 전통적 임명제에서의 행정적 관계를 벗어나 평등한 계약관계에 놓이게 된다. 초중등학교 교사초빙임용제 개혁은 30여년의 실시를 통해 중국 초중등 교사의 질을 제고하는데 큰 역할을 한 것으로 평가받고 있다. 한편 초빙임용제가 진정한 의미에서 교원의 임용과 해임이 가능한 메커니즘인가에 대한 의문이 제기되고 있으며 여전히 일선에서는 부적합한 교사를 적당히 배치하면서 형식적으로 실시되는데 그치는 것 아니냐는 지적 또한 나오고 있다. 교사초빙임용제에서의 교사 임용 주체, 교사 임용 자격, 교사 임용 절차를 살펴보면 다음과 같다.

## 1) 교사 임용 주체

교사초빙임용제에서 교사를 선발하는 주체는 학교이다. 2002년 발표된 「농촌의무교육 관리체제 보완에 관한 통지(關於完善農村義務教育管理體制的通知)」제 13조에서는 "현급 교육행정부문은 법에 의거하여 농촌 초중등학교 교원의 자격 인정, 임용, 연수, 배치 및 교류, 평가 등 관리기능이 없으며 농촌 초중등 교직원을 임용할 권리가 없다"고 명시하고 있다. 하지만 초빙임용제의 실시과정에서 일부 지역은 학교가 아니라 교육국이 교사임용을 주관하기도 하여 교육주체가 누구인가에 대한 명확성 문제가 제기되었다.

신임교원의 임용 뿐 아니라 이미 임용된 모든 교원에 대해서도 계약기간이 만기됨에 따라 평가를 통해 재임용 여부가 결정되어진다. 이는 교원의 업무효율을 제고하고 일단 임용되고 나면 평생 보장된다는 안일한 생각을 타파하기 위한 장치라고 할 수 있다. 대부분 임기 만료 후 재임용되기 때문에 계약직처럼 불안정한 것이 아니라 자신의 업무목표를 달성하면 임용이 보장되는 비교적 안정적인 질 보장 장치라 할 수 있다.

## 2) 교사 임용 자격

각 지역에 대해 교원임용 조건을 마련하도록 하고 있으나 다음과 같은 기본적인 조건은 포함되어야 한다. 즉, 중국 국적의 소유자여야 한다. 사상정치적 소양이 바르고 교육사업에 열정이 있으며 바람직한 직업 윤리를 갖추고 있고, 품행이 단정하고 법을 준수해야 한다. 「교사자격조례」에서 규정한 교사자격증서를 소유하고 있어야 한다. 「교사법」에서 규정한 기본 학력조건을 소유해야 한다. 단, 각 지역에서 지역의 교육현실을 고려하여 학력에 대한 요구조건을 결정할 수 있다. 심신이 건강하고 소속 부서의 요구에 적응할 수 있어야 한다.

### 3) 교사 임용 절차

신규교원 채용은 일반적으로 임용방안 제정, 채용 공고, 지원, 자격 심사, 시험, 신체검사, 공시, 임용, 보고 등의 순서로 진행된다.

우선, 임용방안을 제정한다. 각 학교는 교원수가 부족하거나 그해 임용 계획이 있을 경우 교육행정 주관부서에 임용 계획을 신청한다. 각 지역(현ㆍ시ㆍ구)교육행정 주관부서는 신청여부와 현지 교육 상황에 기초하여 지역 내 교원 초빙 방안과 채용 공고를 연구ㆍ제정한다. 인적 자원사회보장부의 심사를 거친다.

둘째, 채용계획을 공고한다. 채용 공고는 인가를 거쳐 관내 인적자 원사회보장부 홈페이지에 게시하며, 해당 지역 교육행정부문 홈페이지나 기타 언론사에도 공시하도록 한다.

셋째, 신청 및 자격 심사를 실시한다. 조건에 부합하는 자는 누구나 초빙에 응할 수 있다. 공개 모집은 원칙적으로 인터넷으로 접수하며, 인터넷 접수 기간은 3일 이상 되도록 하고 있다. 필기시험과 면접을 실시하기 전 응시자에 대해 자격 심사를 실시한다.

넷째, 시험 참여 비율을 정한다. 원칙적으로 채용 예정 인원수의 3 배수가 시험 참여인원으로 정해진다. 직급이 높은 경우, 특수 분야인 경우, 전문 인력이 부족한 경우, 채용기관이 도시에서 멀리 떨어져 있는 경우 등은 경쟁률이 떨어지는 것을 막기 위해 관내 인적자원사회보장부의 동의를 얻어 적절하게 응시 인원을 늘릴 수 있다.

다섯째, 시험 및 심사를 진행한다. 임용시험은 일반적으로 필기와 면접을 결합한 방식으로 진행된다. 원칙적으로 필기시험을 먼저 실시하나 각 지역에서는 사정에 따라 면접을 먼저 실시할 수 있다. 시험내용은 초중등 및 학과에 따라 달라지는데 주로 학과 및 교육지식을 포함한다. 면접은 수업실연, 말하기, 전공 적성 테스트, 종합 능력 테스트 등 다양한 방법으로 이루어진다. 이는 응시자의 교육 수준, 심리적 소양, 언어 구사 능력, 임기응변능력 등을 종합적으로 고찰하기 위함이다.

여섯째, 신체검사를 실시한다. 현급 이상 종합 병원에서 신체검사를 하도록 한다. 신체검사 기준은 공무원 채용을 참조한다.

마지막으로, 임용 확정 후 공시한다. 각 지역의 교육국과 채용 단위는 지원자의 시험 성적 및 신체검사 결과에 따라 임용을 확정하고, 관내 인력사회보장부 홈페이지에 공시하며, 공시 기간은 7일 이상으로 하고 있다.

새로 임용되는 교원은 채용기관과 규범화된 임용계약서를 체결한다. 당해 졸업생은 규정된 기한 내에 학위증서를 취득해야 한다. 임용된 후 3년 간 수습기간으로 일하게 되며, 수습기간 만료 시 임용 심사에 합격하면 계속 임용되고, 불합격하면 임용이 취소된다.

## 3. 특징 및 시사점

중국은 과거 교원 임명제 방식을 택함으로써 정부차원에서 계획적으로 교원수급을 관리하였다. 이러한 채용 방식은 기초교육 단계에서 양질의 교원을 안정적으로 수급할 수 있다는 장점을 갖는다. 하지만 임명제에서는 일단 임용되고 나면 정년까지 큰 변화가 없기 때문에 교원의 전문성 신장에 대한 동력 상실, 양질의 인적자원 이동 정체 등의 문제가 나타났다.

이를 해소하고자 중국은 학교와 피임용자 간 계약 관계를 통해 정기적으로 능력과 업무수행 정도를 평가하는 임용제를 채택하기에 이르렀다. 하지만 현 임용제에서 교원들은 계약과 평가를 통해 임용을 연장해야 하기 때문에 교육의 질보다는 진학 및 입시 등 성과에 치중함으로써 교육 경쟁을 부추기는 등 사회문제가 유발된다는 지적도 제기되고 있다.

그럼에도 중국에서 교육발전을 위한 교육개혁의 시도가 매우 과감하게 이루어지고, '평가와 경쟁을 통한 발전'이라는 자유주의 시장경제적인 사고방식을 따르고 있다는 점은 매우 주목할 만하다. 중국의 이러한 변화의 초점은 '능력중시'와 '상호경쟁'이라 할 수 있다. 결국 국가의 경쟁력과 직결되는 인재양성의 주체인 교원의 선발과 임용에 대한 권한을 학교에 이양함으로써 능력 있는 교원들이 더 많이 선발되도록 하고, 교원 조직의 발전을 위해 지속적으로 노력할 수 있도록 평가와 경쟁의 메커니즘을 도입한 점은 우리나라에서도 참고할 만하다.

참고
문헌

王博(2006). 我國中小學教師聘任中存在的若幹問題及對策. 沈陽師範大學碩士學位
　　論文.

江蘇教育(2016). 〈省教育廳省人力資源和社會保障廳關於進一步做好全省中小學校
　　新進教師公開招聘工作的意見〉蘇教規 〔2016〕 1號.
　　http://www.ec.js.edu.cn/art/2016/9/19/art_4267_197724.html에서
　　2017.11.11. 인출.

百度百科(n.d.). 教師聘任制.
　　https://baike.baidu.com/item/%E6%95%99%E5%B8%88%E8%81%98%E4
　　%BB%BB%E5%88%B6/6063897?fr=aladdin에서2017.11.06. 인출.

# 중국의 교육분야 비정규직 현황

교원이 병가, 출산휴가 등 부득이 한 사정으로 휴직을 한 경우, 이 자리를 한시적으로 담당하게 할 비정규직 교원을 채용하게 된다. 비정규직 교원들은 업무분장, 대우 등에서 불이익을 받거나 사회적으로 인정을 못받기도 하며, 잘못된 업무에 대한 책임을 전가 받음으로써 스트레스에 시달리기도 한다. 비정규직에 대한 부당한 대우나 사회적 지위, 교권보장 문제는 중국에서도 유사하게 나타나고 있다. 최근 중국에서는 비정규직 교원에 대한 동일노동, '동일임금(同工同酬)' 정책이 제시되며 비정규직 교원의 권익보장이 점차 실현되어 갈 것으로 기대를 모으고 있다.

## 1. 중국 비정규직 교사의 개념 및 현황

중국에서 비정규직 교사와 유사한 개념으로 '비편제교사(非编制教師) 또는 편외교사(编外教師)'가 있다. 비편제교사란, 공립 초중등학교에 고용된 국가 사업단위 편제 외의 교사를 일컫는다(付琼玉, 2017). 소위 '편제(编制)'란, 조직기관의 설치 및 그 인원 수, 직무배치로, 편제제도는 중국 계획경제 시대의 잔유물이라 할 수 있다(张越, 2011). 이들 비정규직 교사는 1949년 신중국 성립 이후 줄곧 존재해왔다. 이전에는 이들을 '민판교사(民办教師, 사립교사)', '대과교사(代课教師, 수업대리교사)'로 부르기도 했으나, 최근 교육부처에서 비편제교사 관리를 규범화 하면서 명칭을 통일하였다. 쿤밍시(昆明市)에서는 이들을 임시채용교사로 부르기도 한다(李思怡, 2017).

〈표 1-1〉 중국 비정규직(비편제) 교사의 유형

| 비정규직<br>(비편제) 교사 | 편제여부 | 임용방식 | 발전현황 |
|---|---|---|---|
| 민판교사<br>(사립교사) | 사립교사<br>편제가 있음 | 교육부처에서<br>통일적으로 채용하고<br>민판교사 임용증서를<br>발급 | 1987년 1월부터<br>민판교사인증을 전면<br>취소 |
| 대과교사<br>(수업대리교사) | 편제 없음 | 단위학교에서<br>자발적으로 채용 | 2000년부터 국가에서<br>대과교사 퇴출정책<br>실시 |
| 임시교사 | 편제 없음 | 교육부처에서<br>통일적으로 채용 | 최근 통일적으로<br>임시교사를 선발해<br>부족한 교원인력을<br>보충함 |

1980년 이후 중국 초중등 비정규직 교사 규모는 계속 늘어나는 추세이다. 1997년 전국 초중등학교 비정규직 수업대리교사의 수는

100.55만 명에 달했다. 2000년부터 중국 정부가 '비정규직 교사 퇴출' 정책을 펼치면서 그 수가 다소 감소하였으나 여전히 80만 명이 넘을 만큼 많은 비중을 차지한다. 2006년에는 전국 일선교사 중 비정규직 교사가 5.12%를 차지하였다(张越, 2011). 통계에 따르면 수업대리교사는 주로 농촌지역에 분포하는데, 이는 전체 수업대리교사의 80%에 해당하는 수치이다(李思怡, 2017). 2011년에는 전체 28.8만 수업대리교사 중 농촌지역이 13.3만, 도시지역이 15.5만으로 처음으로 도시지역이 53.87%를 차지하며 농촌보다 많은 수를 차지하였다. 이후 2016년까지 도시지역 비정규직 교사의 수는 오히려 증가 추세를 보이고 있다(张河森, 2014).

〈표 1-2〉 중국 초등학교 비정규직 교사 수 변화(단위: 명)

| 구분 | 2012년 | 2013년 | 2014년 | 2015년 |
|---|---|---|---|---|
| 비정규직 교사 총수 | 176,979 | 167,253 | 151,951 | 146,683 |
| 도시 비정규직 교사 수 | 31,706 | 32,788 | 33,403 | 36,138 |
| 비율 | 17.9% | 19.6% | 22% | 24.7% |

출처: 중국 교육부 통계자료(2012~2015년)

2016년 6월 쿤밍시 관두구(官渡区)의 교사채용 현황에서도 정규직 채용이 98명(중등 24명, 초등 52명, 유아 22명)인데 반해 비정규직 채용이 884명(중등 85명, 초등 678명, 유아121명)으로 비정규직 채용이 현저히 많은 것을 볼 수 있다. 이는 도시지역 학령기 아동의 증가 및 교육재정 부족으로 충분한 정규직 교원을 확보하지 못한 상황에서 임시교사를 대거 채용하였기 때문이다(李思怡, 2017). 관두구의 한 공립 초등학교의 경우, 2016년 재학생 1,453명에 정규직 교사가 37명이다. 그중 11명은 각종 사유로 학교에 나오지 않아 실질적으로 이 학교의 정규직 교사는 26명뿐이었다. 이 학교에서는 교육행정 부문에서 정한 교사 대 학생 비율(1:19)을 맞추기 위해 39명의 비정규직 교사를 채용했다. 이 학교는 학교설립 초기 18개 학급이었으나, 2014년부터 2016년까지 학급수가 28개로 증가되었다. 반면 이 기간 정규직 교사 수는 단지 2명 늘어났다.

중국에서 이렇게 비정규직 임시교사를 채용할 수밖에 없는 이유는 정규직 교사의 빈자리가 빠르게 증가하는 상황에서 비정규직 교사는 빈자리를 보충하는데 용이하고, 정규직 교사에 비해 상대적으로 비용이 적게 들어 교육재정을 줄일 수 있기 때문이라는 것이다. 또한 채용 방식이나 관리에 있어서도 정규직 교사에 비해 간단하고 탄력적이라는 점을 든다. 비정규직 교사의 채용과 관리는 채용 학교에 일임하고 있는데, 학교에서는 비정규직 교사의 채용으로 업무량을 크게 줄일 수 있다는 점 때문에 비정규직 교사를 채용한다. 이 밖에도 교육행정부처에서는 인사 리스크를 줄일 수 있다는 점도 비정규직 채용 이유로 들고 있다. 만약 정규직 교사를 대거 채용했는데 인구 증가률이 안정세로 돌아서면 교사 잉여 현상이 발생할 수 있기 때문이다(李思怡, 2017). 이처럼 비정규직 교사는 중국의 사회적 배경 하에 출현하였고, 또한, 현 시대의 사회적 요구에 의해 존재할 수밖에 없는 상황이다.

## 2. 중국 비정규직 교사의 사회경제적 지위

1990년대 이후 중국은 교사초빙임용제(教师聘任制) 개혁을 단행하였고, 이후 교직은 빠르게 발전하였으며, 공립학교 정규직 교사의 대우는 점차 나아졌다. 반면, 편제에 속하지 못한 비정규직 교사 그룹은 오랫동안 경시되어 왔다. 이들은 임금과 복지후생 등 사회경제적 지위를 제대로 보장받지 못한 채 교육계의 아웃사이더처럼 존재해왔다. 특히 '비정규직 퇴출' 정책이 발표되면서 이러한 간극은 더욱 분명해졌다(张越, 2011).

중국이 계획경제체제에서 시장경제체제로 전환하면서 비정규직 교사의 요구에도 변화가 생겼다. 정규직 교사와 여러 방면에서 조건이 뚜렷이 달라지는 상황에서 비정규직 교사들은 '편제'라는 정규직 신분에 더욱 민감하게 된 것이다. 중국에서 비정규직(비편제)라는 것은 사회경제적 지위 보장을 받을 수 없다는 의미이며, 비정규직 교사들은 이러한 문제 해결에 대해 요구하기 시작한 것이다(张越, 2011).

1994년 발표된 「중화인민공화국 교사법」에서는 "교사 월급이 공무원 기준보다 낮아서는 안된다"고 명시하였다. 하지만 이는 정규직 교사에게만 해당될 뿐이다(陈群娣, 2017). 정규직과 비정규직 교사의 대우를 보면, 정규직 교사는 준공무원에 해당하여 국가로부터 월급이 지급되며, '5대 보험(연금보험, 의료보험, 실업보험, 상해보험, 출산보험)과 주택보조금'(五险一金)의 혜택을 받을 수 있다. 보험과 주택보조금은 대부분 직장에서 지급한다. 또한 정규직 교사에게는 각종 수당, 복지혜택 및 보너스를 지급하고 일부 지역에서는 성과급도 지급하고 있다. 중국 정부는 현재 "정규직 교사의 월급이 공무원 월급 기준에 가까워지도록 한다"는 급여정책을 발표하고 이를 점차 실현해나가고 있다(搜狐网, 2017.8.9.).

반면 정규직 교사와 비정규직 교사 간 '동공부동수(同工不同酬, 동일 노동에 대한 다른 대우)'라는 불평등한 조건은 중국에서 이미 보편적인 현상이 되었다. 학교에서 배정하는 업무량과 업무강도 측면에서 보면 비정규직 교사의 주당 수업시수는 정규직 교사와 기본적으로 같다. 하지만 비정규직 교사는 고정적인 수업시수 외에도 정규직 교사보다 더 많은 잡무를 맡기도 하고, 업무 숙련도가 떨어져 업무시간이 정규직 교사보다 더 긴 경우도 흔하다(李思怡, 2017).

경제적 보장 측면에서도 비정규직 교사가 불공정한 대우를 받는 것으로 나타나고 있다. 「중화인민공화국 교사법」 제6장 31조에서는 "각급 인민정부는 적절한 조치를 취해 초중등 교사의 대우를 개선하고, '동일 노동에 대한 동일 임금(同工同酬)'을 실현시켜나갈 것"을 요구하였다. 하지만 이를 실시하는 과정에서 비정규직 교사는 이러한 「교사법」 의 적용대상에서 벗어나 있다. 쿤밍시의 경우, 최근 비정규직 교사의 월급을 인상하였지만, 여전히 정규직 교사보다 낮은 수준이다.

〈표 1-3〉 중국 정규직·비정규직 교사 간 월급 비교

| 구분 | 월급(단위: 위안) | | | | | 합계 |
|---|---|---|---|---|---|---|
| | 2000이하 | 2000~2500 | 2500~3000 | 3500~4000 | 4000이상 | |
| 정규직 (편제)교사 | – | – | 30 | 38 | 26 | 94명 |
| | – | – | 29.4% | 52.9% | 17.6% | 100% |
| 비정규직 (비편제) 교사 | 5 | 63 | 34 | – | – | 102명 |
| | 4.9% | 61.8% | 33.3% | – | – | 100% |

출처: 阳晗(2016). 城市中小学编外教师生存困境研究. 湖南师范大学.

28

〈표 1-3〉과 같이 창사시(長沙市) 초중등학교 교사를 대상으로 한 조사에서도 정규직과 비정규직 교사 간 월급 차이가 크게 나는 것을 볼 수 있다. 사회보장 측면에서도 쿤밍시의 비정규직 교사에 대한 사회보장은 제대로 이루어지지 않고 있다. 2015년이 되어서야 이들에 대한 월급수준 및 사회보장 수준을 인상하고 대부분 비정규직 교사에게 노동법에서 정한 각종 보험을 제공하기 시작하였지만 여전히 상대적으로 낮다고 볼 수 있다. 정규직 교사와 비교할 때 비정규직 교사는 아직도 주택보조금 혜택을 받지 못하고 있다. 또한, 월급기준이 낮다보니 각종 사회복지 납부금액도 상대적으로 적다.

개인의 권리 측면에서도 비정규직 교사는 법에서 정한 교사의 권리를 제대로 누리지 못하고 있다. 「교사법」에는 "교사는 자아발전의 권리, 즉 연수 참가, 학습 교류, 직업능력 개발의 권리가 있다"고 명시되어 있다. 하지만 사실상 비정규직 교사는 교내 직무 경쟁선발, 교외 연수학습, 전공대회 등에서 제외되는 경우가 대부분이다. 더욱이 승진 평정 및 교육부처의 표창 평정심사에는 아예 참여할 수조차 없다. 이는 중국에서 비정규직 교사의 직업발전과 개인능력 향상이 얼마나 제한되고 있는가를 잘 보여준다.

한 설문조사 및 인터뷰에 따르면 비정규직 교사의 직업만족도가 매우 낮은 것으로 나타났다. 비정규직 교사들은 신분의 임시성, 높은 업무스트레스, 보수의 차별성, 직업발전에 대한 권리 부족, 사회적 인지도 부족 등을 그 원인으로 꼽았다. 이들은 사회적 지위나 인지도에 있어 학부모, 동료, 학교 관리자 등으로부터 제대로 된 지원과 인정을 얻지 못하고 있다고 말한다. 비정규직 교사들은 학부모들로부터 실력이 부족할 것이라는 시선을 받아야 하고 심지어 고소를 당하는 사례도 있기 때문에 업무에 대한 스트레스가 더 클 수밖에 없다고 한다(李思怡, 2017).

## 3. 중국 비정규직 교사 관련 정책

푸젠성(福建省) 취엔조우시(泉州市)는 2016년 9월 1일 「공립 중등직업학교·초중등학교·특수교육학교·유치원 비정규직 계약 교사 관리 방안(泉州市直公办中职学校, 中小学, 特殊教育学校, 幼儿园编外合同教师管理办法)」을 발표하고 비정규직 교사에 대해 정규직 교사와 똑같이 일하고, 똑같은 임금을 받도록 한다는 '동공동수(同工同酬)'정책을 발표했다. 또한 정규직 및 비정규직 교사 모두 '평우평선(评优评先)', 즉 우수한 평가를 받는 자에 우선권을 준다는 원칙을 통해 동등한 권리를 부여받도록 한다는 것이다. 취엔조우시는 이러한 제도 개선을 통해 비정규직 교사가 정규직 교사와 동등한 지위를 보장받고 휴가, 인사, 연수 등 권익보장에 있어 차이를 두지 않기로 하였다. 이 방안에 따르면 비정규직 교사를 고용한 단위학교에서는 「노동계약법(劳动合同法)」에 따라 비정규직 교사에 '5대 보험과 주택 보조금'을 제공해야 하며, 그 비용은 고용 학교와 교사 개인이 일정한 비율로 공동 부담하게 된다. 또한 40세 이하, 5년 이상 연속 비정규직 교사로 근무한 경우 정규직 교사 공개 임용시험에 참가할 수 있는 자격을 부여하고 동등한 조건 하에 우선 임용되도록 하였다(陈群娣, 2017). 물론 이러한 제도가 전국 단위로 실시되고 있는 것은 아니지만 비정규직의 지위 개선, 권익보장에 대한 인식과 개선이 이루어지고 있다는 점에서 장기적으로 긍정적인 변화가 있을 것으로 기대된다.

## 4. 특징

비정규직 교사에 대한 부당한 대우는 중국에서도 지속적으로 해결해가야 할 교육 분야의 중요한 과제 중 하나다. 본 글에서는 중국이 처한 비정규직 교사 문제와 해결방안을 다음과 같이 요약하였다.

첫째, 비정규직 교사들의 권리 보장 의식이 약하다. 전지앙시(湛江市) 초등학교 비정규직 교사를 대상으로 한 조사에서 비정규직 교사들은 자신이 보장받을 수 있는 권리가 무엇인지, 불이익을 당할 경우 어떻게 대처해야 하는지 등에 대해 정확히 알지 못하는 경우가 많은 것으로 나타났다. 예를 들어 채용결과나 계약내용에 의문이 있을 경우, 문제의 원인을 주로 자신에게서 찾으려 하고, 이에 대해 학교 중재위원회를 찾아가 문제를 제기하거나 적극적으로 개선하려는 노력이 별로 없는 것으로 나타났다(陈群娣, 2017). 자신이 처한 지위나 관련 제도의 개선은 본인 스스로 문제점을 인식하고 이를 제기하는 데서부터 시작된다고 할 수 있다. 주어진 환경과 처우에 대한 수동적인 자세에서 벗어나 적극적인 인식과 요구가 기본이 되어야 할 것이다.

둘째, 비정규직 교사의 사회경제적 지위 보장을 위한 노조가 없다. 중국 '공회법(工会法)'에 따르면 "공회(노동조합)의 기본 책무는 교직원의 권익을 보장하는 것이다"라고 되어 있다. 하지만 중국에서는 노조가 이러한 역할을 제대로 하지 못하고 있다는 지적이 제기되고 있다. 학교 노조가 교직원의 문화 활동 담당부처로서의 성격을 띠기 때문에 교사의 권익보장에 힘쓰기보다 복지 제공에 더 초점을 맞추고 있다는 것이다. 이 때문에 극히 소수의 교사들만이 학교 노조를 찾아 문제를 제기하는 정도이다. 중국에서는 학교 노조 또한 학교의 소속부처

중 하나로 보기 때문에 감히 '월권'을 할 수 없다고 생각하는 교사도 많다. 이는 중국의 노조가 실질적으로 교사의 권익보장을 위한 여력이 크지 않다는 것을 보여준다. 게다가 비정규직 교사는 학교의 노조에 가입할 수 없다고 되어 있어 비정규직 교사의 사회경제적 지위를 보장하기 위한 여건이 갖추어졌다고 보기는 어려울 것 같다(陈群娣, 2017). 중국에는 사회 각 분야에 분포한 비정규직이 여전히 너무 많고 자원 분배가 불균형한 사회적 상황에서 비정규직 노조를 수립하고 이들을 위한 처우 개선에 적극적으로 나서는 일이 당장 쉬워보이지는 않는다. 하지만 비정규직 노조 가입에 대한 학계 주장이 계속 제기되고 있고 처우 개선을 위한 정책이 지역적으로 발표되고 있기 때문에 시범적인 실시를 통해 차츰 전국적인 확산이 이루어질 수도 있으리라 생각된다.

셋째, 비정규직 교사에 대한 재정투입이 부족하다. 중앙정부의 교육, 교사에 대한 재정투입 확대는 정규직과 비정규직 교사 간 불공정한 대우를 해소하는 근본적인 해결책이라 할 수 있다. 물론 지방정부의 재정능력도 중요한 요소이다. 현재 지역마다 도시 발달정도나 경제수준에 차이가 있기 때문에 비정규직 교사에 대한 대우도 지역 간 차이가 존재한다. 중국정부는 비정규직 교사의 사회경제적 지위보장 문제를 해결하기 위해 앞으로 더욱 재정투입을 늘리는 한편, 비정규직 교사를 선발하는 학교에서 적절한 채용계획을 수립해 적격한 교사를 선발함과 동시에 비정규직 교사의 권익을 보장할 수 있는 계약 시스템을 만들어가는 것이 중요하다 하겠다.

참고
문헌

搜狐网(2017.8.9).教师在编的工资和非在编的工资差别你真的了解
　　吗?.http://www.sohu.com/a/163384501_559449에서 2019.6.20. 인출.

陈群娣(2017).湛江市中小学编外教师权益保障的研究.江西:江西财经大学.

张越(2011).编外教师权益保障研究: 聘任制的视角.吉林:东北师范大学.

李思怡(2017).城市公办小学编外教师现状研究.云南:云南师范大学.

张河森(2014).城市公办中小学代课教师问题研究——基于武汉市6所公办中小
　　学的调查.教育与经济, 4, 64-69.

付琼玉(2017).农村编外教师的权利缺失研究——以苏南L小学为例.江苏:南京
　　师范大学.

阳晗(2016).城市中小学编外教师生存困境研究——以长沙市中小学为例.湖南:
　　湖南师范大学.

李臣之·吴秋连 ·张爽(2017).深圳市民办学校非在编教师生存状态调查.现代教
　　育论丛,2, 67-73.

单莹(2017).编外教师的历史考察与现实反思.湖南科技大学学报(社会科学
　　版),20(4),172-178.

# 중국 학교 내 인력의 역할과 기능

## 1. 중국 초중등학교의 인력 구조

중국 초중등학교 교원은 그 역할에 따라 크게 8가지로 구분할 수 있다. 즉, 교장, 서기, 부교장, 지도주임, 소년대 지도원, 담임교사, 교육연구실 조장, 교과교사이다.

또한 교사의 직급체계에 따라 다음과 같이 구분할 수도 있다. 중고등학교 교사의 경우 일반적으로 3급 교사, 2급 교사, 1급 교사(대학의 강사와 동급), 고급 교사(대학의 부교수와 동급), 그리고 특급 교사(명예직)가 있다. 초등학교 교사도 3급, 2급, 1급, 고급(중등 1급과 동급)과 특급으로 구분된다. 교사들은 연구원 신청을 할 수도 있는데 연구원 교사가 되면 대학의 교수급으로 인정받게 된다. 이는 교사들로 하여금 적극적으로 수업 및 교과연구에 힘쓰도록 하기 위해 마련된 제도이다.

이러한 직급체계는 2009년 일부 학교에서 시범적으로 실시되기 시작하여 2015년 9월 인력자원 및 사회보장부, 교육부가 공동으로 「초중등학교 교사 직급제도 개혁 심화에 관한 지도 의견(关于深化中小学教师职称制度改革的指导意见)」(이하 '의견')을 발표한 후 전국적으로 실시하게 되었다. 이는 초중등학교 교사의 능력을 제고하고 기초교육의 질을 향상시키고자 하는데 그 목적이 있다. '의견'에서는 앞으로 초중등교사 또한 교육과 연구경력을 쌓아 대학 교수와 동등하게 인정받을 수 있고, 교사에 대한 평가에서 인성과 교수학습능력이 더욱 중요시 될 것이라고 강조하였다. 개혁 이전에는 초중등 교사의 최고 직급이 부고급에 그쳐 교사들의 발전이 제한되고, 우수한 교원인력을 양성하며 교원의 사기를 증진시키는데 한계가 있었다.

교과교사 외에도 기타 학교 인력으로는 심리지도 교사, 보건담당 교사, 보조 교사, 경비원, 물품관리원, 사서, 인쇄담당자, 식당 인력, 생활 지도원, 실험실 보조원, 청소원, 수리기사 등이 있다.

이 밖에 중국에서는 '확장형 수업(扩展型课程)'이라고 부르는 방과후 수업이 있는데, 이를 지도하는 교사도 있다. 츠시양광실험학교(慈溪阳光实验学校)를 예로 들면, 이 학교는 일주일에 두 번 확장형 수업을 운영하는데 모든 교사들이 교과 외 확장형 수업도 맡아야 한다. 민속음악, 댄스 등 수업은 외부 강사를 초빙하여 수업하기도 한다.

## 2. 교육과정 운영 관련 학교 내 인력의 직무 및 역할 분담

교육과정을 담당하는 교원으로는 앞에서 언급한 '교과담당 교사'가 있다. 중국 초등학교의 경우 우리나라와 달리 과목별 수업이 이루어지기 때문에 초등교원들도 중등교원과 마찬가지로 자신이 속한 과목만 지도하면 된다. 각 교사들은 교과목에 해당하는 교학연구조에 소속되어 있으며 교학연구조 조장의 지도하에 수업연구를 진행한다. 수업담당 교사의 구체적인 역할은 다음과 같다.

- ■ 수업 준비를 철저히 한 후 담당과목을 지도해야 한다.
- ■ 교실 수업에서 문제가 생기면 즉시 담임교사와 연락을 취해야 한다.
- ■ 수업 태도는 반드시 엄격해야 하며, 수업분위기가 안정적이고 질서를 갖추도록 지도해야 한다.
- ■ 수업 중에는 외부인의 방문을 받지 않으며, 전화를 받을 수 없다.
- ■ 수업을 연장하지 않으며 40분 동안 수업의 질을 향상시키기 위해 노력해야 한다.
- ■ 과제를 정성껏 제시하고 꼼꼼하게 교정하여 주며 과제량을 적절히 제시해야 한다.
- ■ 담임교사의 교육 활동을 보조하고 학급운영에 협조해야한다.
- ■ 학기 초에 학과 계획을 수립하고 학기 말에는 반드시 교육 또는 수업에 관한 자체평가 보고서를 작성해야 한다.

교육과정과 관련하여 중요한 교원으로 우리나라의 교과부장에 해당하는 교학연구조 조장이 있다. 조장의 역할은 교사들의 업무능력과 교육연구능력을 향상시키는 것이다. 중국 교육 주관부처는 일찍이 1957

년 "교학연구조의 임무는 교사들이 수업과 연구업무를 하도록 하는 것이다. 이는 행정업무를 처리하는 조직이 아니라 교육의 질을 높이기 위한 것이다"고 명확히 규정하였다. 또한 조장의 역할에 대해 "조장은 교학연구조의 교학연구업무를 지도하는 역할을 하며 교장과 평교사 중간의 행정직급을 의미하지 않는다"고 하여 교육연구가 행정으로부터 분리되어 독립적으로 발전할 수 있는 기반을 제공하고 있다.

교사들은 직급에 따라 교육과정 및 수업연구, 교사양성 등에 대한 교육업무 책임이 달라진다. 우선, 고급교사의 경우 자신이 속한 교과목을 담당해야 할 뿐 아니라, 학교가 배정한 기타 교육 및 교수학습 업무도 담당해야 한다. 즉 학교 또는 교학연구조에서 배정한 1, 2, 3급 교사의 교수학습 업무를 지도하거나 교사를 교육하는 임무를 맡고 있다. 이 때문에 고급교사는 학교 교육에서 중추적인 역할을 하고 있다고 볼 수 있다. 고급교사는 또한 교육 연구과제를 수행해야 하며, 매년 최소 1회 이상 교육개혁에 관한 연구수업을 진행하고 교육연구 경험 또는 관련 논문을 작성하여 발표해야 한다. 연구성과는 교내 교사들과 교류한다. 교과별 경진대회 지도업무를 맡고 학생들을 위한 교과 복습 자료를 작성하며, 교과 강좌를 개설하고, 교과활동을 멘토링하는 역할도 담당하고 있다. 이들은 학기마다 일반 교사의 수업을 듣고, 수업 개선을 위한 의견을 제시해 주어야 한다.

1급 교사 또한 2, 3급 교사의 수업을 지도하고 학교의 교수학습 관리에 대한 중요한 책임을 지고 있다. 매년 연구수업을 1회 진행해야 하지만 논문 발표는 권장사항일 뿐이다. 1급 교사는 고급교사의 각종 교과활동 및 연구 업무를 보조하는 역할도 한다.

2급 교사도 1급 교사에 대한 지도 책임을 지고 있지만 1급 교사와 마찬가지로 주로 자신의 수업을 성실히 수행하고 고급 및 1급 교사의 지도에 따라 수업연구에 적극적으로 임하는 것이 가장 기본적인 교육 임무이다.

츠시양광실험학교의 경우 초등과목을 담당하는 35명의 교원 중 고급교사가 3명, 1급 교사가 10명 있다. 고급 교사가 되기 위해서는 풍부한 수업연구 능력을 구비해야 하는 것은 물론, 교육과정 및 교수학습방법 등에 관한 연구성과가 있어야 한다. 2, 3급 교사의 양성을 담당한 경력도 있어야 한다. 이 밖에도 박사학위를 소지하고 1급 교사로 2년 이상, 또는 석사학위 소지에 1급 교사로 5년 이상 경력을 소유하고 있어야 한다.

중국의 직급체계를 보면 1급 교사나 고급교사는 우리나라의 수석교사처럼 일부 소수의 교사만 하거나 평교사가 교장 승진을 위한 목적으로 존재하는 것이 아니다. 평교사들이 수업을 담당하고 교육연구를 진행하면서 쌓인 경력과 성과를 인정받아 점차 상위단계로 진입하고 상위단계의 교사가 된 후에는 신임 교사들의 교육을 담당하도록 하는 것이다. 중국은 이러한 교사 직급체계를 통해 유능한 인재의 교사직 진출과 평교사들의 교육연구에 대한 동기를 부여하고자 하는 것이다.

## 3. 특징 및 시사점

중국 학교의 교육과정과 관련한 인력구조의 특징으로부터 다음과 같은 시사점을 얻을 수 있다. 첫째, 일반 교사 내 직급을 구분하여 교육연구를 활성화 하고 있다. 우리나라에서는 교사의 전문성 개발을 촉진하고 교사들로 하여금 교직 사회에 자극과 활력을 불어 넣어 학교조직을 학습중심조직으로 전환하기 위해 2012년부터 전국단위에서 수석교사제를 도입·실시해오고 있다. 하지만 수석교사의 애매한 위치 등의 문제로 제도의 정착이 제대로 이루어지지 못하고 있는 실정이다. 중국의 경우 최근 교원의 직급제도 개혁을 거쳐 평교사도 교육연구 활동을 통해 대학교수와 동등한 직급으로 인정받을 수 있도록 함으로써 교사들의 교육연구에 대한 사기를 진작시키고 있다. 3급부터 고급까지 직급을 세분화 하고 있으며, 교육연구 경력과 성과에 따라 진급이 가능하도록 하고 있다. 상위 단계의 교사들이 하위 단계 교사의 수업과 연구활동을 지원하도록 하여 교사 간 지원과 평가가 실효성을 거두고 있다.

둘째, 교학연구조를 운영하여 교육과정의 원활한 운영을 돕고 있다. 우리나라 학교에서도 교과별로 부서를 운영하고 교과부장도 있지만 연구기능이 약하다. 교과별로 수업연구가 활발히 진행되거나 교과부장의 수업지도나 조언을 받는 경우도 드물다. 중국 학교의 경우 교학연구조를 일찍부터 운영해왔으며 교학연구조의 기능을 명확히 규정하고 행정조직과 구분함으로써 교육과정 및 교사능력 발전의 기반이 되도록 하고 있다. 우리나라에서도 교수학습실, 교육연구부 등을 설치하고 운영을 활성화 한다면 교사의 전문성 향상 및 교사학습공동체 형성에도 큰 도움이 될 것이라 생각된다.

참고
문헌

郭成英(2007). 新課程背景下教研組長的角色定位. 當代教育科學, 1, 33-36.

百度百科(n.d.). 中小學教師職稱. https://baike.baidu.com에서 2017.10.02. 인출.

百度百科(n.d.). 中小學教師職稱制度改革.

　　　　https://baike.baidu.com에서 2017.10.02. 인출.

百度文庫(n.d.). 中小學崗位職責及分工

　　　　https://wenku.baidu.com에서 2017.10.03. 인출.

道客巴巴. 各级教师岗位职责.

　　　　http://www.doc88.com/p-1856018587088.html에서 2017.10.02. 인출.

김용택의 참교육이야기(2016.11.11). 위기의 수석교사제, 대안은 없나?.

　　　　http://chamstory.tistory.com/2547에서 2017.10.02. 인출.

# 중국의 교원평가 실시 현황

교사의 업무 태도는 교원평가 체계와 밀접하게 관련되어 있다. 교원평가는 학교 관리와 교사의 발전을 위한 중요한 부분으로, 올바른 평가는 학교 전체의 업무 및 교사의 잠재력 발휘에 직접적으로 연관된다. 이 때문에 과학적인 교원평가 체계의 구축은 기초교육의 건전한 발전을 위해 매우 중요하다고 할 수 있다. 중국은 최근 오랫동안 유지되어 온 학생 성적 기반의 교원평가가 지닌 문제점을 인식하고 지역별로 이를 개정하고 있다.

# 1. 교원평가 개정의 실시배경

1983년 8월 제정된 「초중등학교 교사진 조정과 관리에 관한 의견 (关于中小学教师队伍调整整顿和加强管理的意见)」에서는 교원평 가기준에 대해 언급하고 있다. 여기에는 "교육과 수업에 각고의 노력 을 기울이고 학생들에 관심을 갖는다. 교육의 규율을 이해하고 교육의 기본 원칙과 방법을 파악하여 교육 업무를 감당한다. 표준어로 수업하 고, 심신이 건강하여 교육과 수업을 지속할 수 있다" 등의 내용이 포함 되어 있다. 사실상 어디에도 학생의 성적이 교사의 평가기준이 된다는 내용은 없다.

그럼에도 불구하고 중국의 초중등학교 교원평가 체계에서 학생의 진학률과 시험성적은 오랫동안 초중등 교원의 업적을 평가하는 결정 적인 요소가 되어왔다. 이러한 단일한 지표의 교원평가는 학교와 교원 으로 하여금 학생 성적 향상에만 관심을 집중시키게 함으로써 주입식, 기계식 교육을 조장할 뿐 아니라 교사의 발전에도 제약적인 요소가 되 고 있다.

이에 허베이성의 경우 2018년 6월 「교육인재 평가제도 개혁 추진 가속화에 관한 실시의견(关于加快推进教育人才评价机制改革的实 施意见)」을 발표하고 '교서육인(教书育人)', 즉 "학생을 가르치고 인재를 양성하는 것을 교육인재 평가의 핵심내용으로 삼을 것"을 강조 하였다. 또한 초중등 교사의 특징을 충분히 반영한 평가제도를 마련해 야 한다고 언급하고 있다. 단순히 학생의 진학률과 시험성적을 평가의 기준으로만 삼아서는 안 된다는 것이다.

## 2. 교원평가 내용 및 방법

교원평가의 구체적인 지표내용과 지표항목별 비중은 지역별로 조금씩 차이가 있지만 크게 다르지는 않다. 칭다오시의 경우, 「칭다오시 초중등학교 교원평가 업무지도 의견에 관한 통지(关于印发青岛市中小学教师考核工作指导意见的通知)」에서 초중등학교 교원평가에 관해 다음과 같이 명시하고 있다.

### 1) 평가유형

평가유형은 평소평가, 연도평가 및 초빙평가로 구분된다. 평소평가는 교사의 품성과 규율 준수, 근무 및 직책 수행, 일상적인 업무 수행, 단계별 업무목표 완수 등의 상황을 중점적으로 평가하는 것이다. 소속 학교의 사정에 따라 평가주기를 확정한다. 일반적으로는 월 또는 분기를 기준으로 한다. 연도평가는 평소평가를 기초로 하면서 학교 특성에 따라 정하는데, 학기를 주기로 하며 일반적으로 학기 말에 실시한다. 초빙평가는 연도평가를 기초로 하고, 일반적으로 초빙 기일이 끝나기 한 달 전에 실시한다.

### 2) 평가내용

평가내용은 주로 교사의 직업윤리, 직업능력, 업무수행, 교육성과의 네 가지 방면을 포함한다. 평가내용과 기준은 임용계약과 직책을 근거로 하는데, 교원의 교육법규에 규정된 직책 수행, 품성 및 학교의 직책 완수 실적과 전문성 발전 등 상황을 중점적으로 평가한다. 교사가 겸직하는 경우, 평가내용에 겸직 수행 상황도 포함된다. 칭다오시 각 학교에서는 「칭다오시 초중등학교 교원평가의 주요 내용과 평가방식(青岛市中小学教师考核主要内容与考核方式)」에 따르되 실제 상황을 종합하여 구체적인 평가방법을 제정하고 평가내용과 평가기준을 세분화하고 있다.

<표 1-4> 칭다오시 초중등학교 교원평가 지표 내용

| 대분류 | 소분류 | 평가 주요 내용 |
|---|---|---|
| 직업<br>윤리 | 규율준수 | 헌법과 법규를 준수하고, 당의 교육 방침을 관철하며, 학교 규칙과 교육 행위 규범을 준수한다. 청렴결백하게 교육하고, 불법적인 방법으로 개인적인 호소를 하지 않는다. |
| | 직업정신 | 교직에 대한 애착심과 존경심, 봉사정신, 봉사 참여, 교직의 전문성과 고유성 인정, 자신의 전문성 신장 중시 |
| | 학생사랑 | 학생 인격 존중, 모든 학생에 대한 평등한 대우, 학생 심신건강 발전 중시, 학생의 합법적 권익 보호, 학생의 생명안전 보호, 학생 개개인의 차이 존중, 학생의 자율적 발전 촉진 위한 환경 마련 |
| | 교원품성 | 낙천적이고, 열정적이며, 친화력이 있다. 자신의 감정을 절제할 줄 알고 평온한 마음을 유지한다. 옷차림이 단정하고, 언어규범이 바람직하다. 예의 바른 행동을 한다. |
| 직업<br>능력 | 소질교육 | 학생의 심신 발달 특징을 이해하고, 교사와 학생의 조화로운 관계를 형성하며, 맞춤형 교육활동을 전개한다. 교육과정 기준과 교재를 정확하게 파악하여 국가 교육과정 방안과 기준에 의거하여, 교과 교육 목표와 수업계획을 수립한다. 수업 자원을 합리적으로 이용하여 교실수업과 기타 교육 활동을 효과적으로 실시한다. 양호한 학습환경과 분위기를 조성하고 학생들의 학습 흥미를 촉진하며, 학생들에게 자발적인 탐구와 창의적 사고능력을 함양시킨다. 다원적 평가방법을 익혀 다각도의 시각으로 학생발달의 전 과정을 평가하고 수업 효과를 진단하며, 학생의 자아평가를 유도한다. 적시에 수업 업무를 조정하고 개선해나간다. |
| | 전문성신<br>장 | 전문성 신장에 대한 의식을 가지고 전문성 발전을 위한 비전과 목표를 명확하게 한다. 총체적 평가에 능하고, 교육 교학 업무를 개선해간다. 계속교육 임무를 완수하고, 연수에 적극적으로 참가하며 교육 연구활동을 전개한다. 연구과제 및 교수학습 개혁에 참여하고, 연구 논문 집필 등에 참여한다. 연구과목이나 참관세미나과목이나 학과 강좌를 개설한다. 평생학습을 실시하고 자신의 전공 능력을 끊임없이 향상시킨다. |

| | 협동정신 | 단체활동에 참여하고, 그룹 교육연구를 진행한다. 협동수업을 하고, 청년교사를 지도 및 양성한다. |
|---|---|---|
| 업무<br>수행 | 업무량 | 근무 상황, 맡은 본업과 각종 겸직 업무량 |
| | 도덕교육 | 교과의 특성에 맞추어 교육 활동 중에 도덕교육을 실시한다. 학생성장 멘토로 학생의 차이를 존중하고 건강한 성장을 유도한다. 담임교사는 학생에 대한 교육 지도, 학급의 일상 관리, 반의 단체 활동을 조직하고, 학생 개개인의 전면적인 발전상황에 주목한다. 교사, 학생, 학부모와 효과적인 소통을 통해 교육 협력관계를 형성한다. |
| | 수업활동 | 수업준비, 수업활동, 수업설계 및 교정, 학생지도 및 과외실천 활동, 수업관리 등에 참여한다. |
| 교육<br>성과 | 교육실적 | 국가가 정한 교육목표와 임무를 완수하고, 학생의 자주적 발전을 촉진하며, 기본적인 교육의 질적 요구에 도달한다. 학생의 학업성취도, 학업성취도 합격률, 우수율 등. |
| | 학생발전 | 학습습관과 도덕행위 양성 상황, 학생 체질건강, 심리 건강, 예술적 소양상태, 학생 종합소양, 사회실천, 개성 발달상황, 반풍과 학풍 상황 등 |

## 3) 평가 방법

평가방법은 자체평가와 동료평가의 결합, 평소평가와 정기평가의 결합, 기초적 평가와 발전적 평가의 결합, 통일적 평가와 차별성 평가의 결합, 정량평가와 정성평가의 결합, 과정 평가와 총괄 평가의 결합이 이루어지도록 하고 있다.

특히 눈에 띄는 부분은 직책에 따라 평가기준과 요구수준을 결정하도록 한 점과 진학률, 시험성적 위주로 교사에 대해 평가하거나 상벌을 주지 않도록 한 점이다. 또한 단순히 투표 방식으로 평가 등급을 결정함으로써 평가가 무의미해지도록 해서는 안된다고 명시하고 있다.

## 4) 평가 결과의 활용

평가결과는 우수, 합격, 기본합격, 불합격 네 개 등급으로 나누어진다. 이러한 평가결과는 교사자격의 정기 등록, 임용, 직무승진, 표창 장려, 성과급 지급 등을 위한 중요한 근거로 활용된다. 구체적으로는 다음과 같다.

▣ 연도평가에서 매년 합격 및 그 이상 등급에 도달해야 교사자격을 정기 등록 기간 내에 등록 할 수 있다.

▣ 연도평가에서 기본합격 등급을 받을 경우, 임금을 정상적으로 올려서는 안 되며, 그에 대한 권고와 상담을 통해 기한 내에 개선하도록 한다. 2년 연속 기본합격 등급이 확정될 시, 직장을 옮기거나 전문교육을 받아야 하며, 3년 연속 기본합격이 확정되면 채용계약이 해지될 수 있다.

▣ 연도평가에서 불합격으로 확정되면 학교에서는 직무를 조정할 수 있다. 교사가 정당한 사유 없이 직무 변경에 동의하지 않으면 학교는 규정된 절차에 따라 채용 계약을 해지할 수 있다. 2년 연속 불합격 확정 땐 채용 계약이 해지된다.

▣ 교사의 성과급 분배는 평가결과에 맞추어 확정된다. 이는 "일을 많이 할수록 보수를 많이 받고, 교육을 잘 할수록 보수를 많이 받는다"는 원칙을 실현하기 위한 것이다.

## 3. 개선방향

중국은 진학률과 시험성적 등에 초점을 둔 교원평가제도를 개혁하고 교육자로서의 진정한 면모를 갖추게 하기 위한 새로운 교원평가제도를 재수립하였다. 하지만 앞으로 이를 얼마나 제대로 실현해가느냐가 더욱 중요할 것이다. 중국은 교육자의 지속적인 발전을 위한, 그리고 진정한 교육을 실현하기 위한 교원평가를 실시하기 위해 다음과 같은 노력을 더 기울여야 할 것이다.

첫째, 학생성적이 교원평가에서 차지하는 비중을 좀 더 구체적으로 명시할 필요가 있다. 입시에 대한 사회적 관심이 매우 높은 중국 현실에서 교원평가 요소에서 학생 시험성적을 완전히 배제하기는 아직 어려워 보인다. 이를 반영하는 것 또한 사회적 요구에 대한 반영이라 할 수 있다. 하지만 교육 단계별 특징과 차이를 반영하여 평가비율을 적절히 마련할 필요가 있을 것이다.

둘째, 다원적이고 상호작용적인 평가시스템을 구축해야 한다. 평가방식이 결과중심에서 과정중심으로 바뀌어야 하고, 평가기준과 평가주체별 특성에 따라 평가비율을 부여하며, 자체평가와 '학생-학교-교사'가 참여하는 다원적 평가시스템을 동시에 구축해야 한다. 교실수업의 효과는 학생과 수업에 참관한 동료교사에 의해 평가하고, 수업연구, 자기계발에서의 업무실적은 교사자신과 학교에서 평가하도록 하는 것이다. 또 교사와 학생 관계, 교사의 품성 등은 학교, 학생, 학부모가 함께 평가하게 하는 등 종합적이고 다각적인 평가가 이루어져야 할 것이다.

셋째, 일회적 평가에서 동태적 평가로 전환하여야 한다. 현재 많은 교사들이 학기말이 되면 여러 가지 평가, 서류 작성 등으로 바쁘고 지치기 마련이다. 학교와 교육부처 또한 이러한 서류에 대한 심사로 업무과중에 시달린다. 이렇다 보니 학기말에 이루어지는 교원평가는 형식적인 수준에 그치는 경우가 많다. 이는 교원의 시간적, 정신적 에너지를 낭비하는 것이며 평가의 효과도 거두기 어렵다. 교원평가는 매우 복잡하고 체계적인 작업이다. 새로운 평가기준, 평가항목이 많기 때문에 이를 학기말이나 연말에 한꺼번에 진행하면 평가의 질을 보장할 수 없다. 이 때문에 교원평가 항목을 분류하고 평가 기간을 분산하며 평가주체도 나누어 학기말에 교원평가 결과가 자동으로 생성될 수 있도록 하는게 더 효율적일 것이다. 예를 들어 교원의 연구성과가 발생하면 즉시 점수를 등록하도록 하고, 학생 및 학부모 만족도 조사는 학기 중에 진행하는 식이다.

이 밖에도 평가 주체를 학교가 아닌 제3 기관에 위탁하는 방법도 고려할 수 있다. 학부모 만족도 조사, 학생 만족도 조사 등을 조사 기관에 위탁한다면 학교의 평가 부담을 줄여줄 수 있을 뿐 아니라 평가결과의 신뢰성도 높일 수 있을 것이다.

참고
문헌

青岛市教育局. 关于印发青岛市中小学教师考核工作指导意见的通知. 青教通
    字〔2015〕53号, 2015年6月15日

中国教育新闻网(2018-06-07).用升学率评价教师该改改了.
    http://www.jyb.cn/zgjyb/201806/t20180607_1102244.html에서
    2018.10.22.인출

顾明远. 教育大辞典:上海教育出版社, 1998年

# 중국 초·중등학교 교사의 하루 일과

우리는 초중고 학생들의 학업부담이나 이를 지원하는 학부모들의 부담에 대해서는 중요하게 다루면서 교사들이 비교과활동과 관련하여 짊어지는 업무 부담에 대해서는 관심을 덜 갖는 경향이 있다. 학생을 잘 가르치기, 행정업무 처리하기, 수업준비하기, 교육과정 개발하기, 학생 연구하기, 과제 피드백 주기, 학급관리 하기, 학업부진아 지도하기 등 교사가 해야 하는 일은 너무 많다. 이 많은 일들을 법정근로 시간 내에 모두 완수하기란 쉽지 않은 일이다. 중국의 한 인터넷 조사에서는 교사들에게 "매일 수업준비나 과제 피드백을 위한 충분한 시간이 있는가?"라는 질문을 했는데, 절반이 넘는 교사가 그렇지 않다고 답하였다. 그만큼 중국에서도 교사의 하루일과는 너무나 바쁘고 힘들다는 것을 의미한다.

# 1. 교사의 업무 시간 및 업무 내용

중국 S지역 초중등 학교 교사들에 대해 진행된 조사에서 많은 교사들이 업무 시간, 업무 강도, 업무 스트레스에 대해 다음과 같은 문제점들을 제기하였다.

첫째, 교사들의 업무시간이 너무 길다. 교사들은 수업과 각종 교육활동 관련 업무를 완수하기 위해 법정근로시간을 훌쩍 초과하고 있다. 한 조사에서 S지역 초중등 교사들 중 80% 이상이 매일 8시간 이상 근무하고 있고 그중 일부 교사는 10시간을 초과하기도 하는 것으로 나타났다. 한 초등학교 교사에 따르면 매일 아침 7시까지 학교에 출근해서 수업을 시작하고, 12시부터 1시까지 학생들에게 급식 배분을 한 후, 2시부터 오후수업을 시작해 4시 30분에 퇴근한다고 한다.

〈표 1-5〉 중국 초등학교 교사의 하루 일과표

| 시간 | 활동내용 |
|---|---|
| 6:30 | 기상 |
| 7:10 | 학교 도착 |
| 7:40 | 아침독서 지도 |
| 8:20 | 아침체조 지도 |
| 8:40 | 수업 |
| 9:30 | 수업 |
| 10:00 | 수업준비, 숙제 교정 |
| 12:00 | 점심식사 지도 |
| 12:30 | 점심 자습 지도 및 숙제교정 |
| 14:10 | 수업 |
| 15:00 | 수업 |
| 16:10 | 교실 위생 점검, 하교지도 |
| 17:00 | 저녁식사 |
| 19:00 | 월·수: 야간 근무<br>화·목: 가정 방문 |

하지만 퇴근 후에도 온전히 쉴 수 있는 것은 아니고 다음날 수업준비와 숙제 교정을 해야 한다. 즉 아침 6시 30분에 하루를 시작하여 저녁 8시 30분이 되어서야 일이 모두 끝나기 때문에 하루 14시간 이상을 근무하는 셈이다. 이 초등학교의 경우 주당 수업시수는 22시간이며 가장 많은 경우 하루 6시간 수업을 하고 있다.

둘째, 수업준비와 숙제교정을 위해 많은 시간을 할애하고 있다. S지역 학교의 경우 교사들에게 매 수업마다 과제를 내주도록 요구하고 있다. 조사에 따르면 많은 교사들이 모든 학생들의 과제를 평가하고 피드백을 해주기 위해 업무시간이 연장될 뿐 아니라 정신노동을 더 많이 하게 된다고 한다. 교사들은 학생 과제를 검토하여 잘못된 점은 수정해주고, 학습에 대한 요구사항을 적어주며, 평가를 작성해줌으로써 학생들의 학습동기를 끌어올려주어야 한다. 이는 상당한 지적 작업으로 50% 이상의 중학교 교사들이 숙제 교정을 위해 3~4시간을 소요하고 초등학교의 경우 87.4%의 교사들이 매일 퇴근 후 2~3시간씩 숙제교정을 하고 있는 것으로 나타났다.

S지역 교사들은 과중한 수업 외에도 학생들의 식사, 취침, 안전, 심리상담 등의 업무를 수행하고 있다. 기숙사 학교의 경우 학생들의 생활관리 또한 교사의 몫이기 때문에 늦은 시간까지 퇴근하기 어려운 경우가 많다. S지역의 경우 도시로 일하러 나간 부모님과 떨어져 지내는 학생들이 많은데, 이 학생들에 대한 관리 또한 교사들의 업무가 되고 있다.

셋째, 교사의 업무 스트레스가 크다. S지역 초중등 학교에 대한 조사에서 90% 이상의 교사들이 업무스트레스가 크다고 답하였다. 업무 과중에 대한 스트레스 뿐 아니라 학부모의 학교교육에 대한 높은 요구가 심리적인 부담이 된다는 것이다. 정부에서 학생 성적을 교원평가

기준으로 삼지 않도록 하였지만, 여전히 중간 · 기말고사 성적이 교사의 업무성과, 승진, 성과급 산정 등의 중요한 평가근거가 되고 있기 때문에 교사들의 업무스트레스가 커질 수밖에 없는 것이다. 특히 중학교 졸업반 담임의 경우 진학시험에 대한 부담이 매우 크다. 이는 중국의 교육관리 모델이 아직 '점수 유일론'에서 완전히 벗어나지 못했음을 보여준다.

이 지역 교사들의 업무 스트레스를 가중시키는 또 다른 원인은 학생과 학부모의 지나친 요구와 피드백이다. 학생들은 교사가 더 좋은 수업을 해주길 원하고 학부모들은 자녀가 더 좋은 성적을 얻기를 원한다. 이러한 기대는 고스란히 교사의 심리적 부담으로 돌아오고 있다.

## 2. 교사의 업무 관련 교육정책

중국 교사의 업무과중은 교원 수급정책과도 깊은 관련이 있다. 교사 월급이 다른 직종에 비해 적은 편이다보니 교직에 대한 지원자가 많지 않다. 교사의 상대적으로 낮은 수입으로 인해 교사임용이 어려울 뿐 아니라 기존의 교사들을 장기 근속하게 하는 것도 쉽지 않다. 일부 교사들이 대우가 더 나은 도시 학교나 다른 직종으로 이직하면 남겨진 교사들의 업무는 가중될 수밖에 없다.

S지역의 경우에도 교원의 낮은 수입으로 인해 매년 상당수의 교사 유출이 이루어지고 있고 지원자 수도 줄어들고 있는 형편이다. 이 지역에서는 2012년 257명 교원임용 선발에 겨우 70명이 지원했고, 2013년에는 345명 선발에 80명이 지원하는 등 교직에 대한 선호도가 매우 낮음을 볼 수 있다.

이런 상황에서 국가에서 임시직 수업대리교사(代课教师) 선발을 줄이도록 하여 교원은 더욱 부족하게 되었다. S지역의 경우 임시직 교사가 2010년 20.7%에서 2011년 18.59%로 줄어들었고, 일부 다른 지역에서는 완전히 없애기도 하였다. 임시직 교사의 감축으로 교육의 질이 높아졌다는 평가도 있지만 줄어든 임시직 교원 수만큼 정규직 교사가 충원되지 않아 교사들의 업무량이 늘어났다고 보고 있다.

도농 간 교사 업무량에도 차이가 있다. 「초중등 교직원 편제 표준 (中小学教职工编制标准)」(2001년)에 따르면 중학교 단계에서 도농 간 교사 대 학생 비율은 각각 1:13.5, 1:18이다. 이는 도시에서 교사 한 명이 감당해야 하는 교육활동 업무가 학생 13.5명에 해당하는 반면 농촌에서는 교사 한 명이 평균 18명의 학생을 위한 교육업무를 수행해야 함을 의미한다. 이러한 수치로 볼 때 중국의 농촌 교사는 도시 교사에 비해 33.3% 더 많은 업무를 수행하고 있다고 볼 수 있다.

〈표 1-6〉 초중등학교 교직원 편제 표준

|  | 학교유형 | 교직원 대 학생 비율 |
|---|---|---|
| 초등학교 | 도시 | 1:19 |
|  | 현진 | 1:21 |
|  | 농촌 | 1:23 |
| 중학교 | 도시 | 1:13.5 |
|  | 현진 | 1:16 |
|  | 농촌 | 1:18 |
| 고등학교 | 도시 | 1:12.5 |
|  | 현진 | 1:13 |
|  | 농촌 | 1:13.5 |

출처: 中央政府门户网. 国务院办公厅转发中央编办「教育部」财政部关于制定中小学教职工编制标准意见的通知(国办发[2001]74号). 国务院办公厅2011年10月11日印发.

## 3. 개선방향

앞에서 중국 초중등 교사들의 업무가 일반적으로 법정 근로시간을 초과하고 있을 뿐 아니라 진학과 관련한 교원평가로 인해 스트레스가 매우 크다는 점을 살펴보았다. 이로 인해 중국 교원들의 교직에 대한 선호도나 만족도는 낮은 편인데, 이를 개선하기 위해 중국 정부는 다음과 같은 측면에서 노력해나갈 필요가 있을 것이다.

첫째, 충분한 교원인력을 확보해야 한다. 업무량이 변하지 않는 상황에서 교사의 업무시간을 줄이기 위해서는 기본적으로 교원수를 늘리는 것이 중요하다. 초중등 교원수 부족은 오랫동안 중국 교육계에서 제기되어온 문제이다. 사실상 2001년 이루어진 편제(编制)정책 수정은 재정지출 감소를 위해 초중등 교원수 감축에 초점을 맞추었다. 이러한 정책은 교사들의 업무량을 늘리고 학교업무에 대한 불만이 증폭되는 원인이 되었다. 앞으로 교원편제 확대를 통해 교원수를 늘리고 교사의 업무시간을 감축해야 할 것으로 보인다. 일부에서는 생활지도 전담교사를 두어 학급담임교사가 맡고 있는 가정 방문 연락, 기숙사 학생 관리 등의 업무를 맡김으로써 교사들의 비교과와 관련된 업무를 줄여야 한다는 목소리도 나오고 있다.

둘째, 교원에 대한 대우를 개선해야 한다. 초중등 교원에 대한 선호도가 떨어지는 중요한 원인 중 하나가 임금이 적다고 느끼기 때문이다. 업무량은 많은데 이에 비해 타 직종 보다 낮은 임금은 교원 임용을 어렵게 하고 있다. 중국 정부는 이를 인식하고 2018년 3월 「새 시대 교사진 양성 개혁심화에 관한 의견(关于全面深化新时代教师队伍建设改革的意见)」을 발표하였다. 의견에서는 "교원의 대우를 지속적으로 개선해나가 사회적으로 선망받는 직업이 되도록 해야 한다. 교원의 대우를 보장할 수 있는 제도를 마련하고 월급 기준을 해당 지역 공무원 이상이 되도록 책정해야 한다"고 명시하였다. 특히 농촌 교사의 대우를 크게 향상시키고 소외지역 근무에 대한 성과급 정책도 개선해야 한다고 하였다.

셋째, 교원평가제도를 개선해야 한다. 중국 교사들이 업무에 대한 스트레스를 크게 받는 이유가 평가와 이에 따른 보수 책정 방식 때문이다. 특히 교원평가의 기준을 학생들의 진학률이나 시험성적과 연결시킴으로써 교사들이 인성이나 창의성 교육보다는 성적향상을 위해 몰입하게 만들고 있다. 의견에서는 이러한 현 교원평가 기준을 개선하고 교사의 업무 특성에 따른 지표체계를 마련함으로써 교사의 능력 향상 및 업무부담 완화에도 도움을 줄 것을 요구하고 있다.

참고
문헌

搜狐网(2018.03.13).李镇西：切实减轻中小学教师过重工作负担——我提交的市
　　　　人大建议(三)．

　　　http://www.sohu.com/a/225474203_112404에서 2018.08.22 인출.

叶双全(2014). 湖北省蕲春县S镇中小学教师工作负担问题研究.华中师范大学.

童星(2017). 初中教师工作时间及其影响因素研究-基于中国教育追踪调查
　　　(CEPS)数据的分析. 教师教育研究,29(02), 107-112.

李新翠(2016). 小学教师工作投入与工作量状况调查. 中国特殊教育, 05, 83-90.

王薇(2017). 八小时之外一对一位小学教师非制度时间的生活考察. 宁波大学.

李新翠(2016). 中小学教师工作量的超负荷与有效调适. 中国教育学刊, 02, 56-60.

黄明亮·孙河川·陈娉婷(2017).　OECD国家中小学教师隐性工作量的分类及启示.
　　　上海教育科研, 12, 15-18.

百度网站(n.d.).　一个小学老师工作时间表. http://tieba.baidu.com/p/706212482
　　　에서 2018. 8. 30. 인출.

中央政府人民网(2018.01.31).　中共中央　国务院关于全面深化新时代教师队伍建
　　　设改革的意见.

　　　http://www.gov.cn/xinwen/2018-01/31/content_5262659.htm에서

　　　2018년 8월 30일 인출.

# 중국의 교원 업무 경감 정책

중국에서 교사 업무 과중에 대한 논의는 오래전부터 있어 왔으나 2018년부터 정부 차원에서 문제 해결을 위한 본격적인 노력에 착수했다. 2019년 신년 교육 업무 회의에서도 교사의 업무 부담 문제를 재차 언급할 정도로 최근 중국에서는 교원 업무 경감이 학생 학습 부담 완화와 더불어 중요한 교육 이슈로 떠오르고 있다.

# 1. 교사 업무 부담 현황

업무 부담은 근로자의 일일 업무 평균 노동시간, 업무의 노동 강도, 업무 스트레스에 따라 결정되어진다. 후베이성(湖北省) S지역을 대상으로 한 조사에서 중국 교사의 일일 평균 근무시간은 초등학교가 9.19시간, 중학교가 9.16시간으로 정상 근무시간 기준인 8시간을 초과하고 있는 것으로 나타났다. 그중 20% 정도의 교사들은 일일 평균 근로시간이 10시간 이상인 것으로 조사되었다. 교사의 업무 중 수업은 비교적 노동 강도가 높은 영역에 속하는데, 중국 교사의 1일 평균 수업시수를 보면 초등학교의 경우 35.8%의 교사가 3~4시간을, 37.9%의 교사가 4~5시간을, 그리고 24.2%의 교사는 5시간 이상의 수업을 담당하고 있는 것으로 나타났다. 중학교의 경우 46%의 교사가 3~4시간을, 33%의 교사가 4~5시간 수업을 담당하고 있다(叶双全, 2014).

〈표 1-7〉 중국 교사의 1일 평균 수업시수

| 시간 | 초등학교 | 중학교 |
|---|---|---|
| 3~4시간 | 35.8% | 46% |
| 4~5시간 | 37.9% | 33% |
| 5시간 이상 | 24.2% | |

출처: 叶双全(2014). 湖北省蕲春县S镇中小学教师工作负担问题研究. 华中师范大学 硕士学位论文.

중국 교사들에게 비교적 큰 부담이 되는 또 다른 업무로는 학생들에게 매일 주어지는 다량의 숙제를 검토하고 피드백을 해주는 작업이다. 95.8%의 초등학교 교사와 91%의 중학교 교사들이 매일 과제 교정에 많은 시간을 할애하는 것으로 나타났다. 구체적으로는 수업준비와 숙제 교정을 위해 50%의 중학교 교사들이 매일 3~4시간을, 87.4%의 초등학교 교사들이 2~3시간을 보내고 있는 것으로 나타났다(叶双全, 2014). 닝샤 인촨시(宁夏银川市) 초등학교 교사를 대상으로 한 조사에서는 많은 교사들이 이러한 과다한 업무를 소화하기 위해 아침 6, 7시에 일어나고, 퇴근 후 집에 돌아와서도 다하지 못한 업무를 저녁 12시까지 해야 할 때가 많다고 하였다(张爱琴·吴晓莉, 2009).

## 2. 교사 업무 부담의 주요한 원인

　　중국 교사들의 업무 부담을 초래하는 주요 원인으로는 학생 성적과 교원 평가의 밀접한 상관관계, 상급 교육행정기관으로부터 오는 평가 준비 등의 잡무, 학생 과제에 대한 피드백과 수업준비 등이 있다.

　　우선, 중국의 초중등학교에서는 학생 성적과 교원 평가의 연관성이 매우 깊다. 이는 중국 교사 업무 스트레스의 주요 원인이 되고 있다. 후베이성 S지역에 대한 조사에서 90%의 초중등학교 교사들이 업무에 대한 스트레스가 크다고 답하였다. 그 배경으로 업무 부담이 과중해서뿐만 아니라 사회적으로 학교교육의 질에 대한 요구가 점점 높아지고 있기 때문이라는 것이다. 정부가 중학교 진학시험을 폐지하도록 했지만 S지역의 경우 여전히 교육주관 부처에서 매 학기 지역 시험을 치르고 이를 학교와 교사의 업무성과를 평가하는 중요한 근거로 삼고 있다. 또한 학생의 성적은 교사의 진급, 성과급, 학급평가와 직접적으로 연관되어 있다. 이러한 '학생 점수 유일론'에 의한 교육관리 방식으로 후베이성 S지역의 경우 교육적 명성은 올라갔지만 이와 더불어 교사들의 과중한 업무 스트레스를 초래하고 있는 것으로 나타났다(叶双全, 2014).

　　둘째, 현행 중국 교육행정부처에서 실행하는 학교에 대한 잦은 평가와 감독 업무가 보이지 않게 학교에 일정한 압력을 가하고 있다. 각 학교에서는 항시 상급 감독 기관의 평가에 대비한 관련 자료를 준비해야 하고 이러한 업무는 고스란히 교사의 몫이 된다. 교사들은 수업과 학생 관리를 하면서 동시에 자료 준비와 같이 학교에서 임시적으로 지시하는 각종 업무를 완수해야 한다. 이러한 잡무는 수업 준비와 학생 교육에 일정한 영향을 줄 수밖에 없다. 잡무가 늘어나면서 교사들은 지쳐가고 이는 전체 교원 양성과 발전에도 적지 않은 영향을 미치게 된다. 비록 평가가 학교의 업무 추진을 촉진시키는 긍정적인 면이 있다 하더라도, 불필요하고 잦은 평가는 오히려 학교의 건전한 발전에 도움이 되지 않으며, 교과 업무의 정상적인 진행에도 부정적인 영향을 줄 수 있다(宋石哲, 2014).

셋째, 중국 교사들은 수업 준비 뿐 아니라 학생 과제에 대한 피드백에 많은 시간을 보내고 있다. 중국 교사들이 바쁜 학교 업무에도 과제 교정을 하는 이유는 학생들의 성적 향상을 위해 학교의 요구가 있을 뿐 아니라 교사 스스로 학생들에게 엄격한 지도를 하기 위해서이다(叶双全, 2014). 중국 교육부에서는 초중등 학생들의 학업 부담을 완화하기 위해 과제량을 줄일 것을 지속적으로 요구하고 있지만 입시경쟁이 치열한 현실 속에서 대부분의 학교는 여전히 많은 과제를 내고 있다. 이렇게 학생들에게 내주는 과제는 교육적 측면도 있지만, 교사의 업무 시간을 연장시키고 업무 강도를 높인다는 측면에서 큰 부담이 되고 있다.

## 3. 교원 업무 경감을 위한 정책 추진

2019년 초 열린 '2019 전국 교육업무 회의'에서 천바오성(陈宝生) 교육부 부장은 "교사들이 주로 각종 표 작성, 평가, 대회, 교육·수업과 무관한 각종 사회적 업무들로 숨 쉴 틈이 없다. 올해 교사 업무 경감을 주요 목표로 수립하고 초중등 교원 업무 경감을 위한 정책을 마련하겠다"고 밝혔다. 구체적으로는 학교에서 진행되는 각종 검사, 고과, 비교 평가 활동을 없애고, '업무목록 제도(目录清单制度)'를 시행하여 목록에 포함되지 않거나 인가받지 않은 업무는 실시하지 않도록 할 것이라고 언급했다. 이를 통해 교사들에게 시간과 에너지를 돌려주고 수업 연구, 교원 전문성 신장을 하게 한다고 하였다(教育部, 2019.01.18). 즉 초중등학교 교사에 대해 수업과 무관한 활동을 없앰으로써 교사의 업무부담을 경감하여 수업에 집중할 수 있는 환경을 만들어간다는 의미이다(教育部, 2019.02.15.)

하지만 중국 정부가 내놓은 교원 업무 경감 정책은 앞으로도 보완할 부분이 적지 않아 보인다. 앞에서 천 부장이 제시한 내용은 체제 외부로부터 증가된 교원 업무라고 한다면, 교원 업무가 실질적으로 줄어들기 위해서는 체제 내부로부터의 업무 경감 노력이 필요하기 때문이다. 이는 바로 교원 임금 문제, 고과 성적과 성과급 연계 문제, 그리고 학교장의 직권남용에 의한 교사의 시간 차지 문제 등이 포함된다(百度, 2019.01.20).

항저우(杭州) 공슈구(拱墅区)의 경우, 교사의 업무 부담 완화를 위해 2018년 「수신계획(瘦身计划)」(즉, 업무 감축 계획)을 본격적으로 시작하였다. 공슈구 교육국은 "교사의 업무 경감은 더 이상 늦출 수 없는 중대한 일이다. 어려운 일이지만 꼭 해야 할 일이기 때문에 할 수 있는 일부터 우선적으로 시작해야 한다"고 강조하였다. 조사와 논증을 거쳐 교사의 업무를 줄이고 교사들이 전심전력을 다해 수업에 집중하며 아이들을 위한 일에 시간을 쏟음으로써 교직에 대한 만족도를 제고하게 한다는 '업무 감축 계획'을 마련하게 된 것이다. 이 계획에는 구체적으로 다음과 같은 행동 원칙이 포함되어 있다(搜狐网, 2018.10.17).

첫째, 회의를 간소화 한다. 구 교육국은 매학기 교장 회의 횟수가 3회가 넘지 않도록 하였다. 직속기관에서 초중고 각 교장회의를 학기당 1회씩 개최하고, 기관 부서 간 회의를 통합하며, 회의 시간을 엄격히 통제하도록 한다.

둘째, 업무 내용을 선별한다. 상급 기관 및 부서가 할당한 업무는 해당 직속 부서가 먼저 선별하고, 업무의 성격, 카테고리에 따라 선별함으로써 학교에 불필요한 업무 배치를 자발적으로 여과하도록 한다.

셋째, 고과를 간소화한다. 개별 학교가 참가하는 성·시(省市) 관련 고과 외에 구내 각 고과는 과정 평가를 하고, 평가 전산화를 통해 서면 보고를 줄이도록 한다. 수업 사례, 응모 등 평가 활동을 엄격히 통제하고, 교과마다 매년 1회만 해당 구의 교사 업무 기능 평가만 참여하도록 한다. 교원의 연구과제 참여율, 수상실적에 대한 요구를 낮추도록 한다.

넷째, 정무를 온라인화 한다. 화상회의시스템과 교육연구 영상시스템을 가동해 화상회의가 이뤄질 수 있도록 하고, 영상 교육연구를 통해 다양한 통로로 교사들이 연수받을 수 있도록 한다. 휴가 신청 및 허가가 온라인 시스템에서 실현되도록 한다.

다섯째, 연수를 정교화 한다. 교원 연수 내용을 정밀하게 하고, 정보화 교육과 교육연수의 실효성을 더욱 높이며 불필요한 교육연수를 걸러낸다. 교육연수 활동을 융합하여 중복되지 않게 한다. 교사 학점 연수는 횟수를 엄격히 통제하고 같은 등급의 연수는 1회만 참가할 수 있게 한다.

공슈구의 각 학교에서는 교육국의 교사 업무 감축 계획 하에 실제 상황을 고려하여 보다 세심한 방안을 마련하고 있다. 그중 일부 학교의 교사 업무 경감 원칙을 보면 다음과 같다.

### 1) 항저우시 원휘 중학교(杭州市文暉中学)(搜狐网, 2018.10.17)

- ▣ 학교의 핵심 업무는 가르치는 것이고, 가르치는 일의 관건은 교사이다. 교사의 주업은 교육이며, 학교 관리의 근본은 교사의 전문적인 성장이 방해받지 않도록 보장하는 것이다.
- ▣ 교사의 심신건강을 보호하고, 교사의 휴식권을 보장하며, 교육 일선에서부터 교육생태를 변화시키고, 교직 여건을 대폭 개선하여 교직을 행복한 직업으로 만든다.
- ▣ 위 두 가지와 상반되는 모든 상황에 대해 조화롭게 개선하거나 거부한다.

이와 같은 원칙 하에서, "여러 교육 부처가 지시한 교과와 무관한 업무는 상급 교육 행정기관의 특별한 요구가 없는 한, 교사는 참가하지 않을 권리가 있고, 학교에서는 억지로 배치해서는 안 된다"

## 2) 항저우시 공전차오 초등학교(杭州市拱宸桥小学)(搜狐网, 2018.10.17)

▣ 학교 차원의 대규모 활동을 통합한다. 학교 업무 계획에 포함되지 않은 것은 원칙적으로 실시하지 않는다. 중요한 경축 행사, 일정을 간소화하고 실효성을 추구한다.

▣ 국내 방문단의 방문 횟수를 엄격히 통제한다. 원칙적으로 주 2회 이상 방문단을 받지 않는다.

▣ 학교 업무에 전가되는 부분을 간소화한다. 중독성 물질 분리, 쓰레기 분리 등에 관한 기타 교육은 기존 교과 교육 내에서 끝내고 이에 대한 수업시간이나 행사는 따로 배정하지 않는다.

## 4. 시사점

　중국은 교육부에서 교원 업무 부담 해결에 대해 요구하면서 지역별, 학교별로 구체적인 업무 경감 방안들을 마련하고 있다. 교원의 업무 과중이라는 고질적인 문제를 교육부의 정책 발표 하나로 하루아침에 개선하기는 어렵겠지만 적어도 중국 정부가 교원 업무 부담에 대해 심도 있게 인식하고 개선의 노력을 기울이기 시작했다는 점에서 고무적이라 할 수 있다.

　앞에서 살펴본 일부 중국 초중등 학교의 업무 경감 방안은 매우 구체적이며 강경한 것을 볼 수 있다. 교원 업무 경감 대책이 단순히 업무 과중 문제 해결의 차원을 넘어서 교권을 확립하고 교육의 질을 높이기 위한 중국의 노력이 반영된 것으로 보여진다. 중국은 교원 업무 경감을 통해 학교 관리자는 학교 발전을 위해 고민할 시간을 더 많이 갖도록 하고, 교사는 교재 및 학생에 대해 더 많이 연구하며, 교육에 집중할 수 있는 시간을 갖도록 한다는 것이다. 이는 학교 교육의 질을 높이고 교원 전문성 향상에도 긍정적인 영향을 미칠 수 있을 것으로 기대된다.

　이를 위해 중국은 교육행정기관의 해당 기능부서 간 협력적 메커니즘을 수립하고, 체계적인 점검 방안 및 평가 체계와 평가 기준을 마련하고 있다. 이는 단위 학교에 대한 중복적인 평가를 없앰으로써 학교와 교사의 부담을 줄이고 학생의 과제량 감소 및 학생성적과 고과의 연계성 타파를 통해 지속적으로 교원의 부담을 줄이는데 기여할 것이다. 현재 우리나라에서도 초중등학교 교사들에게 주어지는 과다한 행정 업무의 처리, 불필요한 학교 행사 및 회의, 수업과 무관한 승진을 위한 연수 등으로 정작 교육을 위한 시간은 부족한 상황이다. 이러한 잡무를 줄이고, 불필요한 제도를 개선하는 것만으로도 교사들이 좀 더 충분한 시간을 학생과 교육에 집중할 수 있게 될 것이라 생각된다.

참고
문헌

教育部(2019.02.15). 教育部：2019年将清理教师教学无关活动 减轻教师负担.
　　http://www.moe.gov.cn/fbh/live/2019/50256/mtbd/201902/t201902
　　18_369841.html에서 2019.03.07. 인출

宋石哲(2014). 减轻教师负担应关注的两个"维度". 文教资料, 35, 80−81.

叶双全(2014). 湖北省蕲春县S镇中小学教师工作负担问题研究. 华中师范大学
　　硕士学位论文.

张爱琴·吴晓莉(2009). 减轻教师负担 拓展合作时空──宁夏银川市小学与大学
　　间合作现状的调研报告. 现代中小学教育, 6: 57−60.

教育部(2019.01.18). 落实 落实 再落实──在2019年全国教育工作会议上的讲话.
　　http://www.moe.gov.cn/jyb_xwfb/moe_176/201901/t20190129_368
　　518.html에서 2019.03.07. 인출.

百度(2019.01.20). 教育部: 教师也要减负 教师: 及早落到实处 网友: 别再越减越富.
　　https://baijiahao.baidu.com/s?id=1623153893292006882&wfr=spider&f
　　or=pc에서 2019.03.07. 인출.

搜狐网(2018.10.17). 给老师减负，可能吗？拱墅区教师"瘦身"计划正式启动！.
　　http://www.sohu.com/a/260116042_497686에서 2019.03.07. 인출.

2

# 교권보호와
# 교원역량 강화

## 중국「교사법」과 교권보호

우리는 흔히 교사의 의무와 책임은 강조하면서도, 교사의 권리와 권위 신장을 위한 노력에는 부족함이 있다. 법률적 의미에서 교사는 교육자로서의 의무를 지닌 이행자이기도 하지만 권리의 행사자이기도 하다. 교권이 존중되고 보호될 때 교사의 주체성과 창조성이 발휘될 수 있고, 비로소 자주적이고 창조적인 학생을 양성할 수 있는 것이다(吳鋒, 2003). 최근 우리는 교원의 지위 향상, 교권강화를 어떻게 실현할 수 있을지에 대해 논의가 이루어지고 있다. 이웃 중국에서는 「교사법」에 교사의 권리를 명시하여 교사가 학생, 학부모, 사회로부터 보호받을 수 있는 장치를 마련하고 있다.

# 1. 교권침해 현황 및 논의

2013년 9월, 푸조우 린촨(撫州臨川)에 사는 고3 레이(雷)군이 담임교사에 불만을 품고 교사를 살해하는 사건이 발생하였다. 이와 같은 교사의 훈육태도나 방식으로 인해 교사에게 폭언이나 폭행을 하는 사건이 중국에서도 종종 발생하고 있다. 중국에서 교권침해에 대한 논의는 신체적 상해, 언어폭력뿐 아니라 교사의 대우나 지위와 관련되어서도 많이 언급된다. 예를 들어 헤이룽장(黑龍江), 안후이(安徽), 허난(河南), 윈난(雲南) 등 경제적으로 덜 발달된 지역을 중심으로 교사의 임금요구 권리를 주장하는 일이 빈번하게 일어난다. 주로 정부에 대해 임금 공제를 반납하도록 요구하거나, 성과급을 월별로 지급하고, 도시와 동일한 임금을 지급할 것 등을 요구하고 있다. 또한 복지정책이 고등학교, 중점학교, 시범학교 등에 집중되어 공평한 혜택을 누리지 못하는 것에 대해서도 불만을 제기하고 있다. 심지어 일부 지역에서는 주말과 방학에도 교사들에게 학교에 나와 보충수업을 하게 하여 교사의 휴식권이 빼앗기고 있다고 문제를 지적하기도 한다. 교사의 사회적 지위가 제대로 인정받지 못하는 점도 중요한 이슈이다. 2014년 깐수성 휘닝현(甘肅會寧縣)에서는 경찰임용에 합격한 189명 중 171명이 교직으로부터 이직하였다. 이들이 이직한 주요 원인은 바로 교사의 낮은 수입 때문이었으며, 이는 지방정부가 교사의 사회적 지위를 제대로 인정하지 않는 것에서 비롯되었다(佘超·王曉雲, 2017).

이에 따라 교권을 보호해야 한다는 목소리가 점점 커지고 있지만 아직까지 교권은 제대로 보호받지 못하고 있는 실정이다. 사회적 관심이 커지자 중국 각계 인사들의 소신 있는 발언도 나오고 있다. 충칭(重

慶) 시얘자완(謝家灣)초등학교 류시야(劉希婭) 교장은 "최근 학생의 교사에 대한 모욕, 공격 사건이 지속적으로 발생하는 등 교사의 지위가 약해졌다. 각급 정부가 적절한 조치를 취해 교사의 사회적 지위를 높이고 교사에게 합법적 권리와 복지혜택을 누리도록 제대로 법을 실행해야 한다. 단지 구호나 정책문건 발표에만 그쳐서는 안 된다. 정부는 정책문건에 교사의 교육ㆍ수업권은 방해받아서는 안 된다고 명확히 제시해야 한다"라고 주장하였다. 화중사범대학 조홍위(周洪宇) 교수는 「교사법」 개정과 「학교법」 의 구체화는 교사와 학생이 법에 따라 권리를 향유하고 교권이 보호될 수 있는 근본적인 방안이 될 것이라고 하였다(徐文利, 2018). 산둥성 까오미시 교육과학연구원의 한 법률연구원은 "교사에 대한 모욕, 구타, 폭행, 심지어 살해 등의 위법 행위가 여전히 발생하고 있다. 교권 보호를 위해 단지 스승을 존경하고 교육을 중시해야 한다고 홍보하는 것만으로는 부족하며 법으로 보장될 필요가 있다. 과교흥국(科敎興國, 과학과 교육으로 나라를 부흥시킨다), 인권 존중, 인권 보장을 강조하는 오늘날, 교사를 모욕, 구타하는 등 교권을 심각히 침해하는 자에 대해서는 법적 무기로 엄벌하여 교사의 인신권과 인격 존엄성을 지키고 학교의 정상적인 교육 질서를 보장할 필요가 있다"고 의견을 밝혔다(中國敎育在線, 2010.03.02.).

이 밖에 교권침해의 직접적인 피해자인 중국 일선교사들의 의견을 들어보면, "교육행정 관리자에게 교사는 피관리자이자 피평가자일 뿐, 교사는 교육정책 의사결정 수립에 거의 참여하지 못하고 있다. 교사는 수동적이거나 강제적으로 교육개혁에 순응하고 있을 뿐이다. 사회 각계각층 특히 학부모들에게 교사는 피감독자이고 사회는 교사들이 도의적인 책임을 더 많이 지기를 바라지만, 교사의 사회적 지위는 존중받지 못하고 있다. 학생들에게 교사는 최고의 보모여야 하고, 그들은 학생들의 권리를 존중하고 혁신적인 수업을 해야 하지만, 교사의 주체성은 존중받지 못하고 있다. 교사들의 창조성은 입시교육의 홍수 속에 묻혀 제 기능을 발휘하지 못하고 있다"는 것이다(吳鋒, 2003). 이러한 의견을 종합해보면 중국의 교권침해 문제가 주로 '교사-학생' 관계, 학교 관리방식, 교육체제 등에 집중되어 있음을 알 수 있다.

교권강화를 위한 정부차원의 발표도 이어졌다. 2014년 9월 9일 제30회 스승의 날 행사를 경축하는 자리에서 시진핑(習近平) 총서기는 "교사의 대우를 개선하고, 교권을 보호하며 교사가 사회적으로 존중받는 직업이 되도록 할 것"을 강조하였다. 2016년 3월에는 리커창(李克強) 총리가 제12회 전국인민대표대회 4차 업무보고회의에서 초중등 교사 인사제도 개혁을 언급하였다(佘超 · 王曉雲, 2017). 이처럼 중국에서는 교권문제를 교육계에 한정된 문제로만 보는 것이 아니라 정부와 사회가 함께 해결해 가야 할 시급하면서도 중요한 문제로 보고 국가가 나서서 교사의 지위 개선, 교권 향상을 위한 정책 마련에 노력을 기울이고 있음을 알 수 있다.

## 2. 「교사법」에 제시된 교권 관련 내용

「의무교육법」 제14조에 명시된 교권 관련 내용을 보면 "사회 전체가 교사를 존중해야 한다. 국가는 교사의 합법적 권익을 보장하고 교사의 사회적 지위를 제고하기 위한 조치를 취해야 한다"라고 밝히고 있다. 하지만 그에 상응하는 구체적인 조항과 처벌 규정이 없다 보니 교권 침해와 같은 문제가 발생해도 이를 해결하는데 어려움이 있었다. 이에 1993년 10월 31일 「교사법」을 통해 "교사의 합법적 권익 보장"을 최우선으로 둔다고 밝히고, 그 입법 취지에 교권을 명백히 규정하였다. 1995년 3월 18일에는 「중화인민공화국교육법」을 발표하고 "국가는 마땅히 교사의 합법적 권익을 보호하고 교사의 근무환경과 생활여건을 개선하며 교사의 사회적 지위를 제고해야 한다. 교사의 임금, 복지, 대우도 법에 따라 처리되어야 한다"고 명시하였다. 1996년 3월 9일에는 국가교육위원회에서 '초등학교 관리규정(小學管理規程)'을 발표하였는데, 여기서는 "초등학교 교장은 교사의 합법적이고 민주적인 권리를 존중해야 하며, 교사의 의견과 건의를 적극적으로 수렴해야 한다"고 규정하였다. 2010년 5월 5일 국무원 상무회의를 통과한 「국가중장기 교육개혁 및 발전계획요강(2010~2020년)」(이하 '요강')을 보면 "교사의 지위를 보장하고 교사의 권익을 보호하며 교사의 지위를 향상시켜 교사가 존중받는 직업이 되도록 해야 한다"고 명시하였고, 이 '요강'은 이후 교권보호에 중대한 영향을 미쳤다(徐文利, 2018). 「교사법」(제2장 제7조)에 명시된 교사의 권리를 살펴보면 다음과 같다(劉軍, 2006).

■ 교육·수업 활동을 진행하고, 교육·수업 개혁 및 실험을 전개할 수
  있다.

■ 과학 연구, 학술 교류 활동에 종사하고, 학술 단체에 참가하며, 학
  술 활동에서 의견을 발표할 수 있다.

■) 학생의 학습과 발전을 위해 지도하고, 학생의 품행과 학업 성적
  을 평가할 수 있다.

■ 제때 임금을 받고, 국가가 규정한 복지 혜택을 누리며, 여름과 겨
  울에 유급 방학을 가질 수 있다.

■ 학교 교육·수업, 관리 업무와 교육 행정 부처의 업무에 대해 의견
  과 건의를 제기하고 교직원 대표대회 또는 다른 형식을 통해 학교
  의 민주적 관리에 참여할 수 있다.

■ 연수에 참가하여 교육받을 수 있다.


이를 정리해보면 중국에서 교사는 교육·수업권, 학술·연구권, 학생
지도·평가권, 임금·복지향유권, 학교관리참여권, 학습·연수권 등 권리
를 갖는다. 또한 중국에서 교사는 교사이기 이전에 일반 시민으로서
인신권이 있다. 여기에는 성명권, 생명권, 신체권, 건강권, 초상권, 명
예권, 사적 생활 보호권 등 인간으로서의 다양한 권리가 포함된다. 중
국에서는 교사의 인신권을 침해하면, 경우에 따라 법적 책임을 물어야
한다. 「교사법」 제35조를 보면, "교사를 모욕하고 폭행한 자는 경우
에 따라 행정처분을 받을 수 있다. 상해를 입힌 자에게는 손해배상을
명령하고 사안이 심각하고 범죄를 구성한 자에게는 법에 따라 형사책
임을 묻도록 한다"고 규정하고 있다. 교사를 모욕하고 폭행하는 행위
에 대해서 이미 「교사법」 등에서 법으로 금지하고 인권 존중과 보장
에 관해 중국 헌법에도 명시함으로써 교권을 보호하는 장치를 마련하

고 있는 것이다.

이처럼 중국은 「교사법」을 통해 교권에 대해 명확히 제시하고 있는데, 이보다 더 주목할 점은 「교사법」이 교사의 합법적 권익을 규정하는 데 그치지 않고, 나아가 교사의 권리를 보장하기 위한 유효한 수단으로써 관련 부서와 개인의 책임까지 명시하고 있다는 것이다. 구체적으로는 "각급 인민 정부의 교권 보호를 위한 책임, 사회 각계, 국민과 법조인이 교권 침해에 대해 짊어져야 할 법적 책임, 각급 인민정부 및 담당자의 법적 책임, 교사 임금 체불 및 교사의 폭력에 대한 법적 책임"(「교사법」 제35조, 제36조, 38조) 등이 포함되어 있다.

이러한 책임의 규정은 많은 교사들이 자신의 권익을 보호하는 데 있어 법적 근거를 갖게 하였으며, 「교사법」을 관철하고 교사의 합법적 권익을 보호하는 중요한 장치가 되었다. 「교사법」은 이와 함께 권익을 침해당한 교사들이 상급교육행정 주무부서에 제소하는 방식으로 구제될 수 있도록 교사 청구제도도 명시하고 있다(劉軍, 2006). 이를 보면 중국 「교사법」은 국가가 법률을 통해 교사의 권리에 대해 명확하게 규정하고 법을 준수해야 하는 사람의 행위가 법적 의무를 넘어 교사의 합법적 권익을 침해할 경우, 그에 상응하는 법적 제재를 받도록 하는 역할까지 하고 있음을 알 수 있다.

## 3. 교권강화를 위한 「교사법」 개정 방향

중국의 「교사법」은 1993년 제정된 이래 아직까지 수정되지 않았다. 반면 지난 25년 동안 중국의 교육 발전 양상과 교원 상황은 크게 변했다. 중국에서는 최근 교육 현대화 가속화, 교육강국 건설, 대중 만족 교육 실현을 위해 「교사법」 개정을 서둘러야 한다는 목소리가 커지고 있다. 이에 2018년 1월, 중국 국무원이 발표한 「새 시대 교사진 양성 전면 개혁 심화에 관한 의견(關於全面深化新時代教師隊伍建設改革的意見)」 제26조에서는 「교사법」 연구개정에 대해 거론하였다. 2019년 1월에는 베이징에서 교육부 관계자 및 전국인민대표 교육위원, 전문가, 교사 등이 참석한 가운데 「교사법」 개정 연구를 위한 좌담회가 열렸고, 이 회의에서는 「교사법」이 다음과 같은 방향으로 개정될 것이라고 언급했다(北京師範大學, 2019.01.14).

- ▣ 방향을 분명히 하고, 새 시대 교사진 양성의 지도사상을 구현한다.
- ▣ 교사의 수업지도, 연수, 관리 참여 등에 대한 권리를 더 명확히 한다.
- ▣ 교사 자격제도를 보완하고 교직 입문의 학력과 능력 기준을 높인다.
- ▣ 교사 직전 양성과 재직 연수를 위한 지원 서비스 체계의 발전을 촉진하고, 교사의 평생학습을 지원한다.
- ▣ 교사 관리체계를 개혁한다.
- ▣ 교사 승진체계를 개선해 교사의 업무동기를 부여한다.
- ▣ 교사의 대우를 보장하여 교사가 열심히, 안심하고 종사할 수 있도록 한다.
- ▣ 교사에게 주는 국가 명예 표창제도를 수립하며, 교사를 존경하는

사회 기풍을 조성한다.

■ 교원사업을 교육발전의 중점분야에 두고, 교사의 근무를 우선적으로 지원하고, 업무 투입을 보장한다.

이처럼 개정될 「교사법」의 내용을 보면 앞으로 중국은 교사의 지위를 더욱 향상시키고 교사의 권리를 강화해나갈 것임을 알 수 있다. 이는 중국이 기초교육 일선교사들의 권위와 권리를 신장시키기 위해 오랜 기간 연구와 논의를 거쳐 얻어진 결과라 할 수 있다.

## 4. 특징 및 시사점

교육개혁의 성패는 교사의 태도에 달렸고, 교사의 태도는 교육 현장에서 누리는 교사의 권리와 관련이 있다(吳鋒, 2003). 결국 이 시대가 원하는 인재를 육성하고 창조적인 교육을 이끌어갈 교육환경을 만들기 위해서는 무엇보다 교권보호 및 교권신장이 이루어질 필요가 있는 것이다. 이에 교권강화를 위한 구체적인 방안을 살펴보면 다음과 같다.

첫째, 교사의 다양한 권리가 법으로 보호받아야 한다. 현재 한국의 교육기본법에서는 교권에 대해 구체적으로 명시하고 있지 않다(고전, 2012). 다만 제14조 제1항에 "학교교육에서 교원의 전문성이 존중되고, 교원의 경제적·사회적 지위가 우대되며 신분이 보장된다"고 명시하고 있다. 교권침해에 대해서도 '교원의 지위 향상 및 교육활동 보호를 위한 특별법' 제15조 '교육활동 침해행위'에서 간략히 명시하고 있는 정도이다.

이에 최근 교육계에서 헌법, 교육기본법 등에 교권을 구체적으로 명시하고자 하는 노력이 진행되고 있지만, 문제는 교권보호, 교권향상에 대한 논의가 주로 학생, 학부모에 의한 폭언이나 폭행, 명예훼손과 같은 '교사-학생' 간 갈등 시 교사의 권리를 보장하는 수준에 멈춰 있다는 점이다. 중국 「교사법」에 명시된 교권 내용에서 볼 수 있듯이, 사실상 교권은 교사의 신체·정신적 보호를 위한 권리뿐 아니라, 교사의 수업, 정책결정 참여, 신분 보장, 사생활 보장, 학습, 휴식 등 다양한 권리를 포함하고 있다. 또한 교권은 '교사-학생'의 관계 속에서뿐 아니라, '교사-관리자', '교사-학부모' 등 다른 관계 속에서도 논의되고 수립될 필요가 있는 것이다.

둘째, 교권보호를 위한 제도를 마련해야 한다. 중국은 「교사법」에 교사의 권리를 명시하고 있다. 하지만 사회 각계 인사 및 학자들은 좀 더 구체적인 내용을 명시할 필요가 있으며, 교권을 보장할 효과적인 제도를 마련해야 한다고 주장하고 있다. 이들은 현재 중국의 교권보호를 위한 제도가 미비하고, 명시된 내용의 적합성이 높지 않으며, 전문적인 교권보호기구가 없을 뿐 아니라, 교권보호를 위한 세부규정이 부족하다고 주장한다. 또한, 상응하는 권리 구제제도가 있기는 하지만, 실제 운용 과정에서 권리 구분이 명확하지 않기 때문에 실제로 교권보호를 실현하는 데 한계가 있다고 말한다. 한국에서도 '교원지위법'을 개정하는 등 교권강화를 위한 제도 마련에 노력을 기울이고 있으나, 교사의 합법적 권익을 보호하기 위한 체계가 아직 완전한 형태를 갖추지는 못하였다. 앞으로도 관련법에 교권에 대한 명확한 규정을 명시함과 동시에 강력한 보장 조치를 마련하기 위해 지속적으로 노력해가야 할 것이다.

참고
문헌

고전(2012). 교권(敎權) 보호 법제화의 쟁점과 과제. 교육행정학연구, 30(4), 53-73.

徐文利(2018). 中美中小學敎師權利保障政策比較研究. 廣西:廣西師範大學.

劉軍(2006). 敎師法對敎師權益的保護及其存在的問題. 北京敎育學院學報, 20(2), 34-37.

吳鋒(2003). 論"敎師權利"及其法律保護. 保定師範專科學校學報, 16(3), 29-31.

佘超·王曉雲(2017). 維權敎育視域下基層敎師維權困境及應對. 鄭州輕工業學院學報(社會科學版), 18(01), 92-96.

周琴(2014). 敎育政策學視角:完善敎師權利保障機制——由"弑師"案說起. 湖北函授大學學報, 12, 14-14.

中國敎育在線(2010.03.02). 敎師維權之誰侵犯了敎師的人身權.
    http://teacher.eol.cn/jiaoshiweiquan_9522/20100302/t20100302_452459.shtml에서 2019.4.25. 인출.

北京師範大學(2019.01.14.). 敎師法修訂調硏座談會在北京師範大學擧辦.
    http://news.bnu.edu.cn/zx/ttgz/107664.htm에서 2019.04.24. 인출.

(교육정책포럼 311호, 2019년 5월에 발표된 내용을 수정·보완하였음.)

## 중국의 교사 수업권 보호

학생의 수업태도는 교사의 수업 진행에 영향을 주는 중요한 요소 중
하나이다. 어떤 과목이든 어떤 유형의 수업이든 수업방해로 인한 고충
은 피하기 어려울 것이다. 수업방해 상황이 발생했을 때 즉각 조치를
취하지 않으면 교실 전체로 그 분위기가 확산되어 수업에 부정적 영향
을 미치게 된다. 이 때문에 수업방해 학생에 대한 적절한 조치는 교사
의 수업권을 보장하는 것일 뿐 아니라 다른 학생의 수업권을 보장하는
길이기도 하다.

## 1. 교사의 수업권에 대한 인식

　수업방해 행위는 보편적인 현상으로 중국 교실에서도 흔하게 볼 수 있다. 최근 들어 수업방해 행위가 증가하고 있지만 중국에서 이에 대한 연구가 활발하게 진행되고 있지는 않다. 중국은 전통적으로 교사의 권위가 높았지만 한 자녀 정책 이후 소위 '소황제'가 늘어나면서 교사에게 반항하거나 수업 태도가 불량한 경우가 다소 증가하는 추세다.

　수업방해로 인한 교사들의 고충은 온라인상에서도 많이 논의되고 있다. 가장 흔하게 다루어지는 주제는 수업방해 학생에 대한 바람직한 대처 방법이다. 수업방해 행위에 대해 큰 소리로 화를 내거나 즉각적으로 벌을 주게 되면, 수업의 흐름이 끊기고 다른 학생에게도 피해를 줄 수 있을 뿐 아니라 수업을 방해한 학생 본인도 수업에 참여하기 어렵게 된다. 이 때문에 수업이 끝난 후 면담 등을 통해 대처할 것을 많이 권장하고 있다.

## 2. 수업권 침해 현황

중국에서 가장 전형적인 수업권 침해의 형태로는 수업 중 잠자기, 음악 듣기, 소설 읽기, 떠들기, 지각하기, 딴 짓하기 등이 있다(刘军英, 2009). 사실상 이러한 모습은 다른 나라 수업장면에서도 흔히 볼 수 있는 현상이다.

〈표 2-1〉 중국의 수업권 침해 유형

| 수업권 침해 유형 | | 빈도(20시간 당 횟수) | | |
|---|---|---|---|---|
| | | A반 | B반 | 평균 |
| 언어<br>유형 | 이상한 소리 내기 | 3 | 3 | 3 |
| | 노래하기 | 1.9 | 1.7 | 1.8 |
| | 작은 소리로 혼잣말하기 | 3.8 | 3.6 | 3.7 |
| | 교사 말 끊기 | 5.9 | 6.5 | 6.2 |
| | 작은 소리로 떠들기 | 3.4 | 3.3 | 3.35 |
| | 큰소리로 떠들기 | 1.4 | 1.2 | 1.3 |
| | 친구와 싸우기 | 1.5 | 1.5 | 1.5 |
| | 교사와 싸우기 | 1.1 | 1 | 1.05 |
| 동작<br>유형 | 두리번거리기 | 8.5 | 8.6 | 8.55 |
| | 장난감 등 물건 갖고 놀기 | 3.7 | 4.2 | 3.95 |
| | 수업과 무관한 책 보기 | 3.5 | 3.4 | 3.45 |
| | 음식 먹기 | 1.3 | 1.4 | 1.35 |
| | 책상 두드리기 등 소리내기 | 2.5 | 2.5 | 2.5 |
| | 자세 불량 | 3.7 | 3.7 | 3.7 |
| | 쪽지 돌리기 | 1.0 | 0.9 | 0.95 |
| | 친구 괴롭히기 | 2.8 | 2.5 | 2.65 |
| | 친구에게 무력행사 | 1.1 | 1.1 | 1.1 |
| | 교사 공격 | 0.8 | 0.6 | 0.7 |
| | 수면 | 6.5 | 6.8 | 6.65 |
| | 딴 생각하기 | 7.3 | 7.1 | 7.2 |
| | 지각 | 1.4 | 1.3 | 1.35 |
| 합계 | | 66.1 | 65.9 | 66 |

출처: 刘军英(2009). 农村初中生课堂违纪的现状′成因及对策研究: 河北省滦县樊中个例透析. 河北师范大学 硕士学位论文.

이러한 수업방해 행위의 원인에 대해 刘军英(2009)는 학생과 교사의 입장에서 다음과 같이 설명하였다. 학생 입장에서 보면 학습목표가 불명확하거나, 기초학습이 부족하여 학습에 대한 자신감과 동기를 상실하고, 불량한 태도가 습관이 되어버린 경우이다. 교사 입장에서 보면 교수학습 방법이 부적합하여 수업 내용이 무미건조하거나, 학생과 갈등이 생겨 긴장감이 도는 경우 등이다.

이 밖에도 교사의 전문능력과 수업장악 능력이 꼭 비례하지는 않는 것으로 설명하고 있다. 어떤 교사는 전공내용에 대한 실력이 뛰어나지만 수업 중 방해 학생에 대한 관리가 안 되어 수업효과가 떨어지는 반면 또 어떤 교사는 전공실력은 다소 부족하더라도 수업방해 학생을 잘 관리하여 수업효과가 오히려 나쁘지 않다는 것이다. 이는 얼마나 효과적으로 수업방해 학생 문제에 대처하느냐에 따라 수업의 질이 결정될 수 있음을 의미한다.

## 3. 수업권 보호 관련 법률

중국에서도 교사의 각종 권익이 침해당하는 일이 빈번하게 발생하면서 1993년 10월 31일 전국인민대표대회 제8차 회의에서 「중화인민공화국 교사법」(이하 '교사법')을 통과시켰다. 이는 교사를 위해 처음으로 특별히 제정된 법률로써 이를 통해 교사의 정당한 권리를 보장하기 위한 법적인 체계를 갖추게 되었다. 1995년에는 「중화인민공화국 교육법」(이하 '교육법')이 제정되는 등 점차적으로 교사가 교육전문가로서 누릴 수 있는 각종 권리를 보장하고 교권을 보장받을 수 있도록 법률 체계를 공고히 하였다.

「교사법」 제7조 1항에서는 "교사는 교육활동 및 수업에 대한 권리가 있다"고 규정하고 있다. 하지만 법의 존재만으로 교사의 실질적인 권리보장이 충분히 이루어지고 있는 것은 아니다. 실제 교육활동 과정에서 각종 평가 및 불합리한 수업시수 등 정당한 권리를 제대로 보장받지 못하는 경우가 적지 않다. 「교사법」에는 또한 "교사의 수업권은 교사가 교육 활동에서 누릴 수 있는 권리를 가리키며, 교사 권리의 주체가 되는 부분"이라고 명시되어 있다. 「교사법」 제1항과 제3항의 교사 권리에 관한 법률 규정에서는 교사의 수업권을 다음 네 가지 항목으로 규정하고 있다. 첫째, 학교의 수업계획, 수업시수 등 구체적인 요구에 따라 자신의 수업특색을 반영하여 교실수업을 자율적으로 조직할 권리가 있다. 둘째, 교사가 수업계획에 기초하여 수업내용과 진도를 결정할 권리가 있다. 셋째, 교사가 교육 대상에 따라 수업방식, 형식, 내용 등을 개선, 보완할 권리가 있다. 넷째, 교사가 학생의 학습을 지도하고 학생의 품행과 성적을 평가할 권리가 있다.

马云萍·张俊(2000)은 교사의 수업권 침해를 간접적 침해와 직접적 침해로 구분하였는데, 그에 따르면 간접적 침해는 신체적 상해를 입혀 정상적으로 수업권을 행사할 수 없게 하는 경우를 의미한다. 직접적 침해는 교사의 수업권이 빼앗기는 경우로 크게 네 가지가 있다. 첫째, 학교 지도자가 교사에게 보복성 해직을 하는 경우이다. 둘째, 임용은 하되 교사의 능력 발휘나 수업혁신을 제한하는 경우이다. 셋째, 관리자가 교사에게 교육활동과 무관한 일을 시킴으로써 교사의 정상적인 수업권 향유를 막는 경우이다. 마지막으로, 학생이 교사의 수업권을 침해하는 경우인데, 이는 모든 수업권 침해 사례 중 가장 빈번하게 나타나면서도 교사의 학생 학습권 침해와 혼동되어 보호받기 어려운 부분이기도 하다. 马云萍·张俊(2000)은 교사가 수업방해 학생을 교실 밖으로 내보내는 것을 일괄적으로 학생의 학습권을 침해하는 것으로 간주해서는 안 된다고 하였다. 「교육법」 제42조 1항에 따르면, "학생은 수업계획에 포함된 각종 활동에 참여할 권리가 있고 그중 학생의 학습권이 포함된다. 하지만 학생의 권리와 의무는 동시에 존재하는 것으로 학생의 의무가 이행될 때 더 나은 권리를 향유할 수 있다"고도 하였다. 즉 학생들이 수업에 대한 의무를 다하는 것은 동시에 자신의 수업권을 보장받는 길이라는 것이다. 「교육법」 제43조에서도 "학생들은 마땅히 법률과 법규를 준수하고 학교에서 정한 행위규범을 준수하며 교사를 존중해야 한다. 정해진 학습의 의무를 다하기 위해 노력해야 하고 소속 학교 및 교육기관에서 정한 제도에 대한 의무를 준수해야 한다. 학생의 학습권 향유는 상술한 의무를 다할 때 주어진다"고 명시하였다.

또한, 교사의 수업권 보호에 대해서도 다음과 같이 언급하였다. "교사의 수업권 행사는 학생의 의무이행을 전제로 하고 있다. 교사가 수업권을 행사하기 위해 이에 상응하는 의무자인 학생에 일정한 행위를 요구함으로써 교사의 수업권이 보장될 수 있다"는 것이다. 만약 학생이 수업에서 몇 차례 부적합한 행동으로 정상적인 수업을 방해하였을 경우, 교육을 통해 개선될 여지가 있음에도 교사가 학생을 그냥 교실 밖으로 내보냈을 때, 교사가 수업방해 학생을 어떤 교육도 없이 내보냈을 때 등은 교사가 학생의 학습권을 침해한 것으로 간주된다. 하지만 학생이 여러 차례 규정에 위배된 행동을 하였고 교육을 통해 개선의 여지가 없을 때, 교사가 정상적으로 수업을 진행하기 어려울 때, 이러한 상황에서 교사가 학생을 교실 밖으로 내보내는 것은 학생의 학습권을 침해한 것이 아니다. 이는 교사 자신과 다른 학생의 합법적 권리를 보호하기 위한 것으로 수업을 방해한 학생은 의무를 이행하지 않은 데 따른 권리를 박탈당한 것으로 볼 수 있다.

## 4. 시사점

첫째, 수업은 교수자와 학습자의 상호작용으로 완성되는 교육활동으로 효과적이고 유의미한 수업을 완성하기 위해서는 교수자와 학습자 모두가 각자의 역할에 충실할 필요가 있다. 앞에서 살펴보았듯이 학생이 수업에서의 학습권을 보장받기 위해서는 수업에서의 의무이행이 전제되어야 한다. 교사는 수업 전 학생들에게 수업 중 준수사항과 벌칙, 주변 영향 등에 대해 충분히 인지시킴으로써 수업방해 현상을 최소화하고 수업효율을 제고하도록 해야 한다.

둘째, 학습권과 수업권을 동시에 보장하기 위해 이 둘에 대한 명확한 개념 확립과 범주구분이 매우 중요하다. 교사의 수업권과 학생의 학습권은 쉽게 혼동되기 쉬운 개념이다. 이 둘은 동시에 발생하는 것으로 수업권을 강조함으로써 학습권이 제한되기도 하고 학습권을 보장하기 위해 수업권이 침해되기도 한다.

셋째, 수업방해를 차단하기 위해서는 이에 대한 근본적인 원인을 이해하려는 작업이 선행되어야 한다. 수업방해 학생 중에는 의도적으로 그러한 행동을 하는 것이 아니라 자신도 의식하지 못하는 사이에 혹은 분위기에 동요되어 따라 하기도 한다. 또는 수업 과목에 대한 흥미가 없거나 기초가 부족해서 부적절한 행동이 나타나기도 한다. 이를 위해 학생들과 충분한 면담을 실시하고 원인을 제거하기 위한 대안을 제시해줄 필요가 있다. 예를 들어 수업 규율을 구체적으로 명시하거나 설명해주고, 기초능력이 부족한 학생에 대한 보충학습을 제공하거나 팀 프로젝트를 통해 수업에 대한 적극성을 높인다. 이와 동시에 수업방해의 이유가 단지 학생에게만 있다고 단정하지 말고 교사 자신의 태도와 강의 방식에 대한 반성과 개선노력도 병행할 필요가 있을 것이다.

참고
문헌

马云萍·张俊(2000).对侵犯教师教育教学权行为的法律分析.教学与管理, 12

申素平·李琳(2012).教师教育教学权学校保障机制研究—基于西部某农村公立
　　高中的调查分析.中国人民大学教育学刊, 4

朱永新(2003).谁来保障教师的权利.人民教育, 18, 23-25.

刘明(2006).民办中小学教师教学权利现状及影响因素探析.新疆师范大学.

刘军英.农村初中生课堂违纪的现状 成因及对策研究--河北省滦县樊中个例
　　透析.河北师范大学 硕士学位论文, 2009

百度知道.怎样处理课堂违纪行为.
　　https://zhidao.baidu.com/question/1960443258951895380.html에서
　　2017.08.10. 인출

百度文库.课堂违纪行为处理的方法和技巧.
　　https://wenku.baidu.com/view/cf04b8d2e009581b6bd9eb79.html에서
　　2017.08.02. 인출

# 중국 골간교사제의 실시배경과 운영내용

우리나라는 2008년부터 수석교사제를 시범운영 형태로 도입한 이후, 학교 현장에서 수석교사의 애매한 위상과 실질적인 우대 효과 미흡 등 여러 문제점이 드러나며 목표했던 바대로 운영이 잘 안 되고 있다. 중국에도 수석교사제와 유사한 '골간교사제'가 있다. 하지만 그 내용을 들여다보면 우리나라의 수석교사제와 흡사한 듯 다른 점이 많다. 우리나라의 경우 교사들이 교장 등 관리직 승진에 몰두하는 문제를 해소하기 위해 수석교사제를 도입한 것과 달리 중국은 경력이 적은 신임교사를 지도하거나, 교수·학습 능력을 개발하고 학교교육의 효율성을 제고하기 위해 골간교사제를 도입하였다.

# 1. 골간교사의 개념 및 실시배경

학교교육의 효율성을 높이고 지속적인 발전을 도모하기 위해 중국에서는 학교별 멘토링 제도인 '골간교사제(骨幹教師制度)'를 운영해오고 있다. 골간교사란, 교사 집단에서 전문성이 뛰어나 다른 교사에 대한 수업지도가 가능한 유능한 교사를 뜻한다. 이러한 경험이 많고 교육연구 능력이 뛰어난 골간교사와 경험이 적은 신임 교사를 1대1로 연결하여 신임 교사의 발전을 촉진하도록 도입된 제도가 골간교사제인 것이다.

중국에서 골간교사 양성제도를 실시한 지는 벌써 50년이 넘는다. 1962년 중국 교육부는 일부 우수 초중등학교 교사를 중점적으로 양성한다는 통지문을 발표하였는데, 여기에는 초중등학교에 반드시 골간교사들을 배치하도록 한다는 내용이 포함되었다. 골간교사라는 개념은 1962년 당시 교육 기반이 취약하고, 교육 수준이 상대적으로 낮은 교육 실정을 고려하여 중국 정부가 교사진 중점 양성에 관한 정책을 발표하면서 생겨난 것이다. 이후 골간교사 양성이 전국적으로 추진되었고 이는 중국 기초교육 개혁에서 대체할 수 없는 중요한 역할을 해왔다(呂曉麗, 2014). 현재도 중국은 교육의 공정성과 질 향상이라는 시대적 테마를 실현하기 위해 교원양성 모델을 꾸준히 혁신하고, 기존의 국가급 교장 양성기관을 바탕으로 교육행정기관과 학교가 협력하여 새로운 교원 양성제도를 모색하고 있다. 이러한 중심에는 골간교사제도가 있다고 하겠다.

## 2. 골간교사의 역할

　경영학의 2대 8 법칙에 따르면 조직에서 종종 20%의 핵심 구성원들이 80%의 임무를 완수하게 된다고 한다. 교육자원 불균형이 심각한 중국에서는 '선택과 집중'이라는 원칙하에 일부 유능한 교사를 양성하여 전체 교사의 수업 전문성을 향상시키려는 노력이 이루어지고 있다. 중국의 각급 교육행정부처와 학교에서는 골간교사의 이러한 시범·전이 역할이 충분히 발휘될 수 있도록 적극 지원하고 있다. 골간교사가 담당하고 있는 역할을 정리하면 크게 다음 세 가지로 요약된다.

　첫째, 골간교사는 학교 교육에서 수업의 질 향상에 대한 막중한 책임을 짊어지고 있다. 골간교사는 교육연구 전문가로서 교육관념을 끊임없이 쇄신하고, 선진적인 교육이론과 방법을 터득하며, 국내외 교육의 새로운 흐름을 파악하여 수업 혁신에 적극 나설 책임이 있다. 교육연구 과제를 수행하고, 실천적인 논문이나, 교육경험 사례 및 연구 보고서를 작성하는 것도 이들의 몫이다. 각급 교육행정부처와 학교에서는 골간교사의 이러한 교육경험과 연구성과를 다양한 형식으로 보급하고 있다. 골간교사의 성과는 다른 교사들에게 직·간접적으로 영향을 미치고 있을 뿐 아니라 많은 교사들이 벤치마킹하는 본보기가 되기도 한다.

　둘째, 교육개혁을 위한 촉진작용을 하고 있다. 교육개혁의 성패는 교사에게 달려 있다고 해도 과언이 아니다. 중국은 골간교사가 중국 교육개혁의 선봉장이 되어줄 것을 요구하고 있다. 이에 따라 21세기 들어 중국은 교원양성의 핵심을 양적 성장에서 질적 성장으로 전환하고 교원의 전문성 신장과 골간교사 양성에 집중하고 있다. 일부 유능한 교사의 양성은 학생발전과 후배교사 양성의 시너지를 높이고, 결국 학교의 발전과 위상을 높이는 데에도 기여한다고 보기 때문이다.

셋째, 학교 및 지역 발전의 강력한 원동력이 되고 있다. 골간교사는 다른 교사의 발전을 이끌면서 동시에 학교혁신을 촉진하고 선진적인 모델로 이끌어가는 역할을 한다(王緋燁·洪成文·Sally Zepeda, 2017). 예를 들어 골간교사는 온라인 강의 및 질의응답을 통해 초중고 학생들에게 도움을 준다. 지역 내 타학교에 골간교사를 파견해 상호 간 수업교류를 하고, 교원양성기관의 지도자나 교육연구기관 연구원 등으로도 겸직하게 하고 있다. 또한 골간교사는 다른 교사들의 리더로서 시범수업과 교육강좌, 각종 지도와 교육에 적극적으로 참여하며, 교육환경이 상대적으로 열악한 지역과 취약학교를 찾아가 지원하는 등 지역교육 발전에도 기여하고 있다.

## 3. 골간교사의 선발, 평가 및 대우

2000년 중국 교육부가 발표한 「초중등학교 골간교사 양성업무에 관한 통지문」에서는 골간교사의 선발 기준과 요건에 대해 명시하였는데 구체적으로는 "골간교사는 창조적이고, 교육을 사랑하며, 올바른 교육사상과 관념을 지니고 있어야 한다. 교육개혁과 교직에 있어서 성적이 우수하며, 국가가 인정하는 학력을 갖추고 있어야 한다. 고급교사에 속하며 45세 이하여야 한다. 그리고, 직업윤리, 수업평가, 과학연구, 시범지도, 계속교육 등에서 꾸준히 향상되어야 한다" 등이다. 베이징시의 경우 3년에 한번 골간교사를 선발하며 최근 5년 내 시급(市級) 이상 공개수업을 했거나, 연구과제를 수행해 수상한 경우, 학술지에 교육학 관련 논문을 발표한 경우 우선 선발 대상이 된다(呂曉麗, 2014). 이를 보면 골간교사에 대해 교육학, 심리학에 대한 전문 지식뿐 아니라 교육연구 능력까지 갖출 것을 요구하고 있는 것을 알 수 있다.

골간교사에 대한 평가는 시교육청의 골간교사 학년도 인사고과 기준에 따라 실시되며, 매년 정성평가 및 정량평가 결과를 종합하는데, 학교 심사를 거쳐 지역 교육청의 골간교사 관리평가팀에서 최종 확정한다. 평가 결과는 '우수', '합격', '불합격' 3등급으로 나눠지는데, 그 중 우수가 20%를 차지한다. 평가에서 합격 이상의 등급을 받은 골간교사에게는 성과급이 주어진다. 성(省) 특급 교사에게는 50,000 위안, 성(省) 정고급 교사, 시 교수급 중등 교사 및 명교사에게는 24,000위안이 주어진다.

성과급 외에도 골간교사에게 다양한 우대정책을 마련하고 있다. 예를 들어 골간교사가 대학원에 진학할 경우 우선권이 부여된다. 교장 대상 연수에서 우선 파견될 수 있는 기회가 주어지고, 국내외 대학에서 연수나 방문학자를 할 경우에도 우선권이 주어진다.

각지 학교에서는 골간교사가 자신의 특기를 충분히 발휘하여 학교 수업의 질을 높일 수 있도록 여러 가지 편의도 제공하고 있다. 예를 들어 골간교사가 교원양성, 교수학습 개혁을 위한 실험과 교육연구, 후배교사 지도 업무에 시간을 쏟을 수 있도록 수업 부담을 줄여 주고, 여건이 허락하는 학교에서는 골간교사를 위한 조교를 두도록 하고 있다. 골간교사 양성을 위한 경비도 보장하고 있는데, 시·현에서는 초중등학교 골간교사 양성교육 특별 자금을 마련해 연구실 운영, 교육 세미나, 시찰 연수, 고급 학술 교류, 전문가 초빙 등에 사용한다.

이 밖에도 골간교사의 적극성과 창조성을 북돋우고, 골간교사 종신제를 타파하기 위해 골간교사에 대한 '경고·퇴출제'를 구축하고 있다. 학년도 심사에서 하위1%에 속할 경우, 경범죄가 있는 경우, 만족도 평가에서 불만족율이 20%이상일 경우에는 지역 교육청에서 이들 골간교사에 대해 경고를 내린다. 또한 공직에서 해임·출당 처분을 받은 경우, 학년도 인성평가에서 불합격한 경우, 업무 책임감이 약하고 책임 문제가 생긴 경우, 유상 과외를 하는 등 위법 행위를 하고 시정하지 않는 경우, 기타 관련 규정을 위반한 경우 등에는 골간교사 자격을 박탈하기도 한다(溫州敎育網, 2018.08.10).

## 4. 시사점

첫째, 수석교사 수를 늘려 후배교사 지도에 대한 영향력을 확대할 필요가 있다. 후배교사 양성과 학교 수업개선을 위해 노력할 수석교사가 적다는 것은 이러한 제도의 효과를 제대로 발휘하는 데 있어 걸림돌이 될 수 있다. 베이징시 교육위원회가 발표한 자료를 보면, 베이징시 골간교사는 2001년 전체 전임 교원의 0.4%인 512명이었는데, 2004년에 전체 전임교원의 2%인 1,884명으로, 2007년에는 전임교원의 3%인 2,000명으로 꾸준히 증가했다. 이후 중국의 골간교사 수는 전체 전임교원의 2% 수준을 유지하고 있다(呂曉麗, 2014). 그럼에도 현재 중국에서는 골간교사 수가 비교적 적어 선도적인 역할을 하는데 한계가 있다는 문제점이 지적되고 있다. 우리나라에서도 수석교사의 수가 적어 이들의 영향력이 미흡하고, 이에 그 수를 늘려야 한다는 의견이 나오고 있는 만큼 수석교사의 규모를 확대하는 방안에 대해 고찰이 필요할 것이다.

둘째, 관리와 평가가 엄격하게 이루어지도록 해야 한다. 중국의 경우 골간교사 관리·평가팀을 따로 두어 골간교사의 성과를 철저히 관리하고 있다. 이를 통해 골간교사의 자기개발이 촉진되고 이들의 능력과 성과가 다른 교사의 성장에 시범적인 역할을 발휘할 수 있도록 요구하려는 것이다. 매년 평가를 실시하고 기준에 못 미칠 경우 경고를 하거나 자격을 박탈하기도 한다. 반면 우리나라에서는 수석교사에 대한 평가와 관리가 비교적 느슨한데다 퇴출기제가 없어 수석교사들의 능동적이고 지속적인 자기개발과 주변에 대한 영향력을 기대하는데 한계가 있다.

셋째, 수월한 업무환경 조성과 성과급 지급을 통해 수석교사의 적극성을 유도해야 한다. 중국은 골간교사가 교육지도 및 교육혁신 리더로서의 역할을 충분히 발휘하도록 다양한 혜택과 편의를 제공하고 있다. 수업시간을 줄여 연구시간을 확보해주고 매년 성과급을 줄 뿐 아니라 심지어 연구실과 조교를 제공하여 임무 수행에 대한 동기를 고취시키고 있다. 인사관리에서 당근과 채찍은 기본적인 원칙일 것이다. 엄격한 관리제도를 통해 책임에 대한 긴장감을 부여함과 동시에 좋은 성과를 내는 교사에게 성과급과 혜택을 지급한다면 수석교사의 역할 수행을 촉진하는 효과적인 유인책이 될 수 있을 것이다.

참고
문헌

呂曉麗(2014). 基於教師專業發展的中小學骨幹教師制度探析. 中國教師, 18,
     73-75.

王緋燁·洪成文·Sally Zepeda(2017). 骨幹教師領導角色的認知研究. 教師教育
     研究, 5, 62-67.

溫州教育網(2018.08.10.).關於加強中小學骨幹教師管理和考核的若幹意見.
     http://edu.wenzhou.gov.cn/art/2018/8/10/art_1324603_20221495.html
     에서 2019.09.28. 인출.

※ 교육신문, 2019년 12월 5일 자에 실린 내용을 수정·보완하였음.

## 중국의 교원 전문성 함양 프로그램

초중등 교원의 전문성 함양은 기초교육의 건전하고 안정적인 발전을 촉진하는 중요한 요소이다. 교원 전문성 함양이라고 하면 교육이념, 전공 이론, 교수학습방법, 연구능력 등에 대한 교사 개인의 수준을 향상시키는 것을 의미한다. 우리나라 뿐 아니라 중국에서도 교육열이 뜨거워짐에 따라 교원의 전문성에 대한 요구가 더욱 높아지고 있다.

## 1. 중국의 교원 전문성에 대한 인식

중국에서는 "대학에서 한번 받은 교육으로 끝"이라고 인식하고 전문성 향상을 위해 노력하지 않는 교사들이 질타를 받고 있다. 이러한 현상은 주로 농촌 사립학교(民辦學校)에서 두드러지게 나타나고 있다(劉文超, 2016). 또한 학군이 나쁜 지역이나, 농촌의 경우 대학을 막 졸업한 우수 인재들과 경력이 많고 실력이 뛰어난 교사들이 지원하지 않아 교원 능력이 상대적으로 떨어질 수밖에 없다. 특히 농촌 지역의 경우 영어, 음악, 미술, 체육, 컴퓨터 등 과목은 교사 수를 채우기도 어려워 사실 이곳에서는 교사의 전문성에 대해 논하는 것 자체가 의미가 없을 정도이다.

우수한 교사로부터 질 높은 교육을 받고자 하는 학부모들의 요구는 점점 더 높아지고 있다. 중국에서도 새로운 교육상황, 새로운 교육요구에 직면하여 이에 제대로 적응하지 못하는 교사들이 늘자, 교원의 능력과 전문성을 더욱 향상시켜야 한다는 목소리가 커지고 있다. 이에 중국 국무원은 2019년 2월 「새 시대 교사진 양성 개혁 전면심화에 관한 의견(關於全面深化新時代教師隊伍建設改革的意見)」을 발표하고, 높은 전문성을 갖춘 혁신적인 교사진을 양성하기 위해 직전 양성, 입직 교육 및 재직 연수를 강화하고, 교사진의 규모, 지식, 학력 등을 최적화하여 교사의 전문성을 향상시켜 나가겠다고 밝혔다(中國教育新聞網, 2018.2.3.).

## 2. 교원 전문성 함양 프로그램 추진 사례

### 1) 관련 정책

2012년 8월 20일 국무원은 「교사진 양성 강화에 관한 의견(關於 加强教師隊伍建設的意見)」을 제정・발표했다. 의견을 통해 교사역 량강화, 교사 관리체제 혁신, 교사 업무 중 취약부분 강화 등 핵심 현안 에 대한 구체적인 과제와 요구, 조치를 언급하였다. 이는 중국 정부가 교사의 전문성 신장을 지도하기 위한 주요 문건으로 여기에는 2020 년까지 교사진 전체의 자질이 대폭 향상되도록 하겠다는 내용이 담겨 있다. 주로 교원의 직업윤리, 선진화된 교육이념, 전문지식, 우수 교육 역량을 갖추도록 하겠다는 것이다. 특히 농촌 교사의 전문성 신장에 역점을 두고, 농촌 학교 근무의 직업적 매력도를 제고시켜, 더 많은 우 수 인재가 농촌 교육에 종사하도록 하는 등 '농촌 편향정책'을 실시하 겠다고 밝혔다.

2019년 발표한 「새 시대 교사진 양성 개혁 전면심화에 관한 의 견」에서는 새 시대 교사진의 양성을 교사 재직 교육 및 연수로 구분 하여 교사의 질 향상을 위해 노력할 것이라고 하였다. 초중등교육단계 에서는 국가급 연수계획(國培計劃), 해외연수방문, 자기주도 선택학 습, 온・오프라인 혼합연수 등을 통해 교원의 평생학습과 전문성 향상 을 촉진할 계획이라고 하였다. 특히 재직단계에서 이론과 실천의 결합, 산학결합, 상호겸직, 기능대회, 합동육성 등을 통해 질 높은 교사진을 양성하기로 하였다(中國教育新聞網, 2018.2.3.).

## 2) 연수기관 및 원격연수

중국은 국토면적이 넓고 지역 편차가 커 지역 마다 실시되는 교원 전문성 함양 프로그램에도 다소 차이가 있다. 그중 교원연수기관에서 실시하는 프로그램과 원격연수는 공통적으로 활용되는 형식이다. 특히 원격연수는 교통이 불편하고 지리적 환경이 열악하며 교육시설이 낙후된 산간벽지, 농촌지역의 기초교육 발전 뿐 아니라 전체 교원 전문성 향상에도 중요한 역할을 하고 있다(張和平·張消夏, 2018).

지역 초중등 교원의 계속교육 업무를 지도·관리하는 기관으로 계속교육센터(中小學敎師繼續敎育中心)가 있다. 계속교육센터에서는 높은 전문성을 갖춘 교사의 양성을 목표로, 교원의 교수학습능력 향상을 핵심으로 한 연수프로그램을 운영하고 있다. 센터에서는 명교사 양성사업과 농촌 교사 전문성 신장 사업도 진행하고 있으며, 지역 초중등 교사를 위한 특색 연수과정을 효율적으로 실시하여 지역 교육과 교수학습 개선에 기여하고 있다.

교원 전문성 신장은 신규교사를 대상으로 하는 프로그램도 있지만 교직 경력이 오래되고 학교에서 중요한 역할을 담당하는 중견교사(骨幹敎師, 골간교사)를 대상으로 하는 프로그램도 운영되고 있다. 예를 들어 쑤조우시(蘇州市) 상청구(相城區)의 「중견교사 자질향상사업 실시에 관한 의견(關於實施骨幹敎師素質提升工程的意見)」을 보면, "중견교사의 자질향상사업은 고차원적이고 자질이 높은 교사를 양성하려는 중요한 조치이다. 중견교사의 계속적인 발전을 촉진하여 전 지역 교사진의 자질 향상을 위한 선도적인 역할을 발휘하도록 하기 위해 이 사업을 실시하고 있다"고 명시되어 있다. 여기서 중견교사라 함은 시·구(市區)의 학과(학술) 리더, 수업 명인을 가리킨다.

중견교사 연수 내용을 보면 지식과 이론 향상, 실천과 기능 함양, 과제와 전문 연구 등 크게 세 가지다. 지식과 이론의 향상은 양성 대상의 이론적 소양을 향상시키는 것으로, 지식 구조를 업그레이드하고, 교육 강의 이론의 수준을 향상시켜 지속 가능한 발전 능력을 향상시키는 데 중점을 두고 있다. 실천과 기능 함양은 양성 대상자가 소양교육을 실시할 수 있는 능력을 높이고, 교수학습능력과 실천 수준을 향상시키는 데 중점을 두고 있다. 과제와 전문 연구는 양성 대상의 연구 의식과 연구 능력을 향상시키는 것으로, 끊임없이 수업내용을 분석하고, 교수학습의 규율을 발견하여, 이론 운용능력과 창의력을 향상시키는데 중점을 두고 있다(蘇州市相城區人民政府網, 2009.4.5.).

중견교사의 자질향상 프로그램은 3단계로 진행된다. 1단계는 홍보·가동 단계로 인사과, 교육연구실에서 중견교사 연수방안을 마련한다. 각 유형 중견교사들은 분급관리 원칙 및 각자가 처한 상황에 따라 한 차원 높은 목표를 위한 성장계획서를 작성한다. 각 단위학교에서는 중견교사의 연수 요구사항을 파악하고 연중목표를 달성하도록 독려한다. 학기가 끝나면 중견교사의 성장상황에 대해 평가하여 의견을 작성한다. 2단계는 전면실시단계로 계획에 따라 연수를 조직하여 다음과 같이 실시하도록 한다.

▣ 중견교사를 대상으로 이론학습을 전개하고, 필독목록을 제시하여, 스스로 독서 목록을 정하도록 한다. 주제가 있는 상호활동을 전개하고, 효과적인 관리와 평가 메커니즘을 통해 교사가 교육 이론학습과 업무연구를 효율적으로 하기 위한 스터디 그룹을 조직하도록 유도한다.

▣ '파견과 유치' 방식을 통해 성 내외 교육 전문가를 초빙하고, 교육

전문가가 개최하는 학술강좌를 학기당 1회 청취하게 하며, 전문가 학술보고회 4회를 조직한다.

▣ 중견교사가 지역사회에서 강좌, 시범 수업, 참관 수업, 연구 수업을 개설하고, 학교에서 학술 강좌를 개최하며, 학술연구와 교과수업을 유기적으로 통합하게 한다.

▣ 교과연구팀 정례회를 개최하고, 중견교사가 교과문제 분석, 경험교류, 과제 세미나, 심포지엄 등의 활동을 정기적으로 조직하여 실시하게 한다.

▣ 중견교사 평가를 진행한다. 교육전문가, 성·시급 명사를 초빙하여 연수참가자의 현장수업 또는 수업성과(교안, 과제, 논문, 성찰보고, 사례 등)를 평가한다.

▣ 성·시의 특급 교사나 유명 교사를 멘토로 초빙해 이 지역 시급(市級) 교과 대표를 지도하는 임무를 맡게 한다. 본 지역 특급·시급 명교사를 멘토로 하여, 구급(區級) 교과 대표, 수업 능력자, 신규교사를 지도하게 한다. 멘토 업무 직책을 정하고 구체적인 멘토링 임무와 요구사항을 정한다.

마지막으로 3단계는 연수성과를 전시하고 연수 참가자들에게 보고서를 작성하게 하는 것이다. 중견교사에 대한 전반적인 심사를 거쳐 최종적으로 중점 양성 대상을 정한다(蘇州市相城區人民政府網, 2009.4.5.).

## 3) 수업기능대회

수업기능대회를 통해 교사의 전공 및 연구역량을 강화시키고 있다.

마산현(馬山縣)의 수업기능대회를 예로 들면 대회는 수업설계, 모의 수업 등으로 구성되어 있다. 참가 교사들은 안내에 따라 경기 교재와 과제를 각각 추첨한다. 경기 전 심사위원 예비회의를 통해 공평하고 공정한 경기문화를 조성하게 한다. 초등팀과 중등팀으로 나누고, 국어, 수학, 영어 등 과목별로 대회를 진행한다.

대회를 통해 교사들이 '교실 수업을 연구하고, 수업설계를 최적화하며, 수업기능을 향상'하려는 열정을 갖도록 독려하고 있다. 또한 교사들의 학습을 촉진하고 전반적인 교사의 역량 향상을 도모하고 있다. 이처럼 수업기능대회는 많은 교사들이 이를 통해 교수학습방식을 교류하고, 장점을 배우며 단점은 보완하면서 지역 전체의 교육 개혁을 심화발전시키는데, 중요한 역할을 담당하고 있다(搜狐網, 2017.12.25.).

## 4) 연구논문대회

교사는 지식의 전달자이기도 하지만 연구자이자 교육가이기도 하다. 교사는 단순한 교육과정의 집행자가 되어선 안 되고 연구의 성과를 자신의 수업개선 목적에 맞게 활용하여 더욱 효율적인 수업이 되도록 노력해야 한다. 연구형 교사는 새로운 교육이론, 교수학습방법을 알고 이를 학생지도에 활용하여 학생들의 종합 소양이 향상되도록 교육문제에 대해 깊이 탐구해야 한다. 이에 최근 중국 초중등학교에서는 교사의 교육연구를 학교 진흥과 교원 전문성 신장의 중요한 수단으로 삼고 교사들에게 연구능력 향상의 중요성을 인식시키고 있다. 교육개혁이 진행됨에 따라 각 학교와 교사들은 새로운 문제에 직면하게 되었고 이러한 문제를 해결하기 위해서는 과거의 경험과 방식에만 의존해선 안 되고 새로운 방법과 이론을 연구할 필요가 있기 때문이다(王成

營, 2018).

　중국은 2020년까지 교육분야의 종합개혁을 가속화하고 입시위주 교육에서 벗어나 소양교육으로 전환한다는 계획을 수립하고 있다. 이러한 교육변화를 추진하고 교육실천 과정에서 부딪히는 문제를 창의적으로 해결해가기 위해서는 교사들에게 연구능력과 혁신능력이 반드시 요구되는 것이다. 교사들은 과학적인 방법을 통해 자신이 쌓아온 다년간의 교육경험을 되돌아보고, 교육이론 지식체계 및 인식구조를 재수립하며, 자신의 연구능력을 향상시켜 새 시대가 요구하는 교육 규율과 방법을 모색해가야 하는 것이다.

　중국은 초중등 교사의 연구능력을 향상시키기 위해 지역별로 '교사 교육연구논문대회'를 개최하고 있다. 시 전체의 현직 중고등, 초등, 유치원 및 특수 교육 종사자(재직 교사, 교육 행정 관리자 및 교육 연구자 포함)는 단독으로 또는 협력하여 연구논문대회에 참가할 수 있다. 시급(市级) 중견교사는 원칙적으로 전원 참가해야 한다. 참가 연구논문은 교육, 수업, 관리에 대한 이슈와 해결과제를 중점적으로 다루어야 하며, 교육과정 수립, 교실수업, 실험수업, 인성교육업무, 학교관리 등의 주제에 대한 자신의 실천, 생각, 연구와 견해를 바탕으로 시대적 감각을 갖춘 논문을 제출해야 한다. 이러한 연구 문제는 교육, 수업, 학교경영을 위한 실제적인 문제를 해결하는데 어느 정도 참고 가치와 가이드 역할을 할 수 있어야 한다. 논문의 형식은 교육 기본 이론의 탐색과 교육에 대한 거시적 분석은 물론, 수업 연구, 조사 보고서, 사례 연구, 교육 에세이, 교육 활동 사례 분석, 실험 수업 등 다양하다. 논문의 분량은 보통 3,000~5,000자로 하되, 특별히 주어진 주제의 논문은 8,000자까지 가능하다(揚州市人民政府網, 2019.3.29.).

## 3. 특징

　중국도 우리와 마찬가지로 교육열이 매우 높다. 대학입시 준비를 위해 초등학교부터 상당한 시간적, 물리적 노력을 쏟아 붓고 있다. 그만큼 학부모들의 교사에 대한 요구도 높아질 수밖에 없다. 정부와 학교에서는 이러한 요구를 잘 인식하고 교원의 전문성 향상을 위한 정책을 수립하고, 연수 프로그램도 마련하고 있다. 연수의 대상과 형식이 다양한데 초년 교사를 대상으로 하는 프로그램뿐 아니라 중견교사에 대해 별도로 실시하는 프로그램도 있다. 연수 대상자에 따라 교육 내용도 달라진다. 연수의 형식은 온라인과 오프라인으로 나누어지는데, 교통이 불편하고 시설이 열악한 농촌의 경우 온라인을 통한 원격연수가 보편화 되고 있다. 연수 뿐 아니라 수업기능대회, 연구논문대회 등을 통해 교원의 전문성을 끌어올리고 있다. 특히 최근 다양화되는 교육현장의 문제 해결과 창의적인 교육이 중요시 되면서 이러한 능력을 함양하도록 하기 위한 연구능력 개발이 더욱 강조되고 있는 추세다.

참고
문헌

張和平·張消夏(2018).現代遠程教育持續提升偏遠山區中小學教師專業素質探
    究─以貴州偏遠山區中小學爲例.廣西廣播電視大學學報,29(1),23-28.

王成營(2018).生態位理論視域下中小學教師科研能力培養與優化策略.中小學
    教師培訓, 5, 27-31.

徐海榮(2019).中小學英語教師教學能力和科研能力的培養研究.新課程·下旬,
    6, 256-257.

劉文超(2016).淺談鄉村教師隊伍建設的主要問題與對策.中國校外教育(上旬
    刊), 1, 385.

蘇州市相城區人民政府網(2009.4.5.).關於實施骨幹教師素質提升工程的意見.
    에서 2019.8.23.인출.

揚州市人民政府網(2019.3.29.).關於舉辦揚州市第八屆"運河杯"中小學教師敎
    科硏論文大賽的通知.
    http://www.yangzhou.gov.cn/xxgk_info/yz_xxgk/new_xxgk_descxxs.
    jsp?manuscriptid=da9923360a144c9481d1cc33bb15b2ba에서
    2019.8.26.인출

搜狐網(2017.12.25.).首屆中小學教師教學技能大賽, 各校老師大展身手.
    https://www.sohu.com/a/212668282_723187에서 2019.8.24.인출.

中工網(2019.3.7.)."三項工程"助力青年教師專業發展.
    http://edu.workercn.cn/32906/201903/07/190307111636056.shtml에
    서 2019.8.23.인출.

中國教育新聞網(2018.2.3.).提升教師專業素質能力.
    http://www.jyb.cn/zgjyb/201802/t20180203_953670.html에서
    2019.8.27.인출.

# 3

연계교육과
맞춤교육

# 중국의 유초등 연계 교육

유치원에서 초등학교로 넘어가는 시기에는 신체적·정신적으로 큰 변화와 발달이 이루어진다. 이 때문에 이 시기에 이루어지는 적절한 연계교육은 아동이 학교교육 시스템에 적응하는데 결정적 도움을 주게 된다. 중국에서도 유초등 연계과정에서 아동의 지적·신체적 발달을 고루 중시해야 할 것을 강조하고는 있지만, 초등학교 입학을 앞둔 학부모들은 자녀가 입학 후 뒤처지지나 않을까 하는 우려로 지식습득, 성적향상에 열중하는 분위기다.

# 1. 유초등 연계에 대한 인식 및 현황

중국에서 유초등 연계교육이라고 하면 단순히 초등학교 몇 군데 참관하는 정도로 여기던 때도 있었다. 하지만 시대가 변하고 경쟁이 치열해지면서 학부모들은 자녀가 초등학교에 입학하기 전부터 많은 걱정을 하게 되었다. 이에 대해 중국 교육계에서도 '발묘조장(拔苗助長)'이라고 걱정하는 목소리를 낸다. 발묘조장이란 중국 사자성어에 나오는 말로 "모는 그냥 그대로 두어도 때가 되면 뿌리가 활착되고 힘차게 성장하는데, 더 빨리 자라게 하겠다고 모를 잡아당기면 오히려 말라 죽고 만다"는 뜻이다. 교육도 이와 마찬가지로 아동의 발달 단계에 맞게 차근차근 가르쳐야지 단계를 앞서 급히 가르치려다가 오히려 교육을 그르칠 수 있음을 의미한다.

하지만 중국의 교육 현실은 초등학교 입학을 앞두고 유효적절한 연계교육은 커녕 지나친 선행교육이 극성을 부리고 있다. 천징판(陳景凡, 2008), 량지아(梁嘉, 2002) 등 논문에서도 중국의 유초등 연계교육에 대해 여러 문제를 제기하고 있다. 구체적으로는 유초등 단계 간 연속성 무시, 유아교육의 초등교육화 현상, '유치원-초등학교-학부모' 간 소통 부재, 지식위주의 교육 중시, 사회적응 훈련 부족, 교사의 유초등 연계교육에 대한 이해와 지식부족 등이다. 즉 유치원과 학교, 그리고 가정 간 유초등 교육의 연계를 위한 합의나 협력이 부족하고, 이 때문에 학부모는 학부모대로 유치원에서의 선행교육이 이루어지기를 요구하고 있고, 유치원은 유아의 발달을 고려한 교육과 학부모의 요구 사이에서 갈등하고 있는 것이다. 학교는 유치원을 마친 아동이 초등학교 과정에 대한 선행학습이 이루어졌다는 전제하에 수업을 진행하기 때문에 선행학습을 안 시킨 학부모들은 불안을 느낄 수밖에 없다.

중국은 1970년대 말부터 80년대 초까지 유초등 연계 교육의 중요한 형식으로 '학전반(學前班)'이 운영되었다. 학전반은 특히 농촌에서 남는 교실을 이용해 학전 준비교육으로 실시되었으며 이는 농촌에 기하급수적으로 증가하는 학령기 이전 아동인구와 유치원 수 부족에 따른 문제를 해결하기 위한 대안이었다. 1986년 10월 국가교육위원회에서「학전반 진일보 발전에 관한 의견(關於進一步辦好學前班的意見)」을 발표하고 "학전반 운영은 농촌교육 발전을 위한 중요한 수단이다. 또한 도시지역에서도 많은 아이들에게 학전교육을 제공하는 일종의 교육방식이 된다"고 언급하였다. 이에 따라 전국적으로 학전반에 등록한 유아수가 1989년 47.3%에서 1996년 59.0%로 크게 증가하였다. 지역별로 보면 농촌은 학전반 유아수가 72.5%, 도시는 31.1%로 농촌에서 학전반이 더 많이 운영되고 있음을 볼 수 있다.

하지만 교사와 학부모들이 학전반을 초등학교 입학 전 선행학습의 중요한 과정으로 여기면서 학전반의 의미가 변질되고 '초등학교화'하는 현상이 두드러지기 시작하였다. 어떤 지역에서는 초등학교식 학전반 운영 비율이 80%를 넘어섰다. 학전반 운영 문제가 심각해지자 베이징, 광동, 충칭, 션양 등 지역에서는 2006년부터 학전반 운영을 금지하도록 하는 한편 유초등 연계교육을 어떻게 할 것인지에 대한 논의가 중요한 화두로 떠올랐다.

그럼에도 학전반 운영, 유치원의 초등학교화 현상은 식지 않고 있다. 베이징시의 경우 정부에서 이를 금지하자 학전반을 '유초등 연계반'으로 명칭만 바꾸어 계속 운영하는 곳이 대부분이다. 베이징의 한 유치원의 경우 7세반이 되면 아동의 1/3이 이러한 '유초등 연계반' 사립학원으로 빠져나간다고 한다. 이 학원에서 운영하는 유초등 연계 수업과목을 보면 중국어 병음, 한자, 논리적 사고, 계산능력, 독해능력, 영어, 예술종합 등으로 초등학교 과목을 그대로 옮겨놓은 듯 하다.

## 2. 유초등 연계 관련 규정 및 정책

중국의 「유치원 업무 규정(幼兒園工作規程)」(1996년) 및 「유치원 교육 지도 요강(시행)(幼兒園教育指導綱要(試行))」(2001년)에서는 "유치원은 가정, 지역사회와 긴밀한 협력관계를 유지해야 한다. 유치원은 각종 교육자원을 종합적으로 활용하여 유치원과 초등학교 간 교육을 연계해야 한다. 유치원과 초등학교는 유아의 발달을 위한 환경을 조성하기 위해 함께 노력해야 한다"고 명시하고 있다. 이 두 문건은 중국 유아 교육의 가장 기본이 되는 법률이자 지도 원칙으로 유초등 연계교육 업무에 있어 관련 교육기관과 교사들이 반드시 이를 중시하여 유초등 연계과정에서 유아의 전면적이고 지속적인 성장 발달이 보장되도록 할 것을 강조하고 있다. 2011년에는 교육부가 「유치원 보육교육업무의 규범화 및 유치원의 초등학교화 현상 방지에 관한 통지(關於規範幼兒園保育教育工作, 防止和糾正幼兒園"小學化"現象的通知)」를 발표하고, "유아의 심신 발달 원리를 따를 것, 초등학교식 교육내용과 방식을 바로잡을 것"을 제시하였다.

그 다음해에 발표된 「3~6세 아동학습 및 발달 지침(3-6歲兒童學習與發展指南)」에서도 유초등 연계교육 문제는 계속 언급되고 있다. 지침내용을 보면 "교사와 학부모가 아동의 발달 원리와 특징을 이해하도록 도와 아동의 학습능력, 생활능력 및 환경에 대한 적응력 함양에 중점을 두게 할 것, 가정과 유치원에서 공동으로 유초등 연계의 과도기적응을 위한 교육방식과 전략을 탐색할 것" 등이 명시되어 있다. 이러한 교육이념은 이미 많은 교사들에게 받아들여지고 있고, 이를 교육현장에서 실천하려는 노력도 조금씩 나타나고 있지만, 여전히 학부모들 중에는 초등학교에 입학하여 잘 적응할 수 있는 유일한 방법이 미리 글자를 익히고 셈을 할 줄 아는 것이라고 생각하고 있는 비율이 적지 않다. 이 때문에 학부모들은 유치원 교육과정에 초등학교에서나 시작해야 할 내용을 포함시킬 것을 요구하는 경우가 많다.

## 3. 유초등 연계 연수 현황

중국 정부는 정책문건을 통해 여러 차례 유초등 연계에 대해 언급할 만큼 유치원과 초등학교 과정 간 연계교육을 중요한 이슈로 여기고 있다. 아직 유초등 연계를 위한 정부 차원의 교육과정 설계나 교사연수는 진행되고 있지 않지만 대다수의 유치원에서 이미 유초등 연계에 관한 교사 및 학부모 연수를 실시하고 있다. 허베이성(河北省) 스자좡시(石家莊市)의 70개 유치원을 대상으로 한 조사의 연구 결과를 토대로 중국의 유초등 연계 연수 현황을 보면 다음과 같다(王彤, 2017).

우선, 62.5%의 유치원에서 유초등 연계 연수를 실시하였다. 그중 37.5%의 유치원 교사들에게 초등학교에 방문할 것을 요구하였고, 18.8%의 유치원은 팀을 조직하여 초등학교를 참관하도록 하였다. 대부분은 연수 형태로 유초등 연계교육이 이루어진다. 또한 22.9%의 유치원에서 초등학교 교사를 초청하여 유치원 연수에 참여하도록 하였다.

다음으로, 초등학교에서 실시되는 유초등 연계교육 연수 현황을 보면 유치원 보다 훨씬 적은 37.1%의 초등학교만이 연계 연수를 실시하고 있는 것으로 나타났다. 초등학교 교사들이 유초등 연계교육으로 선호하는 방식은 연수보다 오히려 가정방문이었다. 가정방문은 학생들을 이해하는 중요한 형식이다. 하지만 가정방문을 위해서는 교사의 시간적 · 물리적 에너지가 많이 소모돼 단지 형식적으로 이루어지는 경우가 더러 있을 뿐이다.

셋째, 유초등 연계 문제를 위한 소통 방법으로 초등학교 참관과 학부모회가 가장 일반적이다. 스자좡(石家庄)시의 경우 52.1%의 유치원에서 7세반 유아들에게 초등학교 참관 기회를 제공하고, 62.5%의 유치원에서 유초등 연계를 주제로 학부모회를 개최한다. 하지만 유아들의 초등학교 참관이 형식적인 수준에 머무를 뿐 참관 과정에서 초등학교 입학 적응과 관련한 지도 및 교육은 제대로 이루어지지 못한다는 점이 지적되기도 하였다. 그나마 학부모를 통한 유초등 연계 교육이 효율적이라고 믿는 교사가 많아 유치원에서는 학부모와 적극적인 소통과 협력을 통해 유초등 연계 문제를 해결해가려는 편이다.

이 밖에 다롄시(大連市)와 선양시(沈陽市)를 대상으로 한 조사에서도 43.3%의 유치원 교사들이 6개월에 한 번씩 유초등 연계 연수를 받고 있으며 32%는 일 년에 한 번 연수기회가 주어지는 것으로 나타났다. 유초등 연계 연수에서 가장 주요한 내용은 교수학습 방법이었으며, 그 다음으로는 교육이론과 교육과정 내용 등이었다. 이는 유초등 교육 간 교수학습 방법의 차이가 크고 아동이 적응하는데 어려움을 느끼는 부분도 유치원과 초등학교 교사의 지도방식 차이에 있다는 것을 의미하기도 한다(王天馳, 2016).

## 4. 특징

유치원에서는 게임이나 놀이가 주요한 수업방식을 이루는데 반해 초등학교는 대체로 강의 위주의 수업을 진행한다. 이러한 수업방식의 차이 때문에 아동이 유치원에서 초등학교로 올라오면서 새로운 학습 방식에 적응해야 하는 어려움이 따른다. 우리와 교육현실이 비슷한 중국도 대학입시에 대한 압박이 엄청나며 그 영향은 중고등학교에서 그치는 것이 아니라 유치원으로까지 내려가 초등학교 입학 전부터 지나친 선행학습이 이루어지고 있다. 이러한 선행학습을 유초등 연계교육, 초등학교 입학 준비라고 여기는 학부모들이 적지 않다. 교육열이 뜨거운 가운데 유초등 연계교육을 유치원과 학교에서 적절히 해주지 못하자 중국 학부모들이 자녀들을 사립학원으로 보내게 되는 것이다. 이러한 현실을 직시하고 정부나 학교 차원에서는 교사뿐 아니라 학부모들을 대상으로 유초등 연계교육을 실시하고 올바른 인식을 심어줄 필요가 있을 것 같다. 이러한 현실은 중국뿐 아니라 우리도 마찬가지라고 생각된다.

유초등 연계교육이 잘못된 방향으로 흐르는 현실과는 달리 아직 중국은 정부 차원에서 준비하고 있는 교원 연수나 유초등 연계 교육과정 등이 편성되어 있지 않다. 그러다 보니 이에 대한 필요성을 인식한 유치원과 초등학교 차원에서 관련 교사를 대상으로 유초등 연계 연수를 실시하고 있다. 하지만 연수 방식과 내용이 부실하고 형식적인 수준에 그치고 있다. 중국의 경우 유초등 연계 연수의 주요 대상을 유치원 교사에 집중시키는 경우가 많았다. 중국뿐 아니라 우리나라도 정부 차원의 유초등 연계 교원연수를 실시하고 유치원 교사뿐 아니라 초등학교 교사도 참여하도록 해야 할 것이다. 또한, 유초등 교육과정 연계를 위해 유치원과 초등학교 간 교류를 강화하는 것도 중요하리라 생각된다.

참고
문헌

楊文(2013).當前幼小銜接存在的問題及其解決對策.學前教育研究, 8.

梁嘉(2002).淺議幼小銜接存在的問題.學前教育, 2.

陳景凡(2008).淺析我國幼小銜接中的問題與策略.當代教育論壇, 11.

王彤(2017).河北省幼小銜接教育現狀研究.河北師範大學碩士學位論文.

王天馳(2016).幼兒園幼小銜接工作的實施狀況調查.遼寧師範大學碩士學位論文.

新華網(2015.05.19).調查:禁了幼兒園"小學化"火了"幼小銜接班"?.

　　　　http://news.xinhuanet.com/edu/2015-05/19/c_127817719.htm에서

　　　　2017.08.11. 인출.

# 중국의 초중등 연계 교육

초중등교육 연계 문제는 오랫동안 교육계에서 논의되고 있는 이슈 중
하나이다. 초등학교에서 중학교로 넘어가는 시기는 신체적·정서적·도
덕적·사회적 발달이 활발하게 이루어지는 시기로 인간 발달 관점에서
도 매우 중요한 시기라고 할 수 있다. 중국에서도 초중등교육이 각자
의 교육에만 집중하느라 서로 연계되지 못하고 분리되는 현상이 뚜렷
하게 나타나고 있다. 중국은 초중등교육 간에 연속성과 통일성이 갖추
어진다면 학생들의 지식과 능력 또한 자연스레 연결될 수 있고 학생들
의 전인발달도 효율적으로 촉진할 수 있다고 보고 이를 위해 노력해오
고 있다.

# 1. 초중등 연계에 대한 인식

중학교에 입학하면서 갑자기 성적이 떨어지게 되고 학업에 흥미를 잃거나 심지어 학업 기피증을 갖게 되어 중도 탈락하는 경우를 종종 볼 수 있다. 중국에서는 초중등교육 연계 과정에서 나타나는 이러한 문제에 대해 관리체제, 교사, 또는 가정교육, 학생 개인 상황 등에서 그 원인을 찾기도 한다. 첫째, 관리체제의 문제란 초등학교와 중학교가 서로에 대해 신경쓰지 않고 각자의 방식으로 운영한다는 것이다. 둘째, 교사의 문제는 중학교 교사들이 아동 및 유소년의 심리발달 특징, 학습 및 생활 등을 잘 파악하지 못하고 초등학교 단계에서 교과가 어떤 내용으로 이루어져 있는지, 요구수준이 어떻게 되는지 등 초등학교를 갓 졸업한 학생들의 지식구조와 수준에 대해 제대로 알지 못한다는 것이다. 셋째, 가정교육의 문제는 많은 가정에서 초등학교까지는 지도할 능력이 있으나 중학교에 들어가 교과내용이 심화되면 자녀의 학습지도보다는 학습성적에만 관심을 두는 부모가 크게 증가한다는 것이다. 특히 주요 과목에만 관심을 쏟고 다른 과목은 소홀히 하면서 전인발달을 어렵게 하는 요인이 된다. 넷째, 학생 측면에서 보면 초중등 연계과정은 아동기에서 사춘기에 접어드는 과도기에 놓여있기 때문에 아직 미성숙하고 부모에 대한 의존적 태도나 반항적 태도 등 부적응 모습을 보이기 쉽다는 것이다. 게다가 중학교에 올라오면서 학업에 대한 스트레스도 늘어나 적응이 더 어려울 수밖에 없다고 보는 것이다.

## 2. 초중등 연계에 관한 행정체계: 9년 일관제 학교를 중심으로

최근 중국에는 초중등학교를 통합한 형태인 '9년 일관제(九年一貫制)' 학교가 늘어나는 추세다. 베이징의 경우 80개의 9년 일관제 학교가 있는데 그중 16개는 12년 일관제(초등학교부터 고등학교까지) 학교이다. 청두시(成都市)의 경우 2013년 기준, 총 204개의 9년 일관제 학교가 있으며, 이는 청두시 전체 의무교육단계 학교의 23%에 해당한다. 광조우시(廣州市)는 2016년 "9년 일관제 학교를 꾸준히 증설하여 앞으로 9년 내 광조우시 초중등학교의 5%에 이르도록 할 것"이라고 발표하였다.

9년 일관제 학교는 중국의 학교교육 개혁 과정에서 시대적 상황에 적응하기 위해 생겨난 것으로 초등학교와 중학교 교육이 통합된 학교 형태이다. 교육자원이 불균형하고 중학교 진학 경쟁이 치열한 중국에서 9년 일관제 학교모델은 최근 발전하는 추세이다. 이 모델이 교육자원을 최대한으로 통합·활용하게 하여 초중등교육의 효율적 연계를 실현하는데 유용한 방안이 된다고 보는 것이다. 또한 초등학교 졸업 후 한 울타리에 있는 중학교에 무시험 입학을 보장하는 수단이 되기도 한다. 이 때문에 중국의 교육 불균형, 진학난, 초중등 연계 부족 등을 고려한 일부 학자들은 9년 일관제가 이러한 문제를 해결해줄 유효한 수단이라고 주장한다.

베이징 교육과학연구원 부속 스징산(石景山) 실험학교는 베이징시 고성중심 초등학교와 베이징 교육학원 스징산 분원 부속 중학교가 통합되어 설립된 9년 일관제 학교이다. 스징산 학교의 9년 일관제 운영 현황을 보면 다음과 같다. 이 학교는 인사, 재무, 자원 관리에 있어 초중등 간 벽을 허무는 대대적인 개혁을 단행하였다. 일부에서는 이러한 형태의 학교 관리시스템이 더욱 효율적이고 공정할 뿐 아니라, 기초교육 단계 학생들의 신체적 · 심리적 · 지적 발달에 유리할 것이라고 보고 있다. 스징산 실험학교에서는 9년 일관제를 통해 상하 관리구조를 간소화 하고 관리절차를 새롭게 하였다. 3년을 기준으로 나누어 학생들을 3단계로 구분하고 각각의 단계에 중간 관리기구를 두고 있다. 이러한 방식은 9년 일관제 학교의 내부관리를 최적화하는데 유리하게 하였다. 각 단계의 관리자는 횡적관리에서 더욱 쉽게 종합적인 관리가 가능해지고 학교는 수업 시간조절이나 실천활동 등 운영에 대한 지원을 하기 용이해지기 때문이다.

스징산 9년 일관제 학교의 교과발전 연구팀에는 국어, 수학, 영어, 체육, 예술, 과학기술, 인문 등 7개 과목이 있다. 이들 연구팀은 교과내용을 점진적으로 심화시키고 교과의 연속성을 보장하는 역할을 한다. 이 학교는 9년 교육과정 계획을 수립하고 교육과정을 보완해 초중등 교육과정 체계의 연계성, 종합성, 선택성을 높이고 학생들의 전인발달과 맞춤형 학습에 대한 요구를 만족시킬 수 있다고 보고 있다.

롱깡(龍鋼) 9년 일관제 학교에서도 그동안 관리방식에 대한 많은 연구와 실천을 바탕으로 현재와 같이 학교관리 중 일부분을 통합하였다. 예를 들어 규정제도, 승진규정 및 인사평가, 업무에 대한 요구, 학풍 등은 초중등학교에서 동일하게 적용되고 있다. 다만 초중등교육 교수학습 업무의 차이를 고려하여 초등부와 중등부로 나누고 교수학습 연구, 교사 업무량, 교사 승진평가, 수업평가 등은 별도로 운영하고 있다.

롱깡 9년 일관제 학교에서는 생리적 · 심리적으로 큰 차이가 있는 만 7세부터 15세의 학생들이 9년 간 같은 학교 내에서 함께 생활한다. 이는 한편으로는 학생들의 학교생활 및 학습에 대한 흥미를 떨어뜨리는 요인이 되기도 하지만, 다른 한편으로는 친숙한 교사 및 동료, 그리고 학교환경으로 인해 불안이나 탈선을 감소시키는 요인이 된다.

롱깡 9년 일관제 학교의 관리체계를 살펴보면 '하나의 관리자 그룹, 하나의 교사관리제도, 하나의 학생관리 규범'을 기본 원칙으로 하고 있다. 하나의 관리자 그룹이란, 교장을 핵심에 두고 초중등학교가 통일된 관리체계를 수립하는 것을 뜻한다. 관리조직은 초중등학교 교사들로 함께 구성되고 학교 관리 문제에 대해 서로 교류하며 초중등학교 관리자 간 협력과 공유의 관리모델을 형성하는 것이다. 하나의 교사관리제도란, 교수학습 업무에 대한 감독평가제도 및 표창제도를 마련하고 초중등학교 교사들의 업무 수행상황에 대해 통일적으로 감독·평가하는 것을 의미한다. 하나의 학생관리 규범이란, 구성원들 간 연구와 논의를 거쳐 학교 자체적으로 9년 일관제에 맞는 '학생 생활규범'을 제정하고 초중등학생 관리에 동일하게 적용하는 것이다.

## 3. 교육과정에서의 초중등 연계 현황: 원첸전 제2중심 초등학교 사례

원첸전(溫泉鎭) 제2중심 초등학교에서는 수업내용, 수업방식, 공부 방법 및 습관, 심리 등 방면에 있어 초중등학교 과정 간 연계될 수 있도록 다음과 같이 노력하고 있다.

### 1) 수업내용 연계

중국의 초등학교 과정은 중학교 과정과 비교하여 상대적으로 과목 수가 적고 수업내용이 간단하다 보니 이 두 단계 간 차이가 뚜렷하다. 그렇기 때문에 수업내용 간 연계가 잘 이루어지지 않을 경우 이제 막 중학교에 올라온 학생들은 적응하기 어려울 수밖에 없다. 원첸전 제2 중심 초등학교에서는 타오위엔(桃園) 중학교와 협의 하에 정기적으로 초중등 교사 간담회 및 수업참관을 개최하고 있다. 초중등학교 국어, 수학, 영어과 교사들이 간담회를 통해 의견을 교환하고 상호 교재 및 내용구성에 대해 자세히 들여다보는 시간을 갖도록 하기 위함이다. 이를 통해 상호 간 내용의 연계점을 찾고 과학적이고 합리적으로 교재를 재구성하여 각자 수업실제에 적용함으로써 학생들에게 학습 연계가 이루어질 수 있도록 돕고 있다.

### 2) 수업방식 연계

원첸전 초등학교와 타오위엔 중학교는 초중등 연계를 위한 교사 세미나를 개최하고 상호 수업방식을 이해하도록 하여 초중등교육의 연계가 순조롭게 이루어지도록 하고 있다. 초등학교 수업은 중학교에 비해 직관적 이미지를 비교적 많이 사용하는 편이다. 초등학교에서는 일반적으로 먼저 학생들이 학습에 대한 흥미를 갖게 하고 구체적이고 형상적으로 내용을 설명하며 반복적인 연습을 통해 지식을 습득하도록 한다. 반면 중학교에서는 수업과정에서 학생들에게 문제해결 방법을 익히고 추상적인 사고능력을 함양하는데 중점을 두고 있다. 중학교로 올라온 학생들이 이러한 차이를 극복하고 중학교 수업방식에 적응하도록 하기 위해 원첸전 초등학교에서는 교사들에게 수업 중 학생들의 문제해결능력 함양을 강조하고 있다. 또한 중학교 교사들에게는 중학교 수업 초반에 초등학교 교사의 지도방식을 어느 정도 적용하도록 함으로써 중학교에 갓 입학한 학생들이 즐겁게 수업을 들을 수 있도록 하고 있다. 예를 들어 게임 활동을 통해 수업분위기를 활기차게 한다거나 이미지 수업방식 및 멀티미디어 등을 활용해 수업에 대한 흥미를 높이도록 한다. 중학교 교사들에게는 입학 초기 수업 진도를 다소 늦추도록 함으로써 신입생들이 새로운 교재, 교사, 수업방식에 익숙해질 시간을 주고 있다. 평가기준은 적당히 낮추어 신입생들이 성공적인 경험을 통해 자신감을 얻고 학습 동기가 강해질 수 있도록 한다. 이러한 노력은 초등학교에서 중학교로 넘어가는 과도기에 놓인 학생들의 적응을 돕는데 어느 정도 효과가 있을 것으로 보인다.

## 3) 공부방법과 습관 연계

초등학생과 중학생은 발달단계, 학습과목, 학습과제, 학습방법 및 스트레스 등 여러 면에서 차이가 있다. 중학교 과정에서는 학생들에게 독립적인 사고, 자주적 학습능력을 더 많이 요구하기 때문에 학생들에게 올바른 공부습관을 길러주고 효율적인 공부방법을 익히도록 할 필요가 있다. 중국에서도 어떻게 하면 각 단계에 맞는 올바른 공부습관을 형성시킬지에 대해 초중등 교사 간 의견을 교환한다. 공부방법을 얼마나 잘 알고있느냐는 초등학교에서 중학교로 넘어오면서 원활히 적응하는데 가장 핵심이 된다고 해도 과언이 아니기 때문이다. 이에 교사들은 학생들이 배운 지식을 체계적으로 정리하고 요약하는 방법, 과학적으로 기억하는 방법 등을 가르쳐 학습효율을 향상시키도록 도와준다.

## 4) 학생심리 연계

초등학생에서 중학생이 되는 시기에 신체적인 변화 외에도 심리적인 변화를 크게 겪게 된다. 일부 학생들은 과도한 학업 스트레스로 정서가 불안하고, 일부 학생들은 반항적인 행동을 보이기도 한다. 원첸전 초등학교는 교사들에게 지식연계, 학습방법 연계 뿐 아니라 심리연계를 통해 학생의 심리발달 상황을 파악하고 적절한 상담이 이루어질 수 있도록 요구하고 있다. 교사들에게 학생과의 정서적 교류를 강화하고, 자립심을 키워주도록 한다. 정기적으로 관할 구역 경찰이나 관공서 직원 등을 초청해 인생의 꿈, 사회 전망, 법제도, 가정 등 다양한 주제로 강의를 진행하기도 하는데, 이는 초등학생들의 사회 지식과 적응력을 높이고 사회와 더 많이 접촉하는 기회를 주며, 사회를 이해하고 좀 더 빨리 중학교 생활에 통합될 수 있도록 하기 위함이다.

## 5) 도덕적 소양 연계

　초중등교육 연계에서 도덕적 소양에 대한 부분은 비교적 관심을 덜 받고 있다. 초등학교에서 중학교로 올라오면서 학생들은 여러 문제 현상을 보인다. 예를 들어 학업 부적응, 대인관계 및 단체활동 부적응, 학교 및 교사에 대한 부적응, 수업방식에 대한 부적응 등이다. 이러한 문제로 인해 '낙오학생'에서 '문제학생'으로 전락하게 되고, 심지어 중도탈락에 이르기도 한다. 이를 위해 원첸전 초등학교는 학생들의 도덕 소양교육 연계에도 노력을 기울이고 있다. 구체적으로는 첫째, 학생들이 '초중등학생 수칙', '초등학생 일상 행위규범'에 대해 학습하고 이해하도록 한다. 둘째, 조직규율에 대한 교육을 강화하고 의지를 단련시키며, 학습에 대한 자각심을 높이도록 한다. 셋째, 학생들에게 공부방법을 익히고, 올바른 생활습관, 자아성장의 중요성에 대해 알게 한다. 넷째, 졸업생에 대한 기준을 확립하고 졸업준비 활동을 통해 중학생이 되기 위한 준비를 하게 한다.

## 4. 특징 및 시사점

　중국에서도 대부분은 초등과 중등이 분리되어 있어 행정적으로나 교육내용적인 측면에서 연계가 쉽지 않은 상황이다. 다만 일부 학교를 중심으로 초중등학교 간 협력을 맺거나 아예 이 둘을 통합하여 9년제로 운영하는 등 초중등 연계를 위한 실천 사례가 늘어나고 있다. 초등학교와 중학교가 협력관계를 맺는 경우 정기적으로 초중등 교사들 간 방문하고 수업을 참관하도록 한다. 이러한 교류를 통해 초중등 교육내용을 비교하고 차이점을 파악하면서 자연스런 연계가 이루어지도록 하는 것이다. 또한 초중등 연계가 가능하도록 수업지도안을 조정하고 있다. 원첸전 초등학교의 경우 이러한 활동을 통해 초중등 연계에 소기의 성과를 거두었다고 평가하고 있다. 교사들은 중학교 교재를 파악할 수 있게 되었고 수업에 다양한 교수법을 활용하게 되었으며 수업의 효과가 더욱 높아졌다고 한다. 학생들은 학습에 대한 열정이 높아졌고 좋은 학습습관을 형성하게 되었으며 학습결과도 훨씬 좋아졌다고 한다.

　9년 일관제 학교는 중국에서 최근 점차 확산되는 추세다. 이는 의무교육 단계에서의 학생들을 한데 묶어 원활한 연계가 이루어지도록 하기 위한 적극적인 조처라 할 수 있다. 9년 일관제 학교의 경우 초중등학교가 담을 없애고 같은 캠퍼스를 사용하며 교사 및 학생들 간 자연스럽게 교류가 이루어지고 있다. 특히 행정관리 체계를 통합하고 간소화 하여 효율을 높일 뿐 아니라 가장 핵심이 되는 교육과정 체계를 재구성함으로써 실질적으로 초등과 중등과정이 하나로 이어질 수 있도록 노력하고 있다. 우리나라에서도 초중등학교 통합에 관한 이야기는 나오고 있지만 여러 가지 문제에 직면하여 아직 이를 실현하지는 못하는 실정이다. 중국의 9년 일관제 초중등 통합 모델은 우리가 초중등 교육을 연계할 뿐 아니라 교사 양성 및 수급 등 문제해결에도 새로운 방안을 제시해줄 것으로 보인다. 중국의 이러한 시도는 우리나라의 초중등 수업 연계를 위해서도 참고해볼 만한 것 같다.

참고
문헌

溫泉鎮第二中心小學.加強中小學銜接,促進學生發展.選自2008年《廣州市中
　　小學教學銜接研討會資料彙編》.

　　http://www.guangztr.edu.cn/oldwww/gztr/zxxjyth/0812zxxjlw12.htm

何英茹. 九年一貫制更有利於中小學銜接[J]. 中國教育學刊, 2015(12):93-94.

林春輝. 優化整合精細管理　提升教學質量—龍鋼學校中小學銜接工作探索[J].
　　統計與管理, 2017(08):183-186.

劉愛倫,鮑文婕. 促進中小學教育銜接的調查報告[J]. 教育科學,2005(03):25-27.

潘新德.中小學教育銜接存在的問題及對策.廣東教育,　2009(12):12-13.

奧數網.北京城六區80所九年一貫制學校全名單.

　　http://bj.aoshu.com/e/20160219/56c6c5cb8a3fe.shtml,2016-02-19.

搜狐網.廣州將新增100多所九年一貫制學校,　對小升初有何影響?.

　　https://www.sohu.com/a/194645047_128501, 2017-09-26

# 중국의 학습자 중심 수업 운영

1980년대부터 중국은 교실수업 개혁을 위한 탐색을 지속적으로 진행해왔다. 하지만 오랫동안 중국의 초중등학교 교실수업의 운영방식은 크게 변화되지 않고, 근본적인 개혁도 이루어지지 못했다. 최근에 이르러서야 예란(叶澜), 꿔쓰러(郭思乐) 등 일부 학자들을 중심으로 학습자 중심의 교실수업 운영에 대한 연구가 진행되고 있다. 중국에서 진행된 학습자 중심 교실수업의 대표적인 시도로는 예란 교수팀이 이끄는 '신(新) 기초교육' 교실개혁, 그리고 양사(洋思)중학교와 육재(育才)중학교의 교실수업운영이 있다.

# 1. 중국의 학습자 중심 수업 동향

중국의 교실수업 개혁은 1980년대 초부터 이루어지기 시작하였다. 개혁개방이라는 시대적인 배경 하에 브루너(Bruner)의 발견학습을 비롯한 여러 외국의 교육사상을 받아들였고, 여기에 기초하여 중국의 교실수업 개혁에 대한 시도가 이루어지기 시작하였다. 중국의 대표적인 교실수업 개혁모델로는 루종형(卢仲衡)의 '중학교 수학 자율학습 지도 교수법', 치우쉬예화(邱学华)의 '초등학교 수학 시행 교수법', 웨이슈성(魏书生)의 '어문수업 구조개혁 실험', 리스파(黎世法)의 '비동기 교수모델', 상하이 육재중학교의 '8자 교수법' 등이 있다. 이 다섯 가지 교수법은 모두 각기 다른 특색이 있으나 수업활동의 운영에 있어서 다음 몇 가지 공통점이 있다.

첫째, 전통적인 수업에서 이루어지던 교사의 강의 부분을 대폭 감소한 것이다. 특히 '중학교 수학 자율학습지도 교수법'과 '초등학교 수학 시행 교수법' 등의 수업운영에서는 교사의 강의를 수업의 마지막에 배치하도록 하였다. 둘째, 학생들의 자율적인 학습단계를 늘린 것이다. 학생들 스스로 책을 보고, 스스로를 평가해보도록 하며 동료들과 토론하고 스스로 요약하는 등의 자율적인 학습을 강조하고 있다. 셋째, 학생 간, 학생과 교사 간 토론과 교류 등 학습활동을 중요시 하고 있다. 넷째, 수업과정에서 자아평가, 교사평가, 동료평가 등 학습에 대한 피드백과 강화과정에 주의를 기울이고 있다. 특히 예란 교수의 신 기초교육 교실수업에서는 학생들이 주동적으로 학습할 수 있는 시간과 공간을 부여하도록 강조하고 있다. 매 수업마다 학생들의 주동적인 학습시간을 최소 1/3에서 점차 2/3 이상으로 늘려가도록 하였으며, 학생들이 교실공간에서 탄력적으로 움직일 수 있도록 필요에 따른 자리이동의 자유를 부여하도록 하였다.

이 밖에도 신 기초교육에서는 '질문권'을 학생들에게 돌려주어 다양한 질문을 던지도록 하고 '평의권'을 주어 자신과 동료를 평가하고 느낀점을 발표하며 의견을 제시하는 능력을 키우도록 하였다. 신 기초교육에서는 학생들의 주동적인 학습요구에 따라 탄력적인 교실수업을 운영할 것을 강조하고 있는데 예를 들어 개별학습, 소그룹학습, 대그룹학습, 게임, 공연 등을 다양하게 적용하도록 하고 있다.

## 2. 중국의 학습자 중심 수업 운영의 실제

### 1) 상하이 육재중학교

상하이시 육재중학교(上海育才中学)는 1990년대부터 주입식 교육에서 소질교육으로의 전향을 위한 연구를 시작하였다. 이 학교는 '3자교육(三自教育)'을 제안하고 학생들의 자율적인 학습과 활동을 강조하고 있다. 특히 육재중학교의 학습자 중심 교실수업 운영방식인 '8자 교수법(八字教学法)'은 중국 교육계 및 초중등학교 교수법 개혁에 큰 영향을 미치고 있다. 8자 교수법은 1979년부터 실험적으로 운영되기 시작하였으나, 이를 중국 교수법 개혁의 모토로 삼기 시작한 지는 그리 오래되지 않는다. 8자 교수법의 '8자'란 "읽기, 토론, 연습, 강의(读读´ 议议´ 练练´ 讲讲)"의 여덟 글자를 의미하는 것으로 각 글자마다 교수학습 방법의 틀을 담고 있다. 8자 교수법의 기본정신은 학생들이 학습의 주인이 되도록 하는 것으로 수동적인 학습에서 능동적인 학습으로 전환하도록 하는 것이다. 이를 바탕으로 하는 수업에서는 학생들이 스스로 읽고 서로 토론하는 과정을 통해 점진적으로 교재의 내용을 이해할 것을 강조한다. 교사는 핵심만 설명하고 학생들이 교재의 핵심내용과 어려운 부분을 이해하도록 의식적으로 유도해간다. 학생들은 수업 중에 연습을 통해 교재에 대한 이해, 소화, 공고화가 이루어진다. 8자 교수법의 읽기단계는 기초이고, 토론단계는 핵심이며, 연습단계는 응용이라 할 수 있고, 강의단계는 수업 전 과정에 걸쳐 이루어지는 설명단계라 할 수 있다. 8자 교수법의 단계별 구체적인 운영방법은 다음과 같다.

■ 읽기(读读): 수업 중에 교사가 학생들에게 스스로 교재를 읽도록 유도하는데 이는 교실수업의 기초가 된다. 이를 통해 학생들의 독해능력 및 자율학습능력이 향상되게 한다. 각 과목의 교수학습 요강을 보면 모든 학생들의 문제분석 및 해결 능력을 강조하고 있는데 이러한 능력의 선결조건은 바로 독해능력에 있다고 할 수 있다. 독해능력의 함양을 위해 교사는 사전에 교재내용을 재구성하고 자료를 보충하며 독해 전 학생들에게 문제를 던져주어 동기를 유발시킴으로써 적극적인 독해가 이루어지도록 유도하고 있다.

■ 토론(议议): 학생들이 스스로 문제를 탐구하고 토론하도록 제안하는 과정으로 이는 교실수업의 핵심이 된다. 앞뒤로 앉은 학생 4명이 한 조가 되도록 하는데 학습능력이 우수한 학생과 부족한 학생이 한 조를 이루도록 배치한다. 토론은 읽기 과정에서 발견한 문제에 대해 진행하도록 한다. 토론을 통해 활기가 없고 비융통적이던 교실수업이 생동감 있고 활기찬 수업이 되고 있다. 학생들이 제시한 문제가 교재 밖의 내용이거나 현재 학생들의 지식으로 해결하기 어려운 경우 토론의 효율을 위해 교사가 수업 후 개별지도를 한다.

■ 연습(练练): 학생들이 배운 지식을 실천을 통해 응용해보고 공고히 하는 과정이다. 연습과정에서 발견된 문제를 가지고 처음으로 되돌아가 다시 읽고 토론하는 과정을 통해 학습내용을 완전히 숙지하고 심화하도록 할 수 있다. 되도록 숙제를 내주지 않고 시험과 점수를 통해 학습을 부추기지 않을 것을 요구하고 있다. 육재중학교는 이를 위해 중간·기말고사를 없애고 대신 연습과정에서의 평가, 오픈북 요약, 학생 간 숙제교정 등의 교수방법 사용을 권장하고 있다. 이 밖에도 교사는 연습과정에서 학생과의 계획적이고 빈번한 면담을 통해 학생들의 학습상황을 즉각적으로 파악하고 있다.

▣ 강의(讲讲): 강의는 해설과정으로 교사에 의한 설명 뿐 아니라 학생에 의한 설명도 함께 이루어지도록 한다. 강의는 수업의 전 과정을 통해 이루어지는데 교사의 설명은 학생들의 이해를 돕는 화룡점정이 된다. 교사의 이러한 작지만 큰 역할을 통해 교실수업의 효율이 극대화되고 학생들의 방과 후 학업부담이 줄어든다.

8자 교수법에서는 기계식의 정해진 절차를 따르도록 하는 것이 아니라 학급, 과목 등 상황을 고려하여 차별화 하는 융통적인 수업운영을 강조하고 있다. 중국 교육계는 이러한 8자 교수법의 성과에 대해 긍정적으로 평가하고 있는데 구체적으로는 다음과 같다. 첫째, 8자 교수법은 학생들에게 자율학습을 위한 시간과 공간을 되돌려 주고 학생들이 학습의 주체가 되도록 하였다. '읽기-토론-응용-강의'의 과정을 통해 학생들이 스스로 교과서를 읽고, 토론하며 생각하는 능력을 키우게 하였다. 둘째, 8자 교수법은 죽어 있는 교실수업을 살아나게 하였다. 기존의 전통적인 교실수업이 갖고 있던 침체된 분위기를 생동감 있게 바꾸어 주었으며 학생들의 사고가 활발해지도록 하였다. 8자 교수법에서는 수업시간을 충분히 활용할 수 있도록 하여 학생들이 방과 후 더 많은 시간을 취미생활과 특기계발에 사용할 수 있게 되었다. 특히 중요한 점은 학업부담이 줄어들고 수업의 질이 제고되었다는 것이다. 육재중학교의 이러한 시도는 중국 교육계에 광범위한 영향을 미치고 있으며 이를 배우기 위해 많은 학교에서 육재중학교를 참관하러 오고 있다. 육재중학교는 8자 교수법 외에도 평론식 교수법 등 다양한 수업운영 모델을 제안하는 등 중국 교수법 개혁을 위한 롤모델이 되고 있다.

## 2) 장쑤성 양사중학교

양사중학교는 원래 장쑤성 태흥시에 위치한 농촌 외딴 중학교에 불과하였으나 현재는 중국 교육발전에 영향을 미치는 중요한 학교가 되었다. 현재까지 100만 명이 넘는 사람들이 이곳을 다녀갈 정도로 양사중학교의 수업운영은 중국 교수법 개혁의 대표적인 모델로 꼽히고 있다. 양사중학교의 수업운영은 한마디로 '학생 개개인의 발전을 돕는 학생 중심의 수업'이라 할 수 있다. 자주적이고 자율적인 학습의 기초 위에 소그룹 협력학습, 탐구학습, 능력계발 학습을 중시하고, 다양하고 풍부한 학습활동 과정을 통해 정서·태도·가치관을 형성하고 각 방면의 소질을 함양하도록 한다. 양사중학교 학습자 중심 수업운영은 '선 학습, 후 지도(先学后教)' 원칙에 따라, '자주학습-협력학습-학습성과 피드백' 세 단계로 진행된다.

- ▣ 자주학습: 첫 번째 단계는 자주학습으로 '선 학습'이 이루어진다. 교사는 수업목표를 제시하고 학생들은 교사의 지도 하에 자율적으로 학습을 수행한다. 자율학습이 이루어지고 나면 교사는 학생들에게 평가문제를 제시하여 자율학습 과정에서 해결하지 못한 문제가 드러나도록 한다. 교사는 교실을 돌며 학생들을 지도하는데 이 과정에서 새로운 수업목표를 다시 수립하게 된다.
- ▣ 협력학습: 두 번째 단계인 협력학습에서는 '후 지도(后教)'가 이루어진다. 이는 평가문제에서 드러난 오답을 정정하는 단계로 학생들이 서로 점검하고 정정해주며 교사는 학생들이 문제해결 방법을 직접 적용해보도록 지도한다.
- ▣ 학습성과 피드백: 마지막으로 이 단계에서는 학생들에게 연습을

하게 하고 성과를 측정하며 피드백을 주어 학습한 지식이 체화되도록 한다.

이처럼 양사중학교의 '선 학습, 후 지도' 수업운영 모델은 학생들의 자율학습, 협력학습을 강조하고, 학습 곤란 학생을 중심에 둠으로써 모든 학생이 수업에 참여할 수 있도록 한다. 이 학교는 그동안 수업운영 혁신을 통해 학생 개인의 조화로운 발전을 촉진시켰을 뿐 아니라 기초교육 학습의 질을 제고하는 데에도 큰 영향을 준 것으로 평가받고 있다. 양사중학교 차이린썬(蔡林森) 교장은 "학습이란 학생이 지식을 습득하고 능력을 형성하며 인식수준을 높이는 실천활동"이라고 하였다. 이러한 의미에서 교실수업은 학생이 중심이 되어야 하고 학생들로 하여금 자율적으로 학습하고 실천활동을 통해 능력을 함양하도록 해야한다는 것이다. 이러한 교육적 가치는 '선 학습' 단계에서 충분히 실현되고 있으며 '후 지도' 단계에서도 교사의 일장 연설보다 학생들의 토론을 통한 능동적이고 적극적인 참여를 강조하고 있다.

## 3. 특징과 시사점

중국은 교육과정 개혁이 진행되면서 교육학자들을 중심으로 학습자 중심의 교수법이 제시되고 있고, 일부 학교를 중심으로 이를 실제 수업에 적용하려는 시도가 증가하고 있다. 앞에서 소개한 중국 학교의 학습자 중심 수업운영 사례로부터 우리는 수업운영 개선을 위해 다음과 같은 시사점을 생각해볼 수 있을 것 같다.

첫째, 학생들의 자율적인 학습이 강조되어야 한다. 양사중학교 학습자 중심 수업모델의 첫 단계는 자주학습이었다. 이는 학생이 주체가 되는 자율적인 학습을 강조한다. 하지만 대부분 학교에서는 여전히 입시를 준비하고 정해진 교과진도를 마치는 과정에서 수동적인 학습이 진행되고 있다. 수동적인 학습은 비효율적이고 단기적인 기억에만 머무르게 할 뿐 진정한 학습능력의 향상은 기대하기 어렵다. 학습자 중심의 수업에서 강조하는 주요 핵심은 바로 개인이 학습의 주체가 되는 능동적이며 자율적인 학습이다. 학생들이 자율적인 학습과정에서 배움의 즐거움을 깨닫는다면 이는 교사의 열 마디 지도보다 소중할 것이다.

둘째, 협력학습이 이루어져야 한다. 육재중학교와 양사중학교 모두 소그룹활동, 대그룹활동, 게임 등 다양한 학습자 중심의 그룹활동을 진행하고 있는 것을 보았다. 그룹을 통한 협력학습은 교사가 아닌 학생이 주체가 되도록 하는 학습활동으로 고차원적 사고력 향상 및 문제해결능력 향상에 큰 도움을 준다. 협력학습 활동을 수행하는 과정에서 학생들은 활발한 상호작용과 커뮤니케이션 활동을 하게 되고 이는 학습자가 주체가 되도록 하는 매우 유용한 교수모델이라 할 수 있다. 협력학습에서 학습의 흐름은 교사의 계획에 따라 진행될 수 있으나 구체적인 활동은 학습자들의 참여에 의해 이루어지므로 이는 모든 학습자를 수업으로 끌어들이는 효과적인 수단이 될 수 있다.

셋째, 교사의 설명은 학생들이 사고하는 과정이 이루어진 뒤에 진행되어야 한다. 상하이 육재중학교의 경우 교사의 설명이 수업 전 과정에 걸쳐서 이루어지도록 하였으나 양사중학교의 경우 수업 후반부에 제시하도록 하였다. 하지만 잘 들여다보면 이들 두 학교에서 강조하는 것이 교사의 설명과 학생의 학습이 반드시 선후관계에 있어야 한다기보다 학생들이 문제를 인식하고 사고하는 단계를 거친 후 교사의 개입이 이루어져야 한다고 강조하고 있음을 알 수 있다. 기존의 교실 수업에서 우리가 흔히 볼 수 있는 수업 전반부 교사의 개념 설명이 학생들이 문제를 파악하고 심도있는 분석을 하는 과정에 방해가 된다고 보기 때문일 것이다.

넷째, 토론을 통한 문제분석과 사고력 증진이 중요시 되어야 한다. 육재중학교의 경우 읽기 다음 단계에 토론과정을 포함해 학생들이 스스로 사고하고 문제를 분석하도록 하였으며 양사중학교도 마찬가지로 토론을 중요시 여기고 있다. 최근의 교수법에서는 토론식 수업을 강조하고 있으며 이는 분석력, 사고력, 판단력과 문제해결력 등 다양한 능력을 동시에 함양할 수 있는 매우 유효한 교수모델로 각광받고 있다. 이는 토론이야말로 지극히 학습자가 중심이 되는 수업활동이며 이러한 토론과정을 통해 학습자는 지식의 단순한 암기와 습득이 아닌 정보의 검색, 판별, 분석, 통합, 구조화 등을 거치면서 학습내용을 체화시킬 수 있기 때문일 것이다.

참고
문헌

陈佑清(2014). 建构学习中心课堂—我国中小学课堂教学转型的取向探析. 教育研究, 3, 98-107.

张琼·陈佑清(2014). "学习中心"课堂中小组合作学习的问题及对策. 教师教育论坛, 27(12).

陈佑清(2016). "学习中心课堂"教学过程组织的逻辑及其实现策略. 全球教育展望, 45(10), 40-47.

袁茂坤(2008). 对洋思中学与杜郎口中学课堂教学的分析思考. 当代教育科学, 16, 25-26.

舟山市名师工作网(2014.03.12). "八字"教学法,
http://msgl.zsjyxy.cn/Item/20243.aspx에서 2017.01.02. 인출..

(교육정책포럼, 284호, 2017년 2월 15일에 발표된 내용을 수정·보완하였음)

# 중국 고등학교의 학점제 운영 현황

중국 교육부는 2003년 새 교육과정표준을 발표하였는데, 이에 따르면 중국 교육과정 개혁의 목표는 "평생학습에 꼭 필요한 기초내용을 엄선하는 것, 다양하고 종합적인 수준별 교육과정을 수립하는 것, 새로운 학습방식 활용이 가능한 교육과정 운영 환경을 마련하는 것, 학생의 자주적 학습능력, 협동능력, 분석 및 해결능력을 향상시키는 것"이라고 한다.

중국은 2004년부터 시범단위를 중심으로 새 교육과정을 실시하기 시작하여 2007년 모든 신입생에 대해 새 교육과정을 도입하였다. 베이징의 경우 2005년부터 새 교육과정 실험에 들어갔는데 이는 중국 최초의 고교학점제 실행 시범단위에 해당한다.

# 1. 일반 고등학교의 학점제

중국은 새 교육과정표준에서 학점제 운영에 관해 요구사항을 제시하고 있는데, 예를 들면 고등학교 단계에서 학점제를 실행하고, 학생들이 매 학년 각각의 학습영역에서 반드시 일정한 학점을 획득하게 할 것, 점차적으로 선택과목을 늘릴 것, 3년 간 필수학점으로 116학점을 획득하게 할 것(연구 학습활동 15학점, 사회봉사 2학점, 사회실천 6학점 포함), 선택과목Ⅱ에서 최소 6학점을 획득하게 할 것, 총 학점이 144학점에 이르면 졸업을 허가할 것 등이다. 또한 고등학교 1학년에는 주로 필수과정을 개설하고 점차 선택과목을 늘리도록 할 것, 학생들에게 학급 구분 없이 과목 선택이 가능하도록 할 것, 3학년 2학기에도 체육과 예술 활동 시간이 보장되도록 할 것 등이다. 이 밖에도 학생들에게 각자의 흥미와 필요에 따라 과정을 선택하고 일정한 학점을 취득하도록 할 것에 대해서도 언급하고 있다. 교육과정표준에서는 각 학교에서 필수과목을 개설함과 동시에 선택과목에 대한 계획을 수립하고 다양하고 고품질의 선택과목이 개설되도록 적극적인 조치를 취할 것을 요구하고 있다(王丽文, 2004).

## 2. 교육과정 구성 및 학점 배분 현황

〈표 3-1〉에서 보듯이 일반 고등학교(普通高中)의 교육과정은 학습영역, 과목, 모듈(模块) 세 부분으로 구성된다. 학습영역은 총 8 개로 언어와 문학, 수학, 인문과 사회, 과학, 기술, 예술, 체육과 건강, 종합실천활동이 포함된다. 종합실천활동 외에 나머지 7개 영역은 이 에 상응하는 과목으로 구성된다. 모든 과목은 국가교육과정표준을 마 련하고 있으며 일정한 범위 내에서 탄력운영 가능한 학점수를 규정하 고 있어 학점제 교육과정 관리를 위한 토대를 마련하고 있다고 할 수 있다(钟启泉,崔允漷,沈兰, 2003).

〈표 3-1〉 일반 고등학교 교육과정 학점 구성표

| 학습영역 | 과목 | 필수학점 총 116학점, 전체 학점의 61.4% | 선택1학점 총 55학점, 전체 학점의 29.1% | 선택2학점 총 18학점, 전체 학점의 9.5% |
|---|---|---|---|---|
| 언어와 문학 | 어문 | 10 | 모든 과목은 필 수과목을 기본 으로 하고 여기 에 일부 선택 모듈을 두도록 함. 학생들은 각자의 학습 흥 미와 미래 발전 을 고려해 선택 함. | 학교는 지역사 회, 경제, 과학 기술, 문화 및 여건을 고려하 여 학교의 교육 과정을 마련하 고 학생들에게 선택하도록 함. |
| 언어와 문학 | 외국어 | 10 | | |
| 수학 | 수학 | 10 | | |
| 인문과 사회 | 사상정치 | | | |
| 인문과 사회 | 역사 | 8 | | |
| 인문과 사회 | 지리 | 6 | | |
| 과학 | 물리 | 6 | | |
| 과학 | 화학 | 6 | | |
| 과학 | 생물 | 6 | | |
| 기술 | 정보기술 | 4 | | |
| 기술 | 통용기술 | 4 | | |
| 예술 | 예술 또는 음악, 미술 | 6 | | |
| 체육과 건강 | 체육과 건강 | 11 | | |
| 종합실천 활동 | 연구성 학습활동 | 15 | | |
| 종합실천 활동 | 사회실천 | 6 | | |
| 종합실천 활동 | 사회봉사 | 2 | | |

    각 학년은 52주로 이루어져 있으며 그중 교육시간은 40주, 사회실천 1주, 방학기간(여름방학과 겨울방학, 연휴 포함) 11주이다. 매 학기는 두 부분으로 나뉘는데 각 부분은 10주이며 그중 9주는 수업을 진행하고 1주는 복습과 시험을 실시한다. 각 모듈(학습단원)은 일반적으로 36차시(学时)이며 대개는 매주 4차시를 배정한다. 학생들은 각 모듈을 학습하고 시험에 통과하면 2학점(그중 체육과 건강, 예술, 음악, 미술은 각 모듈이 원칙적으로 18차시이고 1학점에 해당)을 획득하게 되는데 이러한 학점은 학교의 인정을 받게 된다. 기술과목은 필수 8학점 중 정보기술과 통용기술이 각 4학점을 차지한다. 연구 학습활동은 모든 학생의 필수과정이며 3년 동안 15학점을 채워야한다. 연구 학습활동을 포함시킨 목적은 학생들로 하여금 사회, 경제, 과학기술, 생활에서 나타나는 문제에 대해 관심을 갖도록 유도하기 위해서이다. 또한 자주적인 탐구, 직접 체험 등의 과정을 거쳐 종합적으로 문제를 해결하고, 학습방법을 배우며, 인문정신과 과학적 소양을 함양하도록 하기 위해서이기도 하다. 이 밖에도 학생들은 매년 1주일의 사회실천 활동에 참가하고 2학점을 획득한다. 3년 과정 동안 학생들은 반드시 최소 10일 이상 사회봉사활동에 참가하여 2학점을 얻어야 한다. 학생들이 졸업하려면 매년 각 학습영역에서 일정한 학점을 획득해야 한다. 3년 동안 116학점의 필수학점과 6학점의 선택2 학점을 획득하고 총 학점이 144 이상이 되면 졸업 가능하다(敎育部, 2003).

## 3. 학점제 및 학점에 관한 규정

### 1) 학년학점제

중국에서는 학점제에 대해 "학생들이 학교 교육과정에서 발전해나가는 경력을 반영한 일종의 교육과정 관리제도" 또는 "학생들이 교육과정 영역에서 경험하고 발전해나가는 능력을 판단하는 일종의 교육과정 평가제도"라고 정의하고 있다(钟启泉,崔允漷,沈兰, 2003). 학점제는 양적 점수 환산방식으로 학점을 통해 교육과정의 수행상황 및 도달 수준을 기록하는 수단이 된다. 학점제의 운영방식에는 여러 가지가 있겠지만 중국은 국가의 제한된 교육자원, 대규모 학교 및 학급 사이즈, 학제의 상대적 안정성 및 대학입시 관련 정책 미비를 고려하여 '학년학점제'를 채택하고 있다.

중국 일반 고등학교의 학제는 3년이고, 학점에 관한 규정은 다음과 같다. 1학점은 학기당 매주 1차시(40~45분) 수업을 통해 규정한 질적 요구수준에 도달하는 것을 의미한다. 수업시수로만 보자면 1학점은 18차시 수업과 같다.

### 2) 졸업 학점 기준

일반 고등학교 교육과정 새 방안에서는 일반고, 종합고, 직업고의 특징에 따라 졸업생의 발전 여지를 규정지을 필요가 없다고 언급하고 있다. 반면 고려해야할 부분은 일반 고등학교에서 학생의 다양한 요구를 만족시키기 위해 국가가 규정한 학점의 최저 기준을 적당히 낮추어

주고, 이를 통해 지역 정부, 학교, 특히 학생에게 교육과정 구성이 가능한 공간을 남기는 것이라고 강조하였다.

일반 고등학교의 졸업학점 기준은 고등학교 3년 간 최소 144학점을 이수하는 것이다. 필수학점은 최소 116학점이 되어야 하는데 그중 연구 학습활동으로 15학점, 사회봉사로 2학점, 사회실천으로 6학점을 채우도록 규정하고 있다. 선택1은 최소 22학점 이상이 되어야 하고 선택2는 6학점 이상이어야 한다. 이 때문에 학점제 관리를 실행하는 학교에서는 학생들이 규정의 최소 학점을 이수하고 사상품덕(도덕), 조직기율, 행위규범 등 영역의 종합시험에 합격해야 졸업이 가능하도록 하고 있다.

중국은 기존 고등학교 교육과정에서 최대 189학점까지 이수할 수 있도록 했으나, 새 교육과정에서는 졸업학점의 최소 기준을 144학점으로 규정함으로써 전체 학점의 24%에 해당하는 45학점을 학교 자율에 의해 정하도록 하였다. 즉 학생들이 자유롭게 발전해 나갈 수 있는 여지를 남겨두고 있는 것이다. 선택1을 보면 전체가 55학점이지만 최소 요구 수준만 보면 22학점이라 33학점이 활용 가능하다. 이 부분은 학생들에게 필수과목 중 교과 간 또는 영역 간 선택하도록 하고 있다. 선택2를 보면 총 18학점이 있지만 최소 요구는 6학점이라 여전히 12학점의 활용 공간이 남는다. 학생들은 학교 교육과정에서 자유롭게 선택하여 이 부분을 채울 수 있다.

필수학점도 학생들에게 틀을 고정시켜두지 않고 여유공간을 두어 학생들이 선택하도록 하고 있다. 예를 들어 체육과 건강, 예술, 기술 등 영역은 최소 이수 필수학점만 정해두고 학습 모듈은 규정하지 않음으로써 학생들 스스로 배우고자 하는 내용을 결정할 권한을 갖게 하였다.

## 4. 특징 및 시사점

앞서 간단히 살펴본 중국의 교육과정과 학점제 운영방식으로부터 그 특징을 요약하면 다음과 같다.

첫째, 학년학점제를 채택하고 있다. 학점제에 대한 정의에는 학자마다 조금씩 차이가 있겠지만 여러 논문을 보면 일반적으로 "과목별 학점이 누적되어 최소 졸업학점에 도달하면 졸업을 인정한다"고 설명하고 있다. 완전한 학점제가 되려면 이러한 정의에서 보듯이 규정된 학점을 이수한 학생에게 졸업을 허가하여야 하지만 중국의 경우 아직 이러한 완전한 학점제가 운영되고 있는 것은 아니다. 중국에서는 학년별로 반드시 이수해야할 최소 학점이 정해져 있어 사실상 학점을 다른 학년에서 미리 채우고 졸업하기란 어려운 상황이다. 다만 2003년 새 교육과정표준을 발표하면서 이전에 학교의 자율적인 교육과정운영 가능 시간이 없던 데에서 25%에 이르는 변동 시간이 생겼다는 데 의의를 두고 있다. 이는 현 중국의 교육적 상황을 반영하여 실행되고 있는 것으로서 앞으로 중국의 교육여건이 개선된다면 학년학점제에서 완전학점제로 발전해나갈 가능성도 열려 있음을 예측하게 한다.

둘째, 필수학점과 선택학점을 구분하고 있다. 중국의 교육과정을 보면 필수학점이 61.4%, 선택학점이 나머지 약 40% 정도를 차지하고 있다. 필수학점에서도 예체능 영역에 대해 모듈을 스스로 정하게 함으로써 학생들에게 선택의 폭을 넓히고 학점제 운영의 탄력성을 부여하기 위한 노력을 하고 있다. 선택학점의 경우 최소 이수 학점보다 더 많은 학점을 선택적으로 운영하도록 함으로써 학교 교육과정 운영의 자율성, 학생의 과목 선택권을 확대하였다. 중국의 치열한 대학입시 상황에서 많은 학교들이 이러한 자율권을 입시준비를 위해 사용하는 경우가 많아 여전히 비판의 대상이 되고 있지만 그럼에도 학교와 학생에게 선택의 폭이 점차 넓어지고 있다는 것은 중국 교육의 자율성이 지속적으로 확대될 수 있음을 가늠하게 한다.

셋째, 졸업이수학점을 정하고 있다. 졸업이수학점은 고교학점제의 가장 기본적인 조건이라 할 수 있다. 고등학교 기간 동안 어느 정도의 학습 수준에 도달하고 얼마 만큼의 학점을 이수해야 졸업을 인정할 것인가 하는 문제이다. 중국은 2003년 새 교육과정을 발표하면서 졸업이수학점을 144학점으로 축소하였다. 이는 캐나다 BC주 고등학교 졸업이수학점이 80(필수학점 48, 선택학점 28, 기타 4)인 것과 비교하면 여전히 매우 높다고 볼 수 있다. 하지만 중국의 교육현실에서 24%나 되는 학점을 감축하였다는 것은 교육개혁에 가깝다고 할 수 있다. 중국 고등학교에서 아직 이상적인 학점제의 실행이 이루어지고 있는 것은 아니지만 졸업이수학점을 정하고 학점제라는 개념이 명확히 수립되어 있다는 점은 충분히 주목할 만하다.

앞에서 살펴본 중국의 학점제 운영에 있어 우리가 관심을 기울여야 하는 것은 중국의 졸업이수학점이 얼마인가, 중국의 학점제 운영이 얼마나 이상적인가 하는 점보다 중국에서 이러한 과감한 교육적 개혁을 단행하고 있다는 사실일 것이다. 지역 간 교육 불균형이 심각하고, 입시 경쟁이 치열한 중국이 이러한 교육 여건 속에서도 학점제를 도입하고, 학교와 학생의 자율과 선택을 존중하려는 노력을 기울인다는 점은 고교학점제를 시작하려는 우리에게도 시사하는 바가 크다.

참고
문헌

王丽文(2004). 达到144分方可毕业  我国高中将试行学分制.
　　　　http://www.people.com.cn/GB/jiaoyu/1053/2353992.html에서 2018.
　　　　7. 24. 인출.

教育部(2003).  教育部关于印发《普通高中课程方案 (实验) 》和语文等十五
　　　　个学科课程标准 (实验) 的通知. 2003. 3. 31.

钟启泉,崔允漷,沈兰(2003).普通高中学分制方案及实施建议.当代教育科学, 22,
　　　　15-17.

BC's New Curriculum. Path to Graduation Info.
　　　　https://curriculum.gov.bc.ca/graduation-info에서 2018. 7. 24. 인출

## 중국의 대학입시제도

중국에서 대학입시제도 개혁은 교육제도개혁의 역점 분야이자 핵심과제로 사회 전체의 주목을 받고 있다. 중국은 1977년 입시제도가 부활된 이래 입시계획 조정, 입시 형식·내용 개혁, 전형체제 개혁, 감독관리 시스템 개혁, 대학입시제도 종합개혁 시범사업 등을 통해 대입전형체제를 꾸준히 보완해 오고 있다. 최근에는 인터넷 기술이 발달하면서 대학입시에서 온라인 전형을 도입하여 학생 모집의 효율성과 형평성을 제고하였다. 또 기존 대입전형에서 나아가 일부 대학의 자주선발전형(自主招生)을 허용함으로써 특별한 재능을 가진 인재들도 선발할 수 있게 되었다.

# 1. 중국 대입제도 관련 정책

2002년 중국의 대학 진학률이 15%에 이르며 중국 고등교육은 엘리트화 단계에서 대중화 단계로 접어들었고, 이에 따라 입시제도가 감당해야 할 최우선 과제는 다양한 인재 선발로 전환되었다. 중국 교육부는 2010년 무렵 대입제도에 대한 비판과 함께 대입제도 개혁을 촉구하는 목소리가 높아지자 새로운 대입제도 개혁 조치와 방안을 내놓았다. 여기에는 더 이상 문과나 이과를 구분하지 않고 지방 교육행정 부처에 일정한 출제 권한을 주는 내용 등이 포함되었다. 2010년 발표된 「국가 중장기 교육개혁 및 발전계획요강(2010~2020년)」에서도 국무원의 심의를 거쳐 대학입시의 유형 및 평가방식과 전형방식을 바꾸는 등의 내용을 언급하였고, 2013년 18기 3중 전회에서도 「전반적인 심화 개혁에 관한 중공 중앙의 중대 문제 결정」을 채택하여 입시제도 개혁을 추진할 것을 명시하였다. 이에 따라 새로운 대입제도 개편의 여건과 환경이 마련되었다.

2014년 12월 중국 교육부는 「일반 고등학교 학생의 종합소양 평가 강화에 관한 의견(关于加强和改进普通高中学生综合素质评价的意见)」, 「일반 고등학교의 학업수준평가 실시에 관한 의견(关于普通高中学业水平考试的实施意见)」, 「고효율 자주선발전형 시범사업의 추가 보완 및 규범화에 관한 의견(关于进一步完善和规范高效自主招生试点工作的意见)」 및 「수능 가산점 항목과 비중의 추가 감소 및 규범화에 관한 의견(关于进一步减少和规范高考加分项目和分值的意见)」 등 입시 관련 정책을 잇달아 내놓았다. 2014년 입시제도 개혁이 대대적으로 추진됨에 따라 국무원은 '공정·과학 인재 선발 촉진'을 기치로 한 「입시제도 개혁 심화에 관한 실시의견(关于深化考试招生制度改革的实施意见)」을 발표하고 '분류 시험, 종합평가, 다원 전형'을 입시모델로 실시하기로 하였다. 이는 중국의 대학입학시험이 부활한 이후 가장 강도 높고 포괄적이며 체계적인 입시제도 개혁이라고 할 수 있다(徐柱柱·余瑶, 2019). 중국 정부는 입시제도 개혁이 추진되면서 긍정적인 효과를 거두고 있는 것으로 평가하고 있다.

2017년에는 상하이시와 저장성(浙江)을 대상으로 1차 대입 종합개혁 시범사업이 실시되었다. 다음 해에는 베이징시, 톈진시(天津), 산둥성(山东), 하이난성(海南)에서 연이어 2차 입시개혁 시범사업이 시작되었고, 2019년 4월에는 허베이성, 랴오닝성, 장쑤성, 푸젠성, 후베이성, 광둥성, 충칭시 등 8개 성시에서 대입 종합개혁 3차 시범사업을 시작하는 등 중국 전역 14개 성시에서 입시제도 종합개혁 시범사업에 착수한 상태다(学信网, n.d.).

중국 교육부는 2018년 3월 21일 「2018학년도 일반 대학 입학전형에 관한 통지문(关于做好2018年普通高校招生工作的通知)」을 발표하고, 2018학년도 대입전형을 확정했다. 통지문에서는 중서부 지역 및 인구과밀 성(省)의 합격률을 더욱 높일 것을 요구하였다. 이를 위해 중앙부처 소속 대학으로 하여금 중점 대학 합격률이 상대적으로 낮은 성(省)에 학생선발이 좀 더 편향되도록 하였다. 또한 체육특기생 제도, 중고등학생 교과 올림피아드, 과학기술경진대회, 성급 우수학생 표창 등 전국적인 입시 가산점 제도를 전면 폐지하도록 했다(新浪. 2018.03.21.). 중국의 이러한 조치는 지역 불균형 및 소득격차에 따른 수상실적 차이를 줄임으로써 좀 더 공정한 선발이 이루어지도록 하기 위한 것이다.

## 2. 중국의 대입전형 종류와 방식

### 1) 중국의 대학입학시험 '까오카오'

중국의 대학입학시험은 '까오카오(高考)'라고 하는데, 이는 일반대학입학 전국통일시험(普通高等学校招生全国统一考试)의 줄임말로 우리나라 대학수학능력시험에 해당한다.

▣ 기존의 까오카오

2003년 이후 중국은 단계적으로 '3+X' 시험방식을 도입해서 최근까지 대부분 지역에서 이 방식을 그대로 사용해오고 있다. '3'은 어문(국어), 수학, 외국어 세 과목을 의미하고, 'X'는 문과종합(사상정치·역사·지리)과 이과종합(물리·화학·생물) 중 하나를 시험과목으로 선택하는 것을 말한다. 이는 2019년 기준 전국에서 가장 광범위하게 적용되는 입시안이다. 총점은 750점으로 어문, 수학, 외국어가 각각 150점, 문과 종합/이과 종합은 300점이다. 한국과 달리 학생들의 시험 부담을 줄이기 위해 2일에 나누어 치르며, 시험일정은 6월 7일~8일로 하고 있다.

〈표 3-2〉 중국 대학수학능력 일정 및 시간표

| 시간 | 6월 7일 | 6월 8일 |
|---|---|---|
| 09:00~11:30 | 어문 | 문과종합/이과종합 |
| 15:00~17:00 | 수학(문과수학/이과수학) | 외국어 |

■ 입시개혁 시범지역의 까오카오

2018년에 이르러 교육부가 발표한 「교육부 2018년 업무요령」에 따라 각 지역에서는 까오카오 과목을 지역 현실에 맞게 개편할 수 있게 되었다. 입시개혁 시범지역인 상하이시와 저장성은 문·이과를 가리지 않고 필수과목으로 어문·수학·외국어를 과목당 150점씩 배정하였다. 저장성은 선택과목으로 7과목(사상정치·역사·지리·물리·화학·생물·정보기술) 중 3과목을 선택하도록 하고, 과목당 100점 만점으로 하였다. 상하이시는 6과목(사상정치·역사·지리·물리·화학·생명과학) 중 3과목을 선택하도록 하였다(李文英·李冠男, 2019). 베이징시에서도 2020년부터 새로운 대입 제도를 도입하기로 하였다. 이에 따라 베이징시 학생들은 전통적인 이과 과목이나 문과 과목에 얽매이지 않고 국영수 세 과목 외에도 이과종합/문과종합에서 임의로 3과목을 선택하여 '3+3' 모델로 시험을 치르게 되었다. 장쑤성(江苏省)의 경우 교육부의 승인을 거쳐 2008년부터 '3+학업수준평가+종합소양평가' 입시안을 시행하고 있다. '3'은 어문·수학·외국어 세 과목을 의미하는데, 어문 160점(문과는 40점 가산문제), 수학 160점(이과는 40점 가산문제), 외국어 120점으로 총 480점 만점이다(江苏省教育考试院, 2019.4.2.). 장쑤성 등 일부 지역에서는 대학입시에 학업수준평가 성적과 종합소양평가 결과를 반영하기 시작하였다. 이 밖에 현재 다른 지역에서도 새로운 입시제도 모델이 모색되고 있다(徐祥运·马胜男·王羽, 2019)

까오카오는 2000년까지 전국이 통일된 시험지로 시행해오다가, 이후 전국적으로 통일하여 대입시험을 치르되, 성마다 문제를 출제하는 방식으로 대입시험의 조직과 관리방식을 변경하였다. 입시 요강을 기준으로 하되, 시험과목, 문제 내용, 채점 방식의 차이를 허용한 것이다.

이후 자체적으로 시험문제를 출제하는 지역이 해마다 늘고 있다. 2017학년도 까오카오에서 전국 통일 시험지를 사용한 성·시(省市)는 24개였고, 베이징시, 톈진시, 장쑤성에서는 자체적으로 시험문제를 출제하였다. 하이난성과 산둥성의 경우 일부 문제만 자체적으로 출제하고 있다.

## 2) 학업수준평가

장쑤성은 2005년부터 학업수준평가를 실시하기 시작하였다. 학업수준평가는 고등학교 재학기간 학습 상황에 대해 전반적으로 평가하는 것으로 일반 고등학교에 재학 중인 학생은 반드시 학업수준평가에 참가해야 한다. 학업수준평가는 합격 시험과 선택 시험으로 나뉜다. 합격 시험 성적은 100점 만점을 기준으로 하고, 60점 이상이면 합격, 나머지는 불합격이다. 선택 시험 성적은 과목당 100점 만점이며, 물리와 역사는 원점수를 수능 총점에 그대로 반영하고, 기타 과목은 등급을 환산하여 수능 총점에 반영한다. 합격 시험 성적은 고등학교의 졸업, 고등학교 동등 학력 인정의 중요한 근거가 되고, 선택 시험 성적은 수능 총점에 포함시켜 수능 전형의 근거로 삼는다.

학업수준평가의 내용은 고등학교의 교과별 국가 커리큘럼을 기준으로 한다. 학업수준평가는 물리, 화학, 생물, 사상정치, 역사, 지리, 정보기술 등 7개 과목에 대해 실시하고, 예술, 체육, 연구 학습 등 과목은 학업수준평가가 아니라 종합소양평가에 포함한다. 선택 시험은 역사와 물리 두 과목 중에서 하나, 그리고 사상정치, 지리, 화학, 생물 네 과목 중에서 하나를 학생이 선택하도록 한다. 일반 고등학교 재학생은 고등학교 2학년 1학기 말에 처음으로 합격 시험을 볼 수 있다. 졸업생과 일반인 또한 신청하면 합격 시험을 볼 수 있다. 첫 번째 합격 시험에서 불합격하면 다음 시험에서 같은 과목을 다시 볼 수 있다.

### 3) 종합소양평가

종합소양평가는 학생의 전반적인 발달상황을 관찰, 기록, 분석하는 것으로 학생의 개성을 발견하고 육성하는 중요한 수단이자, 소양교육을 심도 있게 추진하는 중요한 제도로 대학의 학생 선발을 위한 참고 자료로도 사용되고 있다. 종합소양평가를 전면적으로 실시하는 것은 학생들이 자아인식을 하고, 인생을 계획하는데 도움을 주며, 학교가 학생들의 발달상황을 파악하여 인재육성 모델을 수립할 수 있게 하기 위해서다. 또한 시험 성적을 학생 평가의 유일한 기준으로 삼던 기존의 평가방식에서 벗어나 다양한 재능을 평가하는 방식으로 전환하기 위해서이기도 하다.

종합소양평가는 사상품덕, 학업수준, 심신건강, 예술소양, 사회실천 등 5개 영역에 대해 실시한다. 사상품덕은 학생들의 태도에 관한 평가로, 주로 학생들의 당 활동, 동아리 활동, 공익활동, 자원봉사 등에 대한 참여 횟수와 지속시간을 중점적으로 평가한다. 학업수준은 학생들의 과목별 기초 지식, 기본 능력, 그리고 지식을 활용한 문제해결능력 등을 주로 평가한다. 학업수준은 평가 성적, 선택 과목 내용과 성적, 연구 학습과 혁신 성과, 특히 수행이 뛰어난 교과의 학습 상황을 중점적으로 다룬다. 심신건강은 학생들의 생활방식, 체력단련 습관, 신체 기능, 운동기능, 심리상태 등을 주로 평가한다. '국가학생체질건강기준' 평가 결과, 스포츠 특기 종목, 스포츠 운동 참가 효과, 난관에 대처하는 자세 등을 중점적으로 다룬다. 예술소양은 주로 예술에 대한 학생들의 심미적 감성, 이해, 감상과 표현능력을 평가한다. 음악 · 미술 · 무용 · 연극 · 희곡 · 영화 · 서예 등에서 보여지는 취미 · 특기, 예술활동 성과 등을 중점적으로 다룬다. 사회실천은 사회생활에서의 경험에 관한 것으로 학생들이 활동에 참가한 횟수 및 지속 시간, 작품, 조사 보고서 등을 평가한다. 기술과목의 실습 · 노동 · 군사훈련 · 견학 · 조사 등이 여기에 해당된다. 각 학교에서는 학생 발달의 연령별 특징 및 교육사정을 고려하여 종합소양평가의 구체적인 내용과 방안을 정할 수 있다.

## 4) 자주선발전형

2003년부터 시작된 자주선발전형은 중국 대학 선발전형의 한 방식으로, 점수 위주의 까오카오 전형을 보완하기 위해 생긴 입시제도이다. 자주선발전형은 필기시험과 면접을 거쳐 얻은 최종 점수에 상응하는 입학 혜택을 부여한다. 중국 대학의 입학은 지역할당제로 까오카오 점수에 따라 지역별 합격선이 결정되는데 자주선발전형을 통해 합격선을 낮추어줌으로써 입학이 유리해지도록 하고, 전공 선택에 있어서도 혜택이 주어진다. 2015년부터 모든 시범대학의 자주선발전형은 까오카고가 끝난 뒤 성적이 발표되기 전에 진행되고 있다. 필기시험은 두 과목을 초과하지 않도록 하고 부정행위를 방지하기 위해 모든 과정은 녹화하도록 한다. 자주선발전형의 정원은 시범대학 학부생 모집 정원의 5% 이내로 정하고 있다.

자주선발전형을 실시하는 대학별로 선발방식에 조금씩 차이가 나는데, 베이징대학, 칭화대학 등 주요 대학을 중심으로 연맹을 이루어 실시하기도 하고, 대학 단독으로 실시하기도 한다. 그중 베이징대학을 중심으로 한 북약연맹(北約聯盟)을 살펴보면, 회원대학은 베이징대학, 쓰촨대학, 산둥대학, 홍콩대학, 베이징사범대학, 샤먼대학, 우한대학 등 11개 대학으로 구성된다. 수험생은 최대 3개 대학까지 지원할 수 있으며, 연맹 회원대학 간에는 서로 평등한 입학기회가 주어진다. 시험과목으로는 이공계열은 자연과학 기초(수학, 물리), 인문사회 계열은 인문과학 기초(어문, 수학)가 포함된다. 수험생의 기초지식은 물론, 종합적인 지식운용능력, 학습 잠재력에 대해 중요하게 평가한다 (百度百科, n.d.).

## 3. 특징

앞에서 살펴본 바와 같이 중국 대학입시제도의 주요 틀은 전국통일시험인 까오카오를 중심으로 하고 있지만, 최근에는 재능 있는 인재를 선발하고 형평성 있는 입시제도를 실현하기 위한 다양한 시도가 이루어지고 있다. 중국 대학입시제도의 새로운 변화와 특징을 요약하면 다음과 같다.

첫째, 입시의 공평성을 실현하기 위해 노력하고 있다. 중국은 대학마다 대학에 입학할 수 있는 지역별 정원을 정해두고 있다. 이는 입시경쟁이 치열한 장쑤성 등 지역에서 지원이 가능한 합격점수를 높임으로써 다른 지역 학생과 동등한 실력을 갖추고도 같은 대학에 합격하는데 불리해지는 결과를 초래하기도 한다. 중서부 지역의 경우에는 경제적으로 발달한 동부 연안 도시에 비해 교육수준이 열악하기 때문에 학습의 질에 차이가 날 수밖에 없고 이는 입시결과에 큰 영향을 미친다. 중국은 오랫동안 제기되어 온 이와 같은 입시의 불공평성을 해소하고 지역별로 동등한 입시 기회가 주어지도록 하기 위해 중점 대학에 학생선발 시 중서부 지역에 편향되도록 요구하는가 하면 각종 경진대회 수상실적을 가산점으로 주던 제도를 폐지하는 등 여러 대안을 내놓고 있다.

둘째, 잠재적인 능력을 갖춘 인재선발을 위해 노력하고 있다. 중국에서 대학입시선발제도로 오랫동안 까오카오가 자리 잡아 왔다. 현재도 까오카오는 대학의 학생 선발에서 가장 주요한 제도임에는 틀림없다. 중국에서 만나는 학생과 학부모에게 우리나라의 학생부종합전형의 실시 대해 의견을 물으면 중국에서 이러한 제도를 실시하기에는 아직 어려워 보인다고 답한다. 그 이유는 바로 중국에서 입시 공평성에 대해 민감하게 생각하고 있기 때문이다. 한편에서는 이러한 '점수유일론'에 치우친 까오카오 제도의 개혁에 대한 목소리도 계속 제기되고 있지만, 주관적인 판단 혹은 인맥을 통한 입학 변수가 작용할 가능성이 있는 제도보다는 차라리 객관적인 점수로 입학이 결정되는 까오카오가 공정해 보인다는 것이다. 중국 정부에서는 이를 보완하기 위해 일부 시범대학을 중심으로 자주선발전형을 도입해 입학시험 점수 외에도 학생의 잠재적인 재능이 고려될 수 있도록 시도하고 있다. 물론 아직까지는 자주선발전형을 실시하는 대학 수가 적고 전체 학생 중 자주선발전형으로 선발되는 비중이 소수에 불과해 여전히 개선의 여지가 많이 남아 있다.

셋째, 학생의 전인적 발달을 중시하고 있다. 과거 중국의 입시제도에서는 까오카오를 통해 얻은 점수가 대학 입학을 결정하는 유일한 통로였다. 최근 이러한 중국의 입시제도에 변화가 나타나고 있는데, 이는 바로 '종합소양평가'의 도입이다. 국영수 등 입시과목에 치우쳐 그동안 소외시 되었던 다양한 교내외 활동과 체력증진, 예술적 소양 계발 등에 대한 평가를 통해 학생의 개성을 발견하고 전인적 교육을 실시하며, 대학에서 이를 학생선발을 위한 참고자료로 사용하도록 한 것이다. 각 고등학교에서는 반드시 '일반 고등학교 교육과정 방안'에 따라 수업 진도를 마쳐야 하고, 수업시간을 단축해서도 안 되며, 종합실천활동·기술·예술·체육 등 과목을 모두 운영해야 한다. 이를 통해 학생들의 선택과목에 대한 수요를 만족시키고 있다. 물론 아직까지 종합소양평가가 입시결과에 결정적인 영향을 주지 못하고, 단지 일부 대학에서 학생을 선발할 때 참고자료 정도로 사용되고 있지만, 점수유일론에 치우쳐 있던 중국의 입시제도에 이러한 변화가 일어나고 있다는 점은 주목할 만하다.

# 참고
# 문헌

徐祥运·马胜男·王羽(2019). 我国高考招生制度存在的问题及其解决途径. 青岛
　　科技大学学报(社会科学版), 35(02), 103-110.

徐柱柱·余瑶(2019). 我国高考招生改革研究的热点主题及其演进. 教育与考试,
　　2, 16-22.

李文英·李冠男(2019). 日本大学招生考试中的公平保障策略及启示. 全球教育
　　展望, 8, 72-88.

新浪(2018.03.21.). 教育部：全面取消中学奥赛等5项高考加分项目.
　　http://ln.sina.com.cn/zimeiti/2018-03-21/detail-ifyskeue1723431.sht
　　ml에서2019.10.31. 인출.

江苏省教育考试院(2019.4.2).关于印发江苏省普通高中学业水平考试实施方
　　案的通知.
　　http://www.jseea.cn/contents/channel_26/2019/04/1904231714783.h
　　tml에서 2019.10.31.인출.

学信网(n.d.). 全国14省市进入高考综合改革试点.
　　https://gaokao.chsi.com.cn/gkzt/gkgg2019에서 2019.11.2. 인출.

百度百科(n.d.)
　　https://baike.baidu.com/item/%E8%87%AA%E4%B8%BB%E6%8B%
　　9B%E7%94%9F/3901599?fr=aladdin에서 2019.11.5. 인출.

# 교육의 다양화와
# 정보화

## 중국의 대안교육 운영현황

중국의 공교육 시스템에서 학습이 매우 기계적으로 이루어지다 보니 비판적 사고능력을 함양하기 어렵다는 지적이 오랫동안 제기되어 왔다. 이러한 교육 시스템에 불만을 갖는 학부모들 중 일부는 공교육이 아닌 사립학교, 또는 대안학교에 관심을 기울이기도 한다. 물론 중국의 대안학교 수는 매우 적고 이에 대해 알고 있는 학부모도 많은 편은 아니다. 중국에서 현재 초중등학생을 대상으로 하는 홈스쿨링이나 다양한 형태의 대안학교는 찾아보기 어렵다. 그나마 가장 보편적인 대안교육 유형은 독일에서 시작된 발도르프 교육이라고 할 수 있다.

## 1. 대안교육 제도 및 정책

현재 중국 교육정책의 초점은 다양하고 개성을 중시하는 교육, 또는 일반 공교육 시스템에 적응하지 못하는 학생들을 위한 교육보다는 보편적이고 공평한 교육의 제공이 가장 우선에 있다. 중국 경제가 급부상하면서 교육에 대한 투자가 꾸준히 증가하고 있고, 교육여건도 점진적으로 개선되고 있다. 하지만 중국 전체의 절반 이상을 차지하는 농촌지역의 교육여건은 도시와 비교하면 여전히 크게 차이가 난다. 중국에서는 도농 간 교육자원의 균형발전이 이루어지지 못하는 것에 대해 학부모들의 불만이 매우 크다. 심지어 한 도시 내에서도 중점학교(시범학교 또는 실험학교)와 일반학교 간, 도심지역과 교외지역 학교 간 교사자질, 시설, 학급인원 수 등 여러 측면에서 차이가 나고 있다. 이 때문에 학부모들은 자녀를 교육여건이 더 나은 학교로 보내기 위해 치열한 경쟁에 시달리고, 이로 인해 발생하는 경제적 · 사회적 문제도 심각한 수준이다.

중국정부는 교육 불균형 해소를 교육분야 중점 과제로 삼고 있으나 아직 공교육 이외의 대안교육에 대한 논의는 요원한 상태이다. 현재 직면하고 있는 교육 불균형 문제가 어느 정도 해소되고 학부모들이 공교육의 폐해에 대해 더 많은 문제를 제기할 즈음 대안학교 건설 및 대안교육에 대한 논의가 본격화 되리라 생각된다.

중국에 대안학교 수가 많지 않은 만큼 이를 관리하고 지원하기 위한 제도나 정책도 수립되어 있지 않은 상황이다. 그나마 이와 유사한 제도를 찾아보자면 공독학교 운영이 있다. 이를 위해 1987년 국가교육위원회, 공안부, 공청단에서 공동으로 「공독학교 운영에 관한 몇 가지

의견(关于办好工读学校的几点意见)」을 발표하였지만, 이는 공독학교(Reform School, 교정학교)만을 대상으로 하고, 법적 제재력이 없는 「의견」에 불과하여 대안교육을 위한 정책문건으로 보기는 어렵다.

## 2. 중국 발도르프 교육 운영사례

2004년 9월 청두시(成都)에 중국 최초의 발도르프 학교가 설립되었다. 이후 상하이(上海), 광조우(广州), 마오밍(茂名) 등지에서도 연이어 발도르프 교육기관이 설립되었다. 그중 가장 먼저 설립되어 현재까지 운영되고 있는 청두 발도르프 학교를 중심으로 학교현황, 교육내용 및 방법을 살펴보면 다음과 같다.

청두 발도르프 학교의 대지면적은 2만㎡이다. 현재 유치원 5개 반 60명의 학생과 초등학교 48명의 학생이 재학하고 있다. 이 학교는 국제화된 학습 환경을 갖추고 있다. 학교 수업을 해외 발도르프 학교들과 연계해 설계함으로써 학생들에게 자신이 좋아하는 국가와 학교를 선택하여 교류할 수 있게 하였다. 현재 자매학교로는 호주, 미국, 독일, 태국 등지의 학교가 있다. 이 학교의 자연환경과 자유로운 수업방식에 많은 학부모들이 매료되었다. 학부모 5명 중 1명은 외지나 외국에서 청두로 이사를 온 경우이며, 4분의 1가량은 외국 국적 소유자이다. 이 학교는 지금까지의 운영과정을 통해 학부모와 지역사회로부터 광범위하게 인정을 받고 있다.

### 1) 경영목표와 이념

청두 발도르프 학교는 글로벌화 된 독자적인 교육체계에 중국의 문화와 국정을 반영하고 있다. 유치원부터 고등학교 과정까지 운영하고 있다. 이 학교는 발도르프 교육의 전통과 모델을 계승하여 교사의 학교 관리, 학부모 참여, 비영리 경영, 현지화 등의 경영철학을 실천하고 있다. 또한 아동의 신체적·정서적 발달과 건강한 성장을 위한 학교 건설에 노력하고 있다.

## 2) 학교조직, 자금 및 관리

청두 발도르프 학교는 정부에 등록된 비영리 기관으로 사회 기부와 기타 교육기금 모집을 통해 운영자금을 마련하고 있다. 교사들이 공동 관리하며 학교 자산은 어느 한 개인에 속하지 않는다. 학교의 수입은 학교 운영경비와 교직원 월급 이외에 다른 성과급 등으로 사용할 수 없다. 잉여금은 학교 발전 및 장학금으로 사용되고 있다. 학교 이사회는 학부모, 교사 및 사회 인사로 구성되는데, 민주적인 의사결정 과정을 거쳐 선발되고 있다. 학교에는 교장 및 행정직급을 두지 않는다. 교사위원회 대표를 교사들이 선출하거나 돌아가면서 맡는 공동관리 시스템이다. 경험이 풍부한 교사나 전문가들이 교사들의 교육연수를 담당함으로써 교육의 질이 보장되도록 하고 있다. 학부모 위원회는 학부모와 학교 간 교량이 되어 학부모-학교 관계를 조율하는 중요한 역할을 맡고 있다. 학교의 주요 수입원은 학비, 활동비, 그리고 국내외로부터 받는 기부금 등이다. 이 학교의 학비는 한 해 기준 유치원이 5,000위안(재학생 3,500위안), 초등학교가 9,800위안이다.

## 3) 교육내용 및 방법

청두 발도르프 학교에서는 중국문화와 전통을 결합시켜 자체적인 교육방안을 설계하고 있다. 교육과정은 주요 과목 형식으로 짜여 있다. 주요 과목은 오전에 2시간씩, 3~5주 정도 집중적으로 수업이 진행되고, 중국어로 수업하며 어문, 수학, 기하, 역사, 지리, 기상학, 물리, 화학, 미술, 음악, 희극 등이 포함된다. 기타 과목으로는 독일어, 영어, 수공, 원예, 농예, 조각, 체육, 놀이, 리듬댄스 등이 있다. 교육부에서 지정한 교육과정 표준과 베이징사범대학에서 출간한 교재를 참고로 하고 있다. 일반학교에서 배우는 학습내용을 대부분 포함하면서 수업방식만 달리하고 있다. 청두 발도르프 초등학교의 학년별 교육과정을 살펴보면 아래 표와 같다.

〈표 4-1〉 청두 발도르프 학교의 학년별 교육내용

| 학년 | 교육내용 | 기타 과목 |
|------|----------|-----------|
| 1학년 | 동화, 수학의 사칙연산 | 영어, 독일어, 수채화, 원예와 자연, 수공, 목공, 서예, 체육과 놀이, 음악과 악기, 리듬댄스, 명절행사 |
| 2학년 | 우화, 정수연산 | |
| 3학년 | 건축, 농경, 창조신화 | |
| 4학년 | 거주지역의 지리역사, 서유기, 분수, 인간과 동물 | |
| 5학년 | 중국지리, 외국신화, 소수, 식물, 진나라 이야기 | |
| 6학년 | 주변국의 지리, 진나라, 한나라, 백분율, 광물질, 물리 | |

청두 발도르프 학교에서는 교사가 학교 현실을 고려하여 주요 과목을 설계하고 있다. 다른 국가의 발도르프 학교와 마찬가지로 정해진 교재가 없고 아이들 스스로 교재를 만들도록 한다. 학교에서는 아이들의 건강과 즐거움을 가장 중요하게 여기고 있다.

## 4) 교사진

청두 발도르프 학교의 교사로는 주요 과목을 담당하는 교사와 자원교사가 있다. 주요 과목 교사 중 일부는 미국 또는 영국 등에서 발도르프 교육연수를 받았고 자원 교사 일부는 외국인이다. 대부분의 교사들이 해외 관련 기관에서 연수를 받았으며 해외 발도르프 학교 교사와 교류하고 있다.

## 5) 연수센터

청두 발도르프 학교는 창립 이후 전국적으로 교육연수 활동 및 강연을 진행해오고 있는데, 참석자 중에는 교장 외에도 전국 각지에서 온 농민, 학생, 교사, 공무원 등이 있다. 이는 현재 중국에서 대안교육에 대한 참여는 매우 적지만 다양한 분야의 사람들이 관심을 갖고 있어 앞으로 더 확대될 가능성이 있음을 보여준다.

이 밖에도 청두 발도르프 학교에서는 주말이나 저녁시간을 이용하여 학부모들에게 다양한 교육을 제공하고 있고, 1주일 연수과정, 3년 유치원 교사 연수과정, 3년 초중등교사 연수과정도 개설하고 있다. 또한 장학금을 신설해 빈곤 지역에서 온 교사의 연수를 지원하는데, 연수내용으로는 인간의 자연적 본질, 아동발달단계, 생활 속의 교육 등이 포함된다. 전공강좌 외에도 평소 관련 서적을 읽고 보고서 또는 논문을 제출하게 하고, 음악, 미술, 문학 등 다양한 문화영역에 대해서도 학습하도록 권장하고 있다.

## 3. 맺음말

　대안교육은 전 세계적으로 이미 광범위한 관심과 인정을 받고 있지만 중국에서는 아직 이에 대해 충분한 인식과 논의가 부족한 상황이다. 그럼에도 발도르프 교육의 독특한 교육이념과과 실천경험은 중국의 교사, 학부모 및 사회 각계 인사들로 하여금 교육의 본질에 대해 깊이 성찰할 수 있는 시각을 제시하고 있다. 21세기 기초교육개혁의 기조로 중국은 '건강하고 조화로운 교육'을 내세우고 있다. 교육개혁이 전면적으로 진행되고 있는 중국에서는 교육이념부터 교육 실천까지 인본주의 사상이 강조되고 있으며 학생의 전인발달을 중요하게 여긴다. 이런 면에서 발도르프 학교교육에서 제창하는 교육이념과 현재 중국 교육개혁 과정에서 제시되고 있는 소양교육 및 전인교육은 일맥상통하다고 볼 수 있다.

　하지만 중국 교육은 여전히 입시위주로 흐르고 있고, 진학률에 과도하게 초점이 맞추어져 있다. 전문가들은 현재 중국 교육이 주입식 교육과 기능 함양에 지나치게 치우쳐 있고, 인문정신이 부족하며, 자아와 생활은 잊어버리고 사는 경우가 많다고 비판한다. 발도르프 교육에서는 주입식 교육과 완전히 대비되는 '사람', '개인', '개인이 속한 생태환경', '인간의 마음'에 관심을 두고 있다. 이에 중국 교육이 안고 있는 이러한 문제에 대한 해결책으로 발도르프와 같은 대안교육이 조금씩 중국에서 형성되고 있는 것이다. 중국은 앞으로 전인교육을 실현하기 위해 상술한 발도르프 대안교육으로부터 다음과 같은 개선점을 생각해볼 수 있을 것이다.

　첫째, 상상력과 창의력을 향상시키기 위한 종합적인 교육과정 설계가 필요하다. 중국의 학교 교육과정 체계에서는 과학적인 방식이 중시된다. 이는 현재 중국 사회 자체가 지나치게 과학주의 정신을 강조하고 있는 반면 인문정신의 발달이 상대적으로 경시되는 것과도 비슷하다. 중국의 「기초교육과정 개혁요강」을 보면 "학생의 경험과 관련된 내용을 결합시킬 것, 과목 간 통합을 중시할 것"을 명시하고 있다. 이는 앞으로 중국의 교육과정이 아동의 흥미와 경험을 중시하고 생활과 현실을 반영하는 통합적인 교육으로, 과학과 인문 과정을 균형 있게 설계하고 예술성을 중시하여 학생의 이성과 감성이 조화롭게 발달하도록 하는 교육으로 나아갈 것임을 보여준다고 하겠다.

둘째, 교사 역할에 대한 전환이 필요하다. 우선, 교사와 학생 간에 평등한 관계가 성립되어야 한다. 발도르프 학교에서 교사는 모든 학생의 잠재능력을 일깨우고 개성과 요구를 찾아내어 맞춤형 교육이 가능하도록 한다. 교사는 수업 중 학생들의 학습을 안내하고 학생의 성장과정에서 인생에 대한 조언을 줌으로써 아이들이 자신의 신체, 생활환경, 미래의 사회생활 간에 올바른 관계를 성립하도록 도와준다. 앞으로 중국의 교사들도 단순히 지식의 전수자나 수업 주체자에서 동반자, 조언자, 지도자, 연구자로 그 역할을 전환해가야 할 것이다.

셋째, 일원화된 단답형 평가에서 다원화된 서술형 평가로의 전환이 필요하다. 중국에서 교사와 학부모는 점수와 등수를 중요시 여기고 결과를 지나치게 강조하는 경향이 있다. 평가는 전통적으로 실시되어 오고 있는 필기시험이 주를 이루는데, 이러한 단일한 평가주체와 평가기준은 아이들의 전인적 발달과 독립적 사고능력 발달에 매우 불리하다. 이러한 전통적인 학교교육은 발도르프 학교교육에서 강조하는 학생의 자유로운 전인발달, 인간의 생활과 자아에 대한 자각 등의 교육목적과 대비된다. 최근 중국 교유개혁의 주요한 흐름 중 하나는 전통적 시험방식과 평가체계 개선이다. 중국이 이제 전통적 평가방식에서 벗어나 다원화된 평가방식을 추구하려는 것이다. 2002년 중국 교육부는 「초중등학교 평가 및 시험제도 개혁의 적극적 추진에 관한 통지(尖丁积极推进中小学评价与考试制度改革通知)」를 발표하고 전 과정을 아우르는 전면적인 평가를 강조한 바 있다. 즉 학교 성적뿐 아니라 다방면의 잠재능력 계발을 중시해야 하고 형성평가와 총괄평가를 결합해야 한다는 것이다. 또한 성장기록부를 작성하여 발도르프 학교와 같이 학생의 다양한 경험을 기록하고 진학에 반영한다고 한다. 하지만 앞으로 한 걸음 더 나아가 성장기록부의 작성 주체가 교사 뿐 아니라 학생과 학부모까지 삼자가 공동으로 참여하도록 한다면 기록 내용이 더욱 객관성과 전면성을 띄게 될 것이다.

참고
문헌

陳園園(2010).華德福學校教育的實踐探索.西南大學.

百度百科(n.d.).另類教育.

    https://baike.baidu.com/item/%E5%8F%A6%E7%B1%BB%E6%95%
99%E8%82%B2/10893622?fr=aladdin에서 2018.04.22. 인출.

楊豔蕾(2007). 英國替代性學校:教育個性化的探索.外國中小學教育, 05, 31-33.

王波,包鋒(2011).美國替代性學校及其對中國工讀教育的啟示.中國青年研究,
    01, 100-104.

# 중국의 생존수영 교육

수영은 우리 건강에 유익한 체육활동이자, 동시에 생존을 위한 필수 기능이기도 하다. 미국, 일본, 호주 등 스포츠 강국에서는 청소년과 아동의 수영능력 함양을 매우 중요시한다. 심지어 수영을 생존기능 향상을 위한 일종의 교육활동으로써 초중등학교 체육 필수과정에 포함시키고 있다. 이들 국가의 수영교육에서 중요하게 다루는 내용 중 하나가 바로 '생존수영'이다. 중국에서도 중국 일부 학교 및 지역을 중심으로 최근 '생존수영 교육'을 수영교육의 필수 과정으로 포함시켜야 한다는 주장이 나오고 있다. 이는 중국에서 익수사고가 14세 미만 청소년 및 아동 사망사고 원인 중 첫 번째로 꼽히기 때문이다.

# 1. 생존수영 교육에 대한 인식 및 현황

최근 중국에서 지덕체를 겸비한 전인적인 인재양성 및 소질교육이 중요시 되면서 일부 학교를 중심으로 수영수업을 하고 이를 위해 수영장을 건설하는 경우가 늘고 있다. 물론 중국 초중등학교에서 교육과정에 수영을 개설하고 있는 경우는 소수에 불과하지만 이러한 변화가 나타나고 있다는데 큰 의미가 있다고 하겠다. 그나마 수영장 시설이 있는 학교가 도시에 집중되어 있어 교육여건이 열악한 농촌 지역의 경우 더욱 설명할 필요가 없을 것 같다. 대부분은 교육행정기관의 인식 미흡, 수영장 및 수영교사 부족 등 원인으로 인해 수영수업이 진행되기 어려운 실정이다.

미성년보호법 판공실이 제출한 자료에 따르면 중국의 대표적인 해안도시인 샤먼시(厦门市)의 경우 2005년 초중등학생 돌발 사고 사망자 수가 42명이었는데 그중 익사 사망자 수가 23명으로 전체 돌발 사고 사망자 수의 54.8%를 차지하였고, 이들 대부분은 수영을 못했던 것으로 드러났다. 이는 물놀이 사고가 샤먼시 청소년 및 아동 각종 상해사고의 주범이며 수영능력 부족은 익사의 주요 원인이라는 것을 증명하고 있다. 샤먼시는 아열대 기후에 속하고 긴 해안선이 있어 천연 해수욕장, 호수, 강 등 물놀이 장소가 많은 편이다. 바로 이러한 임해환경과 비교적 높은 익사율로 샤먼시는 수영교육을 통해 수영기능을 익히고 자신과 타인을 구할 수 있는 능력을 함양하게 하는 것이 매우 중요하다고 인식하고 있다.

한 조사에 따르면 수영교육에 대한 인식이 비교적 높은 샤먼시의 경우에도 모든 초등학교에 수영과목이 개설되어 있지는 않다. 한 조사결과에 따르면 6학년 학생 중 수영을 할 수 있다고 답한 학생 비율이 38.9%에 이르는데 이들은 주로 사립학원(55.9%)이나 부모(27.2%)를 통해 배운 것으로 나타났다. 이는 중국학교교육에서 수영교육이 아직은 매우 취약한 상황임을 보여주고 있다. 이에 학부모들은 학교교육을 통해 수영을 배우고, 신체단련과 생존기능 함양을 할 수 있기를 기대한다고 하였다(陈立新·张明飞, 2010).

샤먼시 학교들은 수영교육을 제대로 실시하기 어려운 원인은 학교 내 설치된 수영장 시설 낙후, 지도교사 부족, 교육과정 내 수영과목 부재라고 설명한다. 수영은 전문성이 강하고 위험성이 높은 수업활동이기 때문에 수영 구조요원 자격증을 갖추어야만 채용이 가능하다. 이 때문에 현재 샤먼시 초등학교 체육교사 중 자격증을 갖춘 교사가 매우 적은데다 수영 실력이 부족한 교사들은 수영수업 맡기를 꺼려한다. 특히 중국은 학급인원 수가 45명 이상으로 너무 많기 때문에 체육교사들이 안전책임에 대해 큰 부담을 느낀다. 물론 이 많은 학생들을 한꺼번에 교육시키는 것도 매우 어려운 일이고 수업의 질도 떨어질 수밖에 없다. 이러한 이유로 대부분 중국 학교에서는 생존수영 교육을 매우 반기는 분위기는 아니다.

최근 몇 년간 샤먼시는 공공교육 경비와 공공체육 경비에 대한 투입을 늘렸음에도 학교 내 육상트랙, 농구장, 배구장 등 체육시설에 비하면 수영장은 턱없이 적은 수준이다. 이에 샤먼시는 최근 사립학원에 등록해 수영교육을 받도록 하는 경우가 늘어나고 있다. 이는 그만큼 샤먼시 지역주민의 경제수준이 향상되었고 수영교육기관에 대한 관리 강화를 통해 수영장 시설과 수영교육의 질이 어느 정도 개선되었기 때문이다. 샤먼시 교육국 쉬스팡(许十方) 부국장은 청소년들에게 생명존중 교육을 강화할 필요가 있다고 강조하였다. 그는 생명존중 교육을 교육과정에 포함시켜 익수 사고를 예방하고 초중등학교에서 수영교육의 중요성을 인식하도록 해야 한다고 하였다. 이처럼 생존수영을 직접 교육하기 어려운 중국이 생명존중 교육, 안전교육 등을 통해 학생들에게 물놀이 주의사항을 전달하고 위험 상황에서 자신과 타인을 구하기 위한 대처능력 함양을 강조하고 있는 점은 주목할 만하다.

　중국은 현재 초중등학교보다 대학에서 생존수영 교육이 더 활발하게 이루어지고 있다. 칭화대학(清华大学)의 경우 2017년도 신입생부터 수영 성적과 졸업을 연동시키고 입학 후 반드시 수영테스트를 거치거나 또는 수영과목을 수강하도록 하고 있다. 이를 만족시키지 않을 경우 졸업증서를 않는다. 다만 학생이 물 공포증 등 특수 상황이 있을 경우 이를 참작하여 예외를 둔다. 칭화대학이 최근 수영을 필수과목으로 포함하게 된 것은 학생들의 체력 저하 문제를 해소하기 위해서이다. 올해 칭화대학은 이를 위해 여러 가지 조치들을 내놓았는데 그중 하나가 수영이다. 수영은 지구력 향상에 도움이 되고 관절 손상의 위험도 비교적 적다는 장점이 있다. 또한 수영은 생존을 위한 필수 기능이기 때문에 장기적으로 볼 때 학생들에게 유리할 것이라고 보고 있다. 하지만 모든 학생이 수영과목을 수강해야 하는 것은 아니고 입학 후 수영 테스트를 거쳐 수강여부를 결정한다. 평영, 접영, 자유형, 배영 중 한 가지를 선택해 50미터 거리를 수영하도록 하고, 끝까지 도달하지 못한 학생들에 대해 수영 과목을 이수하게 한다. 이 밖에도 칭화대학은 1학년 학생들에게15:55~19:20까지 전공 강의를 배정하지 않도록 하여 1학년 학생들이 신체단련 시간을 좀 더 많이 갖도록 하고 있다.

## 2. 생존수영 교육방법

하얼빈 더창학교(哈尔滨德强学校)를 예로 중국의 수영교육 원칙과 방법을 살펴보면 다음과 같다. 수영은 위험성이 높은 운동으로 익수사고 발생 가능성이 높다. 이 때문에 수영 수업시간은 엄격하게 진행한다. 교사는 수업 전 학생들에게 수영수업 준수사항에 대해 미리 설명하고 주의를 줌으로써 학생들이 교사의 말을 잘 따르도록 지도한다. 교사는 수업 전 수심이 깊은 곳과 얕은 곳을 분리하고 연습이 가능한 공간을 미리 확정해둔다. 구조요원을 배치하여 만일의 안전사고에 대비한다. 수영수업에서는 엄격한 합격기준을 제시하기보다 수업에 참여하는데 더 의미를 둔다. 학생들에게 수영 속도를 요구하지 않고, 자세에 대해 요구하며, 지구력 훈련을 병행한다. 학생 간 차이를 고려하여 수업진도를 정한다. 수영수업에서는 학생 개인차가 커서 반드시 실력에 따라 단계를 두는 것이 바람직하다. 만약 학급인원 수가 너무 많을 경우 여러 명의 교사를 배치하여 각각의 교사가 단계별 수업을 책임지도록 한다. 수영수업을 지나치게 틀에 박힌대로 교과서 내용에 맞춰 진행하려고 하면 학생들의 흥미가 떨어질 수 있다. 이 때문에 수중 게임, 시합, 등 다양하고 탄력적인 수업형식으로 학생들의 적극성을 이끌어낸다.

## 3. 생존수영 교육시설 및 지역사회 지원체제

중국에서는 학교 내 수영장 시설이 매우 부족하기 때문에 학생들은 주로 지역사회에 마련된 수영시설을 이용하고 있다. 지역정부에서는 주민과 학생들의 체육활동을 위해 지역 수영센터를 저렴한 비용으로 사용할 수 있도록 개방하고 있다.

우한시(武汉)의 경우 40개 수영장을 지정하여 여름방학 기간 초중등 학생들에게 무료로 개방하고 있다. 우한시 체육국은 수영장 내 구조요원 배치, 학부모 동반 및 감독, 학생증 제시, 근거리 수영장 무료 입장 등 원칙에 따라 무료 수영서비스를 제공하고 있다. 여기서 '부모 동반'이라는 원칙이 눈길을 끈다. 물론 수영장 내 안전관리 요원이 상주하고 있지만 미성년에 대한 책임감독을 정부와 학부모가 공동 분담함으로써 안전사고에 대한 관리를 강화하고 상호 부담을 줄인 것이라는 생각이 든다.

이 밖에도 정부에서는 물놀이 안전에 관한 홍보 및 교육을 실시하고 있다. 롱산구(龙山社区)의 경우 여름철이면 청소년들의 익수사고 예방을 위한 안전지식 홍보활동을 진행하는데 지역주민과 학부모들을 대상으로 수영에 관한 상식, 수영 시 주의사항, 수영 중 발생할 긴급 상황에 대한 대처방안, 익수사고 시 구조방법 등 기본적인 안전지식을 설명한다.

## 4. 개선방향

　중국의 생존수영 교육은 아직 초보적인 단계에 있기 때문에 앞으로 개선해가야 할 많은 과제를 안고 있다. 우리가 앞으로 생존수영 교육 발전을 위해 나아가야 할 방향과도 많은 공통점을 갖고 있다.

　첫째, 청소년 생존수영 교육의 중요성을 인식할 필요가 있다. 생존 교육 과정에서 교사들은 학생들에게 구조방법을 체계적으로 설명함과 동시에 생명존중에 대한 의식을 강화시켜야 한다. 이는 학생들이 익수 사고를 당할 경우 정확한 방법과 조치를 통해 생명력을 높일 수 있도록 하기 위함이다. 이 때문에 생존수영 교육에서 생존교육과 관련한 내용을 다루어 학생들에게 자아보호의식을 증강하도록 해야 한다.

　둘째, 재정적 지원이 확보되어야 한다. 수영장은 수영교육을 위한 가장 기본적인 조건이다. 국가의 재정적 지원 없이는 학교 내 수영장 건설은 어려운 일이다. 현재 중국의 대부분 학교가 수영장 건설을 위한 장소와 자금이 부족한 상태이다. 물론 기본적인 교육시설도 갖추지 못한 많은 중국의 농촌 학교에 대해 이러한 요구를 한다는 것은 어불 성설일 것이다. 지역적 위치와 현실적 여건을 고려하여 익수사고 위험이 높은 해안지역 학교를 중심으로 수영장 시설을 점차 늘려나가는 것이 바람직할 것이다.

　셋째, 수영교육을 담당할 전문교사 양성이 중요하다. 중국의 경우 수영교육 보급에 있어 이를 담당할 교사진 부족이 큰 걸림돌이 되고 있다. 수영은 비교적 위험한 운동종목이기 때문에 만약 학교에서 자격을 갖춘 교사를 적절히 배치하지 않는다면 안전사고로 이어질 수 있다. 현재 중국에서 수영교육을 담당하고 있는 많은 교사들이 전문성이 떨어지거나 엄격한 수영교과 연수를 거치지 않은 경우가 태반이다. 이로 인해 수영수업의 질이 떨어지고 학생들이 수영기술을 제대로 익히지 못해 결국 익사사고의 원인이 되고 있는 것이다. 이에 국가 차원의 수영교사 양성을 통해 자격을 갖춘 수영교사를 학교에 적절히 배치할 필요가 있다.

넷째, 수영기술에 대한 지도뿐 아니라 안전교육도 병행해야 한다. 중국 학교에서 안전교육을 실시하고는 있지만 사실상 교육시간이 매우 짧다. 이 때문에 학생들의 안전의식은 매우 미약하고, 자아보호 능력이 떨어지다 보니 학생들은 위험에 처했을 때 적절하게 자신을 구조하기 어렵다. 아무리 수영기술이 뛰어난 사람이라도 안전의식이 취약할 경우 위험한 상황에 처할 가능성이 더 높아지기 마련이다. 생존수영 기술이 위험에 처했을 때 자신을 구하기 위한 것이라면 우선적으로 위험에 처하지 않기 위해 노력하는 것이 안전의식이다. 이에 안전의식에 대한 교육은 수영기술 교육과 동시에 매우 필요하다고 하겠다.

참고
문헌

丛宁丽(2005).议游泳的快乐教学-以生存游泳教学为例.游泳, 11-13.

刘美秀·于文谦(2014).日本小学游泳教育对我国小学体育课的启示.浙江体育科学, 3,67-70.

陈春艳(2015).从生存教育视角看小学游泳教育.新课程(上旬) ,9, 5.

张明飞·林少琴·程燕 等(2004).福建省大中小学生参加游泳活动现状及对策研究.体育科学, 8, 56-59.

崔大林(2002).依法加强游泳场所管理 促进体育事业发展.游泳, 5, 7-9.

王红·WANG Hong(2006).我国经济发达地区学生游泳情况研究: 以浙江省为例.北京体育大学学报, 9, 1248-1250.

陈立新·张明飞(2010).厦门市小学游泳教育的现状及对策研究.体育科学研究, 1, 129-132.

于贺(2006).中小学游泳课教学模式初探.游泳季刊, 2, 37-39.

刘芳玲（２０１７.０８.０７）.龙山社区开展防溺水安全教育知识宣传. http://www.sohu.com/a/162901240_771981 에서 2017.11.13. 인출.

玩翻天遛娃宝典(2017.06.24). 40个定点免费游泳场馆！2017暑假武汉中小学生不花钱入园！. http://www.cclycs.com/z152952.html에서 2017.11.15. 인출

# 중국의 금융문해 교육

현대사회에서 금융지식은 기본적인 생활 기능이 되고 있다. 학생들에게 금융지식과 기능을 함양시키는 것은 초중등학교 교양교육의 중요한 내용이라 할 수 있다. 최근 중국의 금융소비 행위를 보면 온라인 금융과 모바일 금융이 보편화되면서 초중등학생들 또한 스마트폰을 사용한 지불과 거래를 자주 이용하고 있다. 고등학생의 경우 은행카드를 보유한 경우도 많고 인터넷 뱅킹을 통해 직접 결제를 하기도 한다. 이러한 상황에서 조기 금융교육을 통해 학생들에게 금융지식과 기능을 함양시키고 바람직한 경제 습관을 길러주는 것은 중요한 일이다.

## 1. 중국의 금융문해 교육 관련 동향 및 정책

　초중등교육 단계는 재정재무에 대한 의식과 습관을 길러주는 가장 적기라 할 수 있다. 대부분의 학생들은 중고등학교를 졸업한 이후 금융에 대해 체계적으로 교육받을 기회를 갖기 어렵다. 현재 중국에서는 온라인 금융이 빠르게 발달하면서 많은 가정에서 새로운 금융환경에 대한 적응이 자녀에 뒤처지는 경우가 늘어나고 있다. 중국 인민은행에서 발표한 '소비자 금융소양 조사보고'(2015년)에 따르면 중국 성인 소비자의 금융지식과 기능은 상대적으로 저축과 은행카드 등 전통적인 금융방식에 치우쳐 있는 것으로 나타나고 있다. 청소년의 금융행위 교육에 대한 주요 책임을 맡고 있는 학부모들은 성장과정에서 금융시장과 금융방식에 대한 이해 교육이 취약하였기 때문에 가정에서 자녀의 금융교육을 담당하기에는 어려움이 따른다. 이처럼 금융시장 개방과 금융수단의 혁신, 가정의 금융교육 한계 등 요소는 학교가 금융문해 교육(金融理財教育)(이하 '금융교육')을 담당해줄 것을 요구하고 있다.

　중국에서 전통적으로 금융교육의 대상은 성인 금융소비자였다. 교육과정은 주로 소비현장이나 이와 관련된 환경에서 진행되는 것이 일반적이었다. 청소년의 금융교육은 주로 가정에서 책임지는 것으로 인식되었다. 청소년의 금융 소비활동이 주로 가정생활 속에서 발생하기 때문이다. 하지만 중국에서 최근 이러한 인식이 크게 변화되고 있다. 청소년에 대한 금융교육, 특히 초중등학생들에 대한 금융교육은 금융계와 교육계의 주요 관심사가 되고 있다. 중국 국무원은 2015년 11월 4일 「금융 소비자 권익 보호업무 강화에 관한 지도의견(關於加強金

融消費者權益保護工作的指導意見)」을 발표하였는데, 이 문건에서 "금융지식 보급교육을 국민교육 체계에 포함시켜 국민의 금융 소양을 높여야한다"는 목표를 제시하였다.

## 2. 중국의 금융문해 교육 현황

　2008년 국제금융위기가 발생하면서 많은 국가들이 국민 금융문해 교육에 대해 관심을 가지기 시작하였다. 중국은 최근 베이징, 상하이 등 일부 도시를 중심으로 관리감독기관, 금융기관, 교육기관이 공동으로 학교에서 금융교육을 진행하고 있다.

　상하이의 경우, 2011년 푸동(浦東)지역 116개 초중등 학교에서 금융과목(金融理財課程)을 개설하였다. 교과서 편찬 및 교육과정 실시과정에서 현지 금융 주요부처의 지원을 받았다. 2012년 상하이시 고등학생들이 PISA 금융재무시험에 참가하였는데 이는 금융교육 발전의 촉진제가 되었다. 베이징에서도 2014년 '고등학교 경제학'을 지역 교육과정에 포함시켰다.

　2016년에는 베이징시 차오양구(朝陽區) 12개 초등학교에서 금융재무연합과정을 개설하고 금융 관련 동아리(童趣理財)를 운영하기도 하였다. 광동시는 2015년 「광조우시 초중등학교 금융재무지식교육 과정방안(廣州市中小學金融理財知識教育的課程方案)」(이하 '방안')을 제정하고 36개 초중등학교를 대상으로 '금융재테크지식교육 지역과정(金融理財知識教育地方课程)'을 개설하였다. 이 과정에는 부(財富)교육, 재테크 교육 등이 포함되는데 이는 학생들이 금전, 부, 비용, 효익, 저축, 투자 등에 대한 올바른 개념을 인식하도록 하여 경제사회에서의 생존능력을 높이기 위한 것이다. 「방안」에 따르면 이 과정은 금융증권에 대한 기초지식 학습을 핵심내용으로 하고 있다. 예를 들어 각종 재테크 상품에 대해 알고, 어떻게 증권사에 계좌를 개설하며, 주식 선물 거래를 어떻게 하고, 소프트웨어를 이용한 모의 주식

매매를 해보며, 손익 원인을 분석하는 등의 내용을 포함하고 있다.

포산시(佛山市)도 2016년 「포산시 초중등학교 금융지식 특별교육과정 요강(佛山市中小學金融知識專題教育課程綱要)」을 발표하고 금융교육을 실시해오고 있다.

산시성(山西)의 경우 린펀시(臨汾)를 시범단위로 지정하여 금융교육 활동을 추진해나가고 있다. 린펀시는 5만 여명의 초등학생을 대상으로 도덕교과를 통해 실질적이고 단계적으로 금융교육을 진행하고 산시성 전체에 린펀시의 성공적인 경험을 소개하고 있다. 이 밖에도 많은 지역 학교에서 자체적으로 금융관련 교육과정을 개설하고 있다.

금융교육과정은 대체로 도덕교육(德育教育) 또는 수학교육과 결합하여 진행되고 있는데, 국가교육과정에 포함된 금융교육 관련 내용을 살펴보면 다음과 같다. '도덕과 사회(品德與社會)' 4학년 교과서(상)에는 1/3이 상점소개, 소비에 대한 학습 등으로 채워져 있다. 교과서에 나온 주제들을 보면, 합리적 소비 등 일상적인 소비행위부터 가계부 작성, 상품 선택과 구매의 기본 절차와 과정 등이 포함된다. 학생들은 금융에 대한 지식을 배움과 동시에 생활 속에서 이를 직접 체험하고 금융능력을 함양하게 된다. 고등학교 정치사상 과목에도 생활과 소비, 투자와 창업, 수입과 분배 등 금융과 관련한 내용들이 포함되어 있다.

이렇게 금융교육과정을 개설하는 것에 대해 어떤 학생들은 과목이 하나 더 생기면 공부량과 시험만 늘어난다고 부정적으로 보는가 하면, 또 어떤 학생들은 학교에서 다양한 과목을 개설해주어 과목 선택의 폭이 넓어지고 미래사회에 대비한 지식을 미리 학습할 수 있어 좋다는 의견을 제시하기도 한다.

아직 시범실시 단계에 있는 중국의 금융교육은 주로 교과서 및 교육과정을 통해 이루어지고 있지만, 일부 지역에서는 교육기관과 금융감독기관 또는 사회조직 간 협력을 통해 금융교육을 보급하기도 한다. 예를 들어 2013년 중국 인민대학과 은행감독위원회 공중교육 서비스 센터는 은행업무 금융지식교육 협력 양해각서를 체결하고 대학생들에게 '은행업무 금융지식 특별 강의'를 제공하고 있다. 상하이시는 2014년부터 상하이 은행감독국과 상하이시 학생 덕육 발전센터, 상하이교육신문사, 동아시아 은행(중국) 유한회사와 공동으로 '상하이시 초중등학생 금융교육 캠퍼스행(上海市中学生金融教育校园行)' 활동을 개최하고 있다. 이 행사는 금융지식과 관련한 주제를 바탕으로 토론 형식으로 진행된다.

다른 금융기관에서도 청소년 및 소비자의 금융교육을 위한 노력을 기울이고 있다. 2012년 중국인민은행에서 〈초중등학생 금융지식 보급총서〉, 〈금융지식 보급독본〉을 편찬하여 배포하였고, 2014년에는 은행감독위원회에서 〈은행업 금융지식독본〉(아동편, 청년편)을 편찬하고, 다양한 주제의 금융지식 교육을 위한 홍보만화를 제작하기도 하였다. 2016년부터 중국인민은행은 외국의 선진 경험을 적극적으로 받아들여 금융교육을 국민교육체계에 포함시킬 수 있는 방안을 연구해오고 있다.

중국은 이러한 노력에도 불구하고 다른 국가와 비교할 때 금융문해교육 실시 학교 수가 아직 적고 사회적 관심이 낮아 기대한 효과를 거두지는 못하고 있다.

## 3. 시사점

중국에서 기초교육 단계의 금융교육은 아직 초기 형성단계에 있다. 우리나라의 금융문해 교육 상황도 이와 크게 다르지 않다. 이에 중국 금융교육의 문제점과 개선방향으로부터 우리나라에 대한 시사점을 다음과 같이 생각해볼 수 있다.

첫째, 학교 차원의 금융교육과정을 개발하도록 장려할 필요가 있다. 교육부문에서 금융교육을 위한 전문성을 지닌 교사진은 매우 부족한 상황이다. 금융교육과정을 단일 과정으로 개설할 수도 있지만 다른 교과와 함께 융합과정으로 개설할 수도 있다. 융합과정이란 금융·재무교육의 일부 내용과 다른 교과목을 결합시키는 방식이다. 예를 들어 금융계산능력 함양을 위해 수학과목과 연계하거나, 도덕(윤리) 교과와 경제 교과의 내용을 융합하여 금융윤리에 대해 지도할 수도 있다. 이처럼 다양한 교과에서 금융과 관련한 내용을 공동으로 지도할 수 있을 것이다. 이 때문에 금융과목 담당 교사 외에도 모든 교과의 교사에게 기본적인 금융지식과 금융교육 능력을 함양시킬 필요가 있다.

둘째, 금융기관과 교육기관이 함께 참여하도록 해야 한다. 상하이, 베이징, 광동의 금융교육과정이 비교적 성공을 거둘 수 있었던 것은 많은 부분 교육계와 금융계가 협력하고 지역에 맞는 교육과정을 공동으로 설계했기 때문이다. 우리나라의 초중등학교에서도 정기적으로 금융교육활동을 개최하고 이러한 활동에 금융기관과 사회 구성원들이 함께 참여하도록 해야 한다. 특히 기업인들의 참여는 금융교육을 성공적으로 이끄는 중요한 요소이기 때문에 기업과 연계한 금융교육 프로그램을 만드는 것도 도움이 될 것이다.

셋째, 금융교육 활동내용을 학생생활기록부에 기재하는 것도 하나의 방법이 될 수 있다. 금융 소양에 대한 구체적인 졸업요건을 정하고 대학 진학의 근거가 되도록 한다면 교사와 학생들이 이를 더욱 중요하게 여기게 될 것이다. 또한 조건이 되는 학교에 대해서는 금융과목을 선택과목으로 포함시키는 것도 좋은 방안이 될 수 있다.

참고
문헌

孫忠(2016). 提高國民金融素養,中小學何爲. 人民教育, 22, 58-60.

佚名(2015). 中小學開設理財課. 中學生天地(A版), 12, 5.

楊黎霞(2015.5.26)北京市中小學經濟與金融理財教育課程建設與實施現狀.
　　　http://blog.sina.com.cn/s/blog_6fc3834b0102vxkt.html에서 2018. 9.
　　　15 　인출金融時報(2017.9.13).劉國強：建立國民金融知識教育普及體
　　　系. http://money.163.com/17/0913/08/CU6UIBP2002580S6.html에서
　　　2018. 9. 13. 인출

上海教育新聞网(n.d.).上海市中学生金融教育校园行.
　　　http://www.shedunews.com/2017jrjyxyx.html에서 2018.10.1.인출

中国商报(2015.9.1).中小学金融理财教育.
　　　http://money.hexun.com/2015-09-01/178777281.html에서
　　　2018.10.2. 인출

# 중국의 초중등 진로교육

진로교육은 인적자원 강국 실현의 중요한 일환이자, 행복한 인생을 살아가기 위한 전제조건이기도 하다. 진로교육은 학생들이 실제 업무 세계를 이해하고 자신의 가능성과 진로를 모색할 수 있게 하여 합리적인 직업 선택과 진로계획 및 준비를 돕는 종합적인 교육프로그램이라 할 수 있다. 입시교육이 여전히 우선순위에 있는 중국에서는 진로교육을 교육과정에 정식으로 편입시키지는 못하고 있다. 하지만 최근 진로교육에 대한 중요성을 인식하고 교육과정이 아닌 소양교육의 형식으로 학생들에게 진로와 직업선택에 대한 인식을 심어주려는 노력이 확대되는 등 긍정적인 변화가 나타나고 있다.

## 1. 초중등 진로교육에 대한 논의

진로설계 및 직업선택은 모든 학생들이 직면하고 해결해야 하는 문제이자 사회적 문제이기도 하다. 진로선택을 어떻게 하느냐는 개인의 일생과 발전에 모두 중요한 영향을 미치게 된다. 이 때문에 모든 초중등 학생들에게 있어 진로교육은 매우 중요하며 전 생애주기에서의 발전을 고려한 연계적인 진로교육이 되도록 설계될 필요가 있다(凡作, 1994).

중국에서는 진로교육을 직업생애교육(职业生涯教育) 또는 생애교육이라 하는데, 이는 모든 교과, 수업 및 상담 지도가 개인의 장래 경제활동, 자아실현 및 행복한 직업생활을 위한 준비임을 강조하는 것이다. 직업생애교육의 기본 목표는 학생들이 자아를 탐구하고, 자아를 발견하는 것에서부터 자기 계발에 이르기까지 자아를 실현하고 끊임없이 자기를 초월할 수 있도록 돕는 것이다. 이를 위해 직업생애교육에서는 학교의 어떠한 활동도 학생들의 미래 직업 발전과 밀접하게 연관되어야 한다고 강조하고 있다. 교사들은 각 교과가 학생의 개인적인 삶의 발전에 어떻게 기여할 수 있는지를 알게 하고, 학생들의 잠재력 및 사회적 자원의 활용능력, 생애계획 및 평생학습능력을 향상시키며, 사회변화에 더 잘 적응할 수 있게 하여, 행복한 삶을 영위하도록 도울 의무가 있다는 것이다. 이 때문에 직업생애교육은 자아인식 교육, 생애감각 교육, 생애계획 교육, 그리고 생명교육까지 포함하고 있다(张小红, 2010).

중국에는 중고등학교 졸업 후 취업하는 경우가 많고, 특히 경제적으로 낙후된 지역의 경우 초등학교 졸업 후 바로 취업하는 경우도 적지 않다. 그럼에도 중국의 초중등 진로교육은 다른 선진국에 비해 비교적 늦게 시작되었다. 2010년까지만 해도 대학생을 대상으로 한 생애교육이 주를 이루고 있었고 초중등 학생의 생애교육에 대해서는 연구조차 거의 진행되지 않았다(张小红, 2010). 대학생의 직업교육이 실시됨에 따라 2015년 허베이(河北) 스자좡(石家庄)에서 전국 최초로 중고등학생을 위한 '직업생애계획교육'을 실시하였고, 일부 지방정부, 교육 전문가들도 점차 중고등학생을 위한 직업생애교육에 관심을 갖기 시작하였다. 그러나 아직은 실험과 탐색 단계에 있다. 중국 대다수 중고등학교는 직업생애교육을 담당할 교원이 부족하거나 교육내용체계가 부실하고, 직업생애교육을 아예 실시하지 않는 학교도 있다(刘丽, 2015).

한 조사에 따르면 중국 대학생의 70%가 현재 자신의 전공에 만족하지 않고, 새 전공을 선택하기를 희망하는 것으로 나타났다. 일부 대학생들은 몇 년째 자신이 원하는 전공이 무엇인지 찾지 못하고, 취업 후에도 자신에게 맞는 직장을 찾아 옮겨 다니는 것으로 나타났다. 교육 전문가들은 이에 대해 초중등 단계에서 직업생애교육, 생애계획교육을 제대로 받지 못했기 때문이라고 설명한다. 현 중국교육과정체계에는 진정한 의미의 직업생애교육이 포함되어 있지 않다. 중국에서 직업생애교육은 여전히 직업 안내 정도로 이해되고 있고, 학부모에 일임하거나 취업 지도로 대체되는 경우도 많다. 일부 대도시에서는 학교 교육과정에 직업생애교육을 도입한 경우도 생기고 있지만, 대부분 지역에서는 여전히 직업생애교육이 중요하다고 인식하거나 실제로 실시하고 있는 학교가 드물다. 또한 열심히 공부해서 좋은 대학에 들어가는 것만이 많은 중국 학생들의 목표가 되다 보니 일단 대학입학시험이 끝나고 전공을 선택해야 하는 순간에 막연하게 느끼는 경우가 많다.

학생들은 어떤 전공을 선택해야 할지, 어떻게 자신의 앞날을 설계해야 할지 잘 모르는 것이다. 이에 대해 중국 교육계 뿐 아니라 사회 여러 분야에서 걱정의 목소리가 커지고 있다 (贾永红, 2016).

## 2. 초중등 진로교육 관련 정책


　최근 중국에서 직업교육에 대한 중요성이 조금씩 커지면서 지역마다 이와 관련한 정책문건들을 발표하고 있다. 장시(江西)성은 2014년 6월 「현대 직업교육의 가속화에 관한 국무원 결정(国务院关于加快发展现代职业教育的决定)」(이하 　'결정')을　발표하였다. 「결정」에서는 2020년까지 직업교육과 일반교육 간 상호 네트워크를 형성하도록 요구하였다. 같은 해 9월 장시성 인민정부는 「현대 직업교육 가속화에 관한 실시방안(江西省人民政府关于加快发展现代职业教育的实施)」을 발표하고, 직업교육과 기초교육 간 연계할 것, 초중고 학생을 대상으로 각각 근로생활 체험과 인지 과정, 직업인지와 근로생활기능과정, 직업생애계획과 직업기술과정 등 과정을 개설할 것 등을 명시하였다. 이는 초중고 학생들이 올바른 직업관을 갖고 진로 및 직업을 선택할 수 있도록 유도하기 위한 것이다. 2018년에는 장시성이 대학수학능력시험(高考, 까오카오) 개혁을 전면적으로 추진하였는데, 여기에 직업의식과 직업기능 함양을 포함하도록 하였다(赵雲・黃勇明, 2018).

　중국에서 진로교육의 시작은 비교적 늦고 발전은 더디지만 최근 직업계획 및 생애교육에 대한 중요성이 점차 강조되고 있다. 「국가 중장기　교육개혁　및　발전계획요강(2010~2020)(国家中长期教育改革和发展规划纲要)」에서는 "학생발전지도제도를　수립하여,　학생의 이상・심리・학업 등에 대한 지도를 강화해야 한다"고 명시하였다. 이는 학교의 수업과 관리라는 두 가지 기본 기능 외에 '학생발전'이라는 진로와 관련한 기능을 강조하고 있다는 점에서 의의가 있다.

저장성(浙江省)과 상하이시(上海) 등 지역의 교육위원회에서도 생애교육 강화와 관련한 문건들을 잇따라 발표하였다. 상하이시 교육위원회는 2012년 「상하이시 학생직업(생애) 발전교육 12.5 행동계획(上海市学生职业(生涯)发展教育"十二五"行动计划)」(이하 '행동계획')을 발표했는데, 「행동계획」에서는 학생들의 직업 계획과 생애교육을 교육일정에 포함시킬 것을 요구하고, 학교는 직업계획과 생애교육을 담당할 교사를 반드시 갖추어야 한다고 명시하였다(向阳生涯, 2018-09-03).

## 3. 초중등 진로교육 운영사례

### 1) 장시성(江西省) 난창시(南昌市)

장시성에서는 초중등학교에 '종합실천활동과정'을 개설하여 직업교육을 실시하고 있다. 장시성 일부 학교에서는 특별 수업을 개설하였는데, 예를 들면 난창(南昌)대학 부속 초등학교의 '해피 텃밭(开心菜园)' 과정이 있다. 이 과정에서는 채소재배를 가르치거나, 체험수업을 통해 학생들에게 노동의식을 함양시키고 농민의 노고와 재배과정을 더 잘 이해하도록 돕는다. 또 중학생의 직업생애교육을 심층적이고 체계적으로 지도하기 위해 난창(南昌)일중과 레이스(雷士)교육그룹 삼중은 관련 전문가를 초빙하여 학생들을 위한 특별 강좌를 열기도 하였다. 2015년 장시교육미디어그룹 청소년 생애발전연구센터는 난창시에서 '중고생 생애과정설계 및 교사 양성 워크숍'을 개최하였고, 난창시에서도 2017년 4월 26일~28일 제1회 중학교 생애계획 교원연수를 실시하기도 하였다. 연수 기간은 짧았지만 장시성이 기초교육 단계에서 교사를 대상으로 직업생애교육 연수를 추진함으로써 전문적인 직업생애교육 교사를 양성하고자 하였다는 점에서 의의가 있다(赵雲·黃勇明, 2018).

### 2) 푸젠성(福建省) 샤먼시(厦门市)

샤먼시 교육국은 조사 결과 고등학생의 진로선택 어려움, 대학생의 전공 선택 불만족이 뚜렷해지자 「통지」를 발표하고 각 초중등학교에서 적극적으로 직업생애교육 특별과정을 운영하고 각 교과교육에 직업생애교육이 스며들게 할 것을 요구하였다. 「통지」에서는 의무교육 단계 학교에 대해 직업생애교육을 학급활동, 심리교육 등 과정에 포함시키고, '종합실천활동', '지역 및 학교과정' 시간을 이용해 직업생애교육 활동을 조직하여, 학년마다 12시간씩 이수할 것을 요구하였다. 그중 초등학교는 매 학기 최소 1시간씩 하고, 매 학년 '노동기술훈련' 2과목을 학생들이 선택하도록 요구하였다. 중학교는 매 학기 최소 4시간의 직업체험교육과 직업탐색교육을 하고, 매 학년 최소 4과목의 노동기술훈련을 선택하도록 하였다. 일반 고등학교의 직업생애교육은 '연구 학습활동' 및 '사회실천' 과정에서 1학점씩 필수과목으로 이수하도록 하고, 심리건강과목과 연계하도록 하였다. 또한 직업생애계획 교육 및 지도를 실시하도록 하고, 직업기능 훈련 강화를 위해 일반기술과목에서 2~3개를 선택 모듈로 정하도록 하였다(厦门广电网, 2016.6.6).

샤먼시 직업생애교육에는 개인능력과 흥미 분석뿐 아니라 직업에 대한 심층 이해, 그리고 직무 부합도 분석이 포함되어 있다. 현재 샤먼시 일부 학교에서 시범적으로 '직업체험교육'도 실시하고 있다. 예를 들어 얜우(演武) 초등학교에서는 학생들의 실천능력 및 사회기능을 향상시키기 위해 2015년 가을학기부터 학교 주변 기관과 협력하여 주말에 직업체험활동을 실시해오고 있다. 4학년부터 6학년 학생을 대상으로 교사의 인솔 하에 다양한 직업에서의 역할을 체험할 수 있는 기회를 제공하고 있다. 잉차이(英才) 학교에서도 국제부 학생을 대상으로 직업생애계획지도를 시작하여 전교생으로 확대하였다. 이 학교 까오송(高松) 중등부 교장은 "학생들이 자신의 미래에 대해 잘 이해할수록 이를 실현하기 위해 더 노력하게 되기 때문에 고1부터 이러한 지도가 필요하다. 고2가 되면 학생들은 좀 더 구체적인 계획을 수립할 수 있고 직업체험을 통해 자신의 미래 직업에 대해 확신하고 전공을 선택할 수 있으며 이를 바탕으로 선택과목을 정할 수 있다"고 설명하였다. 까오 교장은 "현재 새 대학입시에서 문ㆍ이과 분리를 취소한 만큼 학생들의 과목선택은 대학 전공선택과 반드시 연관되어야 하고, 앞으로 학생들이 자신의 적성과 특기에 따라 진로를 선택하는 것이 더욱 중요해질 것이다"고 덧붙였다(廈門广电网, 2016.6.6). 현재 중국 새 대입제도에서는 '3+3' 형식을 채택하고 있는데, 앞의 '3'은 국ㆍ영ㆍ수 필수과목을 의미하고, 뒤의 '3'은 대학 학과에 따라 요구되는 3개의 선택과목을 의미한다.

샤먼시 교육부처에서는 조건이 되는 일반 고등학교가 운영환경 및 교수진 역량이 뛰어난 직업대학과 협력하여 직업기술(기능) 과정을 개설하고 학생들에게 기초 기능과 직업소양을 함양시킬 것을 장려하고 있다. 대표적인 사례로 샤먼정보학교(廈門信息学校)와 일반 고등학교 간의 협력프로그램을 꼽을 수 있다. 양교는 각자가 가진 우수한 교육자원을 이용하는데, 예를 들면 일반 고등학교에서는 샤먼정보학교에 국ㆍ영ㆍ수 등 일반과목의 수업을 지원하고, 샤먼정보학교에서는 일반 고등학교에 기술영역 및 과학기술분야 등 선택과목의 수업 및 과학기술실천활동을 위한 실습환경과 기술지도를 제공한다. 샤먼정보학교는 '직업생애계획' 과목을 개설하고, 10명의 교사들이 국가직업지도사 자격증을 취득하게 하여 학생들의 직업계획을 지도하고 있다. 이 과목에서는 학생들이 좀 더 일찍 직업세계와 미래 변화 등을 이해하도록 지도하고 있다. 특히 주목할 점은 학생들에게 직업목표를 수립하게 하거나 인생목표를 수립하도록 함으로써 자신의 꿈을 실현해나가는데 중요한 작용을 한다는 것이다. 이러한 성공적인 협력 사례를 바탕으로 교사들은 일반 초중고와 직업학교의 협력이 앞으로 직업생애교육의 발전방향이 될 것이라고 말한다. 샤먼정보학교 천샤오팡(陈少芳) 교사에 따르면 일반 고등학교 학생들이 샤먼정보학교를 방문해 전공설치에 대해 이해할 수 있고 실습실을 참관하며 설비와 시설에 대해서도 배우게 된다고 하였다. 이를 통해 학생들은 전공선택에 도움을 받을 수 있다. 반면 초등학교에서는 '사회실천', '교본과정'에 관련 내용을 다루는 것 외에 직업생애교육과정을 별도로 개설하고 있는 경우는 아직 별로 없다(厦门广电网, 2016.6.6).

## 4. 특징과 시사점

중국의 초중등 교육은 여전히 지식 학습위주로 이루어지고 있다. 진로교육과정을 별도로 개설하기보다 소양교육의 일환으로 강조하다 보니 초중등 단계에서의 진로교육에 대한 정책적 지원은 아직 미흡한 편이다(周文清, 2017). 최근에는 중국 교육계가 이러한 현실을 직시하고 초중등 단계의 진로교육이 강화되도록 교사진 양성 및 교육과정 개선에 초점을 두어 연구가 이루어지고 있는데, 앞으로도 다음과 같은 부분에서 진로교육이 지속적으로 개선되어야 할 것이다.

첫째, 진로교육을 위한 교사진을 강화해야 한다. 교사는 학생들이 진로교육을 받을 수 있는 가장 직접적이고 중요한 루트이며, 학생들의 직업설계에 미치는 영향이 매우 크다. 일선 교사들의 직업생애 의식을 강화하고, 교사들이 평상시 교육 업무에서 각종 기회를 이용하여 다양한 형태의 진로교육을 실시할 수 있도록 해야 한다. 장시성 난창시의 경우 직업생애교육을 담당할 교원양성을 위해 단기과정 연수를 실시하기도 하였다. 하지만 전문적인 진로교육 담당 교원의 양성을 위한 노력은 아직 많이 미흡한 편이다. 진로교육을 실시하기 위해서는 이를 담당할 교원의 양성과 배치가 우선이라 할 수 있다. 전문적인 교원 양성이 제대로 이루어지지 못하고 있는 것은 우리도 크게 다르지 않다. 대학 전공과정이나 교원 연수과정 등 다양한 육성 루트를 통해 진로교육을 담당할 교원 확보에 주력할 필요가 있다.

둘째, 효과적인 진로교육 과목을 개설해야 한다. 의미 있고 효율적인 진로지도 교육이 이루어지기 위해서는 과학적이고, 체계적이며, 타당성을 갖춘 커리큘럼을 설치해야 한다. 이를 통해 진로직업 선택 및 계획을 위한 이론적 지식, 전략과 방법 등을 체계적으로 전수할 수 있다. 이를테면 '중고생 커리어 비전'과 같은 과목을 개설하여 학생들에게 자신의 커리어 비전을 위한 기초 지식, 기본 이론을 소개하고, 커리어 발전 의식과 능력을 길러주는 것이다. 또한 '내가 좋아하는 직업'과 같은 과목을 개설하여 직업에 대한 지식을 넓히도록 할 수 있을 것이다.

셋째, 학교, 사회 등 다자간 역량을 활용해 다양한 직업생애교육을 개발하도록 한다. 기업과 사회에서 초중등 학생의 진로직업교육을 지원하고 직업체험을 위한 플랫폼을 적극적으로 제공하도록 한다. 학교 자원만으로는 학생들에게 직업체험 기회를 제공하는 데에 한계가 있다. 다양한 교육방식으로 학생들의 진로결정과 직업선택의 수동적 자세를 전환하도록 하여 장래의 내가 무엇을 하기에 적합한지, 오늘의 내가 무엇을 해야 하는지를 확실히 알 수 있도록 도와주어야 한다. 이를 위해 직업체험이 가능한 사회적 공간을 충분히 활용할 수 있어야 한다.

참고
문헌

赵雲·黄勇明(2018). 江西省基础教育阶段开展职业生涯教育存在的问题与建议. 文教资料, 3, 166-167.

张小红(2010). 我国职业生涯教育：现状及归因. 景德镇高专学报, 25(1), 81-82.

倪幸安(2014). 中小学生涯教育课程方案研究. 上海师范大学 硕士学位论文.

凡作(1994). 关于在我国普通中小学教育中引入职业教育的几个问题. 教育与经济, 2, 51-55.

周文清(2017). 国外中小学引入职业教育的经验及启示. 职业技术教育, 75-79.

刘莎莎(2009). 重庆初中生职业生涯教育现存问题及对策研究. 西南大学 硕士学位论文.

刘丽(2015). 郑州市初中生职业生涯教育现状研究. 郑州大学 硕士学位论文.

贾永红(2016). 对中学生开展职业生涯教育的几点思考. 河南教育(职成教版), 3, 50-51.

厦门广电网(2016.6.6). 中小学如何开展职业生涯教育？.
http://tv.xmtv.cn/2016/06/06/VIDEwC1tTulIQrnnNVqp81zO160606.shtml에서 2019.4.18. 인출

到底是什么？.
https://m.xycareer.com/knowledge/4709.html?id=36200&id=36200에서 2019.4.18. 인출

向阳生涯(2018.9.3). 央视开学第一课道歉刷屏, 真正该教给孩子的"第一课" 贾永红.
https://m.xycareer.com/knowledge/4709.html?id=36200&id=36200에서 2019.4.18. 인출

# 중국의 중등직업교육 현황

경제사회 구조의 전환은 교육개혁의 동력이 된다. 중국은 현재 계획경제에서 시장경제로의 전환, 그리고 농업사회에서 산업사회, 포스트 산업사회, 정보화 사회로의 전환단계를 거쳐 제4차 산업혁명의 진입을 앞두고 이를 위한 교육개혁이 진행 중이다(万恒, 2009). 특히 중등직업교육은 새로운 사회가 필요로 하는 창조적이고 융복합적인 인재를 양성하기 위한 방향으로 나아가고 있다. 이 글에서는 중국의 중등직업교육의 발전 모습과 제4차 산업혁명을 대비한 인재양성이 어떻게 변화해가고 있는지 살펴보고자 한다.

# 1. 중국 중등직업교육의 발전단계

중국에서 중등직업교육은 직업기술교육의 한 부분으로 중등전문학교, 기능학교, 직공중등전문학교, 직업기술학교 등으로 나누어진다. 주로 중학교 졸업생 또는 이와 동등한 학력을 지닌 자, 고등학교 졸업생을 대상으로 한다. 학제는 일반적으로 3년이나 고등학교 졸업생을 모집할 경우 주로 2~3년을 기본으로 한다. 중등직업교육은 고등학교 교육에 속하며 교육과정은 공통과목과 전공과목으로 구성된다. 공통과목으로는 어문, 수학, 영어, 컴퓨터 응용기초, 체육과 건강, 심리건강, 도덕이 있고, 전공과목으로는 전공기술기능과 전공이론을 학습한다(百度百科, n.d.).

중국의 중등직업교육은 문화대혁명 이후 많은 변화와 발전을 겪어왔는데 구체적으로는 다음과 같다.

## 1) 쾌속 발전단계: 1978년~1998년

중국 중등직업교육은 1967년부터 1976년까지 진행된 문화대혁명으로 인해 거의 10년 동안 정지 상태에 있었다. 문화대혁명이 끝나던 1976년 중등전문학교 및 기공학교의 재학생 수는 91만 명, 일반 고등학교 재학생 수는 1483.6만 명으로 직업교육과 일반교육의 비율이 6.1:93.9에 달했다. 문화대혁명이 일어나기 전인 1965년 그 비율이 47.7:52.3이었던 점을 감안하면 중등직업교육이 문혁 10년 동안 크게 축소되었음을 볼 수 있다. 중국정부는 이러한 중등교육의 단일한 구조가 당시 개혁개방과 함께 국가 경제발전을 추구하던 중국의 사회

발전에 불리하다는 것을 인식하고 일반 고등학교와 중등직업교육 간 비율의 조정에 들어갔다. 1979년 통계에 따르면 그 해 중국 고등학교 졸업생 수가 일반고는 726.5만 명인데 반해 중등직업학교의 졸업생 수는 20.1만 명에 그쳤다. 같은 해 대학 진학률이 3.8%였던 것을 고려하면 96.2%의 수많은 고등학교 졸업생들이 진학도 취업도 제대로 하지 못하였음을 알 수 있다. 이에 1980년 국무원은 「중등교육 구조 개혁에 관한 보고」를 발표하면서 구조개혁을 단행하였고 중등직업교육 재학생 수가 대폭 증가하게 되었다(周凤华, 2018). 〈표 4-1〉에서 볼 수 있듯이 전체 고등학생 수에서 중등직업교육 재학생 수가 차지하는 비율이 1980년 18.9%에서 1990년 45.7%로 10년 사이 2배 이상 증가하였다.

〈표4-1〉1976-1989년 전체 고등학교 재학생 수에서 중등직업교육 재학생 수가 차지하는 비율

| 연도<br>(년) | 76' | 78' | 79' | 80' | 85' | 90' | 95' | 97' | 00' | 05' | 10' | 15' |
|---|---|---|---|---|---|---|---|---|---|---|---|---|
| 백분<br>율<br>(%) | 6.1 | 7.6 | 12.4 | 18.9 | 35.9 | 45.7 | 56.8 | 60.4 | 51.0 | 39.7 | 47.9 | 41.0 |

※ 주1: 고등학교과정의 직업학교에는 중등전문학교(中等专业学校), 기공학교
　　(技工学校) 및 1980년 이후 생겨난 직업고등학교가 있음.
※ 주2: 자료출처: 教育部. 1976~2015年全国教育事业发展统计公报.

1990년대 중국 경제가 초고속 발전단계에 진입하면서 직업교육도 발전기를 맞이하게 되었다. 1991년 중국 국무원은 「직업기술교육의 대대적 발전에 관한 결정(关于大力发展职业技术教育的决定)」(이하 '결정')을 발표하였다. 「결정」에서 중국정부는 국가발전을 위해 직업기술교육이 중요하며 직업교육 발전에 더욱 힘쓸 것을 강조하였다. 이에 1991년 전국 각종 중등직업기술학교 모집학생 수는 전년에

비해 23.7만 명 증가하면서 전체 고등학교 모집학생 수에서 직업기술학교 모집학생 수가 차지하는 비율이 50%를 넘게 되었다. 1993년 각종 중등직업기술학교 수는 16,842곳으로 전년에 비해 280곳 증가하였고 학생 수도 크게 증가하면서 1991년 발표한 「결정」의 목표치를 조기 달성하였다. 「중국교육개혁 및 발전요강」(1993년)에서는 국정에 맞게 직업교육 구조조정을 할 것을 언급하였다. 즉 직업교육을 초등학교 이후, 중학교 이후, 고등학교 이후 세 단계로 분류하고 지역 상황에 맞는 초등직업교육 발전, 중등직업교육의 대대적인 발전, 고등 직업교육 발전을 위한 적극적 탐색을 제안하였다. 이에 따라 중국의 중등직업교육 규모는 90년대 말 최고점에 도달하였다. 1996년 5월에 「직업교육법」이 발표되었고, 이에 직업교육은 중국 교육체제에서 법률적 지위를 차지하게 되었다. 1980년부터 1998년까지 중국 직업 교육학교 수는 0.97만 개에서 2.22만 개로 129% 증가하였고, 이와 함께 중등직업학교 재학생 수와 일반 고등학교 재학생 수의 비율이 60:40에 이르게 되었다(周凤华, 2018).

## 2) 침체 단계: 1999년~2001년

중국의 산업구조 조정과 단계향상, 취업환경 변화, 고등교육 확대로 인한 일반대학 입학률 증가, 직업교육 경시 풍토 등으로 중국의 중등 직업교육은 20년의 쾌속발전 끝에 활강하며 슬럼프 단계에 들어갔다. 3년이라는 짧은 기간 동안 중등직업교육 모집학생 수는 25%나 감소하였고 재학생 수도 21% 줄어들었다(陈颖, 2018).

## 3) 반등 단계: 2002년~2010년

2002년 국무원은 「직업교육의 대대적 개혁 및 발전에 관한 결정 (国务院关于大力推进职业教育改革与发展的决定)」을 발표하였고 직업교육 개혁에 속도를 내기 시작하였다. 직업학교 운영체제, 관리체제, 교수학습 등에 대한 개혁을 심화하면서 직업교육 발전이 다시 발전하기 시작하였다. 2005년 10월에는「직업교육의 대대적 발전에 관한 결정」이 발표되었고 이에 따라 직업교육의 지위가 확고해지게 되었다. 특히 중등직업교육을 경제사회발전의 중요한 기초이자 교육업무의 중점전략으로 삼고 직업교육 발전을 촉진하기 위한 일련의 중대 방안들을 내놓았다. 중등직업교육에 대한 재정지원정책을 실시함에 따라 저소득층 가정의 학생들을 직업교육으로 흡수하면서 직업교육 규모를 확대하게 되었다(陈颖, 2018).

### 4) 재침체 단계: 2011년~2016년

2010년 이후 중국 경제 구조전환 속도가 빨라짐에 따라 중등 직업교육 인재양성의 질은 업계나 기업이 필요로 하는 인재 수요와 차이가 생기기 시작하였다. 중등직업교육의 운영방식 또한 대중이 원하는 다양하고 높은 질의 직업교육에 미치지 못하였다. 중국 정부는 직업교육의 현대화 발전을 더욱 도모하기 위해 2014년 전국 직업교육업무회의를 개최하였다. 같은 해「현대직업교육 발전 가속화에 관한 결정」, 「현대직업교육 체계 건설 계획(2014~2020년)」 등을 발표하였고 이를 실현하기 위한 일련의 부속 문건들이 마련되었다. 이러한 정책적 지원에 힘입어 중등직업교육 취업률이 연속 10년 동안 95% 이상을 유지하고 있다.

하지만 이러한 직업교육 발전 상황과 달리 최근 그 규모는 매년 축소되고 있는 추세이다. 2016년 전국 중등직업학교 수는 10,893개로 2011년의 13,093개에 비해 거의 2,200개나 줄어들었다. 2016년 중등직업학교 재학생 수는 1,599.01만 명으로 2011년과 비교해 606만 명 줄어들었다. 전체 고등학교 재학생 중 중등직업교육 학생이 차지하는 비중은 2011년의 47.07%에서 2016년 40.28%로 6.8% 감소하였다. 동 기간 중등직업학교 교직원 수, 전임 교사 수 또한 지속적으로 감소하였으나 학생 수 감소의 영향으로 전임 교사 비율 및 교사와 학생 비율은 증가세를 나타내고 있다.

중등직업교육을 규모면에서 보면 감소하였으나 중등직업교육에 대한 재정지원이 확대됨으로써 질적인 면에서 조금씩 발전이 이루어지고 있다. 2012년 재정부, 교육부, 국가발전개혁위원회 등 6개 부처는 공동으로 「중등직업교육 학비 면제 정책 범위 확대 국가보조금 제도 개선에 관한 의견(关于扩大中等职业教育免学费政策范围进一步完善国家助学金制度的意见)」(财教[2012]376号)을 발표하고 농촌 및 저소득층 학생부터 우선적으로 학비면제 정책을 실시해오고 있다. 학비면제로 인해 부족해진 학교재정은 정부재정에서 충당함으로써 정상적인 학교운영이 가능하도록 하고 있다. 중국 중등직업학교 재학생의 90% 이상이 저소득층 가정 자녀로 구성되어 있다. 그만큼 중국 정부가 교육평등을 실현하기 위해 저소득층 가정에 학비 지원과 취업연계를 통해 사회불평등을 해소하려고 노력하고 있는 것을 볼 수 있다.

하지만 이러한 노력에도 불구하고 학생 대 교사 비율이나 예산 투입 수준이 일반 고등학교와 비교할 때 격차가 나고 있다. 이는 일반교육에 비해 직업교육에 대한 관심과 자원 투입이 여전히 부족함을 보여준다(周凤华, 2018).

## 2. 중국 중등직업교육의 개혁방향

중국은 새로운 과학기술 혁명 및 산업 변혁과 함께 경제발전 방식 전환과 산업 구도 재편이라는 중대한 역사적 시점에 직면하고 있다. 하지만 현재 중국의 제조업 발전과정에서 다양한 문제점들이 나타나고 있다. 중국정부는 이를 해결하고 제조업의 구조전환을 추진하며, 질적 발전과 핵심경쟁력을 전면적으로 끌어올려 제조 강대국의 전략 목표를 실현하기 위해 2015년 5월 '중국제조 2025' 플랜을 발표하였다. '중국제조 2025'는 중국이 앞으로 10년 후 세계 제조강국이 되고자 하는 행동강령이다(国务院, 2015). 이는 중국판 제4차 산업혁명 대비 계획으로 특수 정책과 제도적 우위를 통해 혁신적인 시도를 하고, 첨단장비 제조업에 의존해 중국 브랜드를 만들어 중국 품질을 제고하고, '제조대국'에서 '제조강국'으로 변신한다는 포부를 담고 있다(李金华, 2015)

'중국제조 2025'에서는 인재에 대해 혁신산업을 위한 창조적인 의식과 능력을 갖출 것, 스마트 제조를 위한 정보화와 공업화의 융합능력을 갖출 것, 녹색환경 제조를 위한 환경 의식과 능력을 갖출 것, 제조업의 지적재산권, 기업브랜드 가치와 품질 향상을 위한 품질과 브랜드 의식을 갖출 것 등을 요구하고 있다(刘炜杰, 2017). 중국의 전통적 제조가 '중국제조 2025'로 전환되면서 직업교육 이수자에 대한 사회의 요구도 달라지고 있는 것이다. 중등직업교육도 이러한 환경변화에 적응하기 위해 교육개혁을 진행해야 한다는 목소리가 나오고 있다. 이에 중국 교육계에서는 앞으로 '중국제조 2025'를 대비하기 위해 중국의 중등직업교육이 다음과 같은 방향으로 변화될 것을 요구하고 있다.

첫째, 중등직업학교의 인재양성 목표 전환을 요구하고 있다. 즉 교육목표 유형을 다양화할 것, 폭넓은 교육유형을 갖출 것, 수준 높은 기술인력을 양성할 것 등이다(国务院, 2015). 그뿐만 아니라 직업학교의 교육목표를 과거의 생산, 서비스, 기술, 관리의 제일선에 있는 초중급 전문인재 양성의 기초 위에서 더욱 향상시킬 것을 요구하고 있다(教育部, 2000). 이에 따라 중국의 중등직업교육은 4차 산업사회를 대비한 '중국제조 2025'를 통해 1) 브랜드 품질과 기술 혁신의 능동의식, 녹색 제조와 스마트 제조의 기본 소양, 산업화와 정보화의 융합능력을 갖춘 융복합형 기능인재, 2) 더 높은 역량을 갖춘 기술기능 인재, 3) 높은 차원의 응용형 전문기술인재, 경영관리인재를 위한 초석마련을 하게 될 것으로 보인다.

둘째, 학교와 기업 간 긴밀한 네트워크를 통해 실천에 강한 인재를 양성할 것을 요구하고 있다. 4차 산업사회에서는 지능형, 창조형, 융복합형 인재를 필요로 한다. 이를 위해 중등직업학교에서는 일방향의 학교교육을 넘어서, 학교와 기업의 융합을 통해 경계를 뛰어넘는 인재양성을 실현해 나가야 한다는 것이다. 또한 '중국제조 2025'에서는 고급 응용형 전문 기술인력, 높은 수준의 경영관리 인재, 더 높은 수준의 기술기능 인재를 필요로 한다. 이는 중등직업학교의 교육만으로 실현하기는 어려우며, 고등직업전문대학, 응용기술 4년제 대학 등 고등직업교육과의 연계 속에서 다양한 수직 경로를 형성해 나가게 될 것이다(刘炜杰, 2017).

셋째, 중국의 제조업이 기계적 제조, 저수준 제조에서 스마트형 제조로 전환되고 있어 이에 대응한 중등직업교육 내용을 재정립할 것을 요구하고 있다. 현재 중등직업학교의 교육내용은 일자리가 원하는 단순 직업능력과 직업적 소양에 치중하는 편이다. 하지만 미래의 일자리와 직업의 변화 발전에 착안하여, 현재 직업에서 필요로 하는 기능 위주의 능력과 함께 미래사회가 원하는 창조능력, 융합능력, 환경의식 등을 복합적으로 겸비한 능력을 갖출 수 있는 교육내용으로 재편해나가야 할 것이다.

## 3. 시사점

　중국 중등직업교육의 40년 간 발전과 변화를 보면 중등직업교육이
전체 고등학교 교육에서 절반을 차지할 만큼 중요한 부분임을 알 수
있다. 중등직업교육은 중국 경제사회가 발전하는 데 필요한 수억 명의
질 높은 노동자와 기능인재를 배출하였고 중국 교육구조를 조정하는
데 중요한 기여를 하였으며 국가의 실물경제를 지탱하는 주춧돌 역할
을 하였다. 또한 중국 중등직업교육은 국가의 정치, 경제, 사회적 상황
변화에 의한 영향을 받으며 정부 주도에서 시장 주도로, 양적 확대에
서 내실 발전으로, 균형발전에서 협력발전으로, 기초건설 중심에서 취
약계층 지원으로 큰 변화를 겪어왔다. 중국은 이러한 오랜 경험을 바
탕으로 중국 특색 직업교육 발전의 길을 걷고 있는 것으로 보인다. 하
지만 직업교육에 대한 경시 풍토, 기능공에 대한 처우 부족 등은 여전
히 4차 산업혁명을 대비하기 위한 창조형, 고(高)기능형 인재를 충분
히 양성하기에 큰 걸림돌이 되고 있다. 중등직업학교 진학에 대한 수
요조사에서 중국 학부모의 5% 미만, 학생의 10.5% 정도만이 진학을
희망한다고 답하였다. 산업구조는 변화하고 있고 이를 지탱하기 위한
인적자원이 많이 필요한 상황에서 90%가 넘는 학생들이 여전히 일반
대학 진학을 희망하고 있는 것이다(丁留宝・张洁净, 2016). 이러한
분위기와 인식은 우리 사회와 크게 다르지 않은 듯하다. 중국 뿐 아니
라 우리나라에서도 직업교육에 대한 정부의 재정지원 및 정책마련을
위해 노력함과 동시에, 직업교육을 진로선택과 생애계획의 일부로 바
라보는 사회 전반의 인식 전환, 직업학교 졸업자에 대한 대우개선 등
이 이루어질 때 4차 산업혁명을 대비한 중등직업교육도 비로소 올바
른 방향으로 나아갈 수 있으리라 기대된다.

참고
문헌

周凤华(2018). 中等职业教育事业发展四十年:在反复中前行. 中国职业技术教育, 7.

万恒(2009). 社会分层视野中职业教育价值的再审视. 华东师范大学.

国务院(2015). 中国制造2025. 北京: 人民出版社.

李金华(2015). 德国"工业4.0"与"中国制造2025"的比较及启示. 中国地质大学学报(社会科学版), 15(5), 71-79.

刘炜杰(2017). 从单一走向多元：当前我国中等职业学校教育改革的方向与路径. 华东师范大学.

教育部(2000). 教育部关于印发《关于全面推进素质教育´ 深化中等职业教育教学改革的意见》的通知.
http://old.moe.gov.cn//publicfiles/business/htmlfiles/moe/moe_958/200506/8932.html에서 2018.11.4. 인출.

百度百科(n.d). 中等职业教育.
https://baike.baidu.com/item/%E4%B8%AD%E7%AD%89%E8%81%8C%E4%B8%9A%E6%95%99%E8%82%B2/1152680?fr=aladdin에서 2018.11.05. 인출.

陈颖(2018). 我国中等职业教育发展的历史脉络与现实困境. 教育经济评论, 3(04), 91-108.

丁留宝·张洁(2016). 近十年来中等职业教育发展的特点´ 问题及路径. 教育与职业, 1, 16-20.

(교육정책포럼 305호 2018년 11월에 발표된 내용을 수정보완하였음)

# 중국 초중등 인공지능 교육

앞으로 다가올 제4차 산업혁명에 대비하기 위해 초중등학교에서의 인공지능 교육이 중요한 이슈로 주목받고 있다. 인공지능이 각 분야의 발전에 중요한 영향을 미치고 있기 때문이다. 이에 국가적인 인재육성 차원에서 다가올 미래를 대비할 수 있도록 인공지능 교육을 실시하는 것은 매우 시급한 일이라 할 수 있다. 중국은 이미 국가 차원에서 인공지능 교육에 관심을 갖고 차세대 인공지능 발전계획을 발표하였다. 이 계획을 통해 중국은 인공지능이 국제경쟁력의 뉴 포커스가 될 것이며, 앞으로 인공지능 교육을 전 국민을 대상으로 하여 실시해나갈 것이라고 밝혔다.

# 1. 중국의 인공지능 교육 현황

인공지능 교육은 크게 두 가지 개념으로 볼 수 있다. 하나는 인공지능을 수업내용을 통해 구현하는 것으로 로봇수업과 같이 학생들이 좋아하는 형식의 코딩교육이 있다. 기계학습, 딥러닝, 언어 이미지 인식 등이 여기에 속한다. 둘째는 인공지능을 교수학습 수단으로 활용하는 것으로 여기에는 코딩교육을 하는 로봇, 장애인 맞춤형 스마트 교육 소프트웨어 및 하드웨어 등이 있다(周迎春, 2018)

중국은 2003년 4월 정보기술(IT) 과목에 '인공지능 초급' 선택 모듈을 개설한다는 「일반 고등학교 기술과정 표준」을 공식 발표하면서 고등학교를 중심으로 인공지능 교육을 시작하였다. 중학교의 경우 주로 중학교 3학년 과정에 인공지능 관련 내용이 포함되어 있다. 장쑤성(江苏省)의 중3 정보기술과목을 보면 제1장의 학습로봇부터 제7장의 사물인터넷 기술응용 사례에 이르기까지 인공지능 내용이 없는 부분이 없을 정도다. 중국 교육부는 고등학교 '인공지능 초급' 교재와 그에 상응하는 부교재를 발간했다. 또한 민간 기업에서도 인공지능 소프트웨어와 인터넷 콘텐츠를 제작해 학생들에게 인공지능 학습을 위한 편의를 제공하고 있다(孙凯, 2018).

중국에서 인공지능 교육은 이미 새로운 단계에 접어들었다. 스마트 로봇이 인공지능의 중요한 응용 분야로 자리 잡으며 중고등학교 교육과정에서도 이를 중요하게 다루고 있다. 전국적으로 이미 백여 개의 로봇 교육 실험학교가 생겼고 인공지능 교육은 빠르게 보급되고 있다. 하지만 고등학교의 경우 입시 부담이 크기 때문에 인공지능 교육과정을 개설하고 있더라도 학생들이 이를 심도 있게 배울만한 시간적 여유가 충분하지는 않아 대부분 정보기술과목을 통해 제한적으로 배우고 있는 실정이다(张剑平·张家华, 2008).

## 2. 중국의 인공지능 교육과정 관련 정책

중국에서 인공지능 교육의 시작은 선진국에 비하면 늦은 편이다. 중국 교육부가 2003년 4월 발표한「일반 고등학교 기술과정 표준」에서 정보기술과정에 '인공지능 초급' 선택형 모듈을 설치한 것이 시작이라 할 수 있다. 2012년판「초중등 정보기술과정 표준」에서는 처음으로 '로봇 과학보급과 개발'을 선택형 모듈로 포함시켰고, 초등학교와 중학교 정보기술과목에 포함시키도록 하였다. 2015년 중국 교육부는 STEAM교육, 메이커교육 등 제4차 산업혁명을 대비한 새로운 교육모델을 모색할 것을 독려했다. 이후 2017년 국무원에서 발표한「일반 고등학교 정보기술(IT) 과정 표준(2017년판)」에서 '인공지능 초급'을 선택형 필수 모듈로 고교 과정에 포함시키도록 하는 방안이 제시되었다. 새 교육과정 표준에는 고교 단계 인공지능 과정의 구조와 내용에 대한 명확한 규범과 수업 실시에 관한 의견이 명시되어 있다. 이 과정은 인공지능 기초, 간단한 스마트 시스템 개발, AI기술의 발전과 응용 등 세 부분으로 구성되어 있다(范洁, 2018).

중국에서 인공지능 교육이 본격적으로 중요시되기 시작한 건 2017년 7월 국무원이「차세대 인공지능 발전 계획(新一代人工智能发展规划)」을 발표하면서부터다. 이 계획에서는 "전 국민을 대상으로 인공지능 교육사업을 실시하고, 초중고 교육과정에 인공지능 관련 교육과정을 설치하도록 한다. 점차적으로 코딩교육을 보급하고, 코딩수업 프로그램 및 게임 개발과 보급에 대한 사회 참여를 독려하도록 한다"고 명시하였는데, 이는 중국에서 기초교육 분야 '인공지능 교육'을 위한 중요한 정책적 뒷받침이 되고 있다(范洁, 2018).

## 3. 중국의 인공지능 교육과정 운영내용

최근 중국에서는 일부 중점 학교를 중심으로 코딩 동아리를 개설하거나, 코딩수업을 정보기술과목에 포함시키는 사례가 늘고 있다. 심지어 일부 사립학교에서는 코딩 특기자 우선 입학 제도를 실시하기도 한다. 이는 이들 학교에서 코딩 능력, 인공지능 관련 능력이 앞으로 기초교육에서 없어서는 안 될 핵심능력이 될 것으로 예측하고 있기 때문이다.

인공지능은 복잡한 종합학문 분야이다. 이 때문에 초중등학교에 인공지능 관련 교육과정을 개설한다는 것을 단순히 대학의 인공지능 전공과정을 초중등학교로 옮겨 오거나 인공지능 과목을 따로 설치하는 것으로 이해해서는 안 된다. 중국에서는 "초중등 단계에서의 인공지능 교육은 탐구식 학습을 통해 학생들의 인공지능에 대한 흥미를 유도하고 적극적으로 참여하도록 하는 데 중점을 두어야 한다"고 강조하고 있다(范浩, 2018).

현재 중국의 모든 초중등학교에 인공지능 교육과정이 보급된 것은 아니다. 일부 학교를 중심으로 운영되고 있으며, STEAM교육과 메이커교육(创客教育, 창객교육)에 인공지능 관련 내용을 포함하여 운영하는 경우도 많다. STEAM교육과 메이커교육의 목적은 혁신적인 교육을 하는 것으로 현재는 주로 학문적 융합에 기초한 간학문적 프로젝트 수업 모델을 채택하고 있다. 하지만, 학계에서는 이러한 수업만으로는 인공지능의 학문적 사고, 컴퓨팅 사고력 증진에 한계가 있다고 지적한다. 이에 중국 교육부는 2018년 1월 일반 고등학교 교육과정 표준방안에 인공지능, 사물인터넷 등을 포함시키도록 하였다.

중국 인민대학부속중학교(이하 '인대부중')의 경우, '인공지능

+STEAM' 교육을 위한 관련 과정을 개설하고 있는데, 여기에는 지
능형 로봇, 데이터 굴착, 컴퓨터 시각, 자율주행, 이미지 처리, 가상현
실 기술 등 내용이 포함되어 있다. 이 학교에서는 인공지능 전문가, 교
육 전문가, 일선 교사, 하이테크 기업인들을 초청해 학교 인공지능 교
육과정 연구개발팀을 구성하고, 〈그림 1〉과 같이 전체를 대상으로
하는 '보급 교육'부터, 일부를 대상으로 하는 '학과 간 실천 응용', 나아
가 소수만을 대상으로 하는 '심층 조작과 연구'에 이르기까지 피라미
드형 '인공지능+STEAM' 교육과정 체계를 수립하고 있다. 이는 인
공지능 기술 발전에 기초한 계산 지능, 감지 지능, 인지 지능, 혁신 지
능 등 다차원적 인공지능 교육시스템으로 구성되어 있다(周建华·李作
林·赵新超, 2018).

〈그림 4-1〉 인민대부속중학교 'STEAM+인공지능'과정 모형

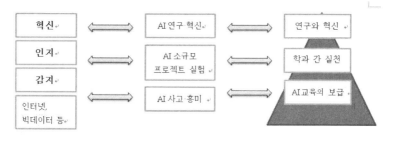

출처: 周建华·李作林·赵新超(2018)

〈그림 4-1〉에서 왼쪽은 인공지능의 기술발전 단계를 나타낸다.
가장 아래층은 인터넷, 빅데이터, 계산과 관련된 것으로, 이는 인공지
능기술의 핵심이라 할 수 있다. 이 단계에서는 전통 기계학습과 관련
한 각종 계산방법의 이해와 응용이 중점내용으로 포함된다. 두 번째

층은 음성인식, 이미지 인식, 생체 특징 인식, 문자 인식 기술 등 '감지'
와 관련된 것이다. 이 부분은 풍부한 인공지능 응용 사례로 구성되어
학생들에게 흥미를 유발하고 인공지능의 원리를 소개한다. 동시에 인
공지능의 발전사, 인공지능 기술의 업종별 응용, 인공지능 기술 발전
의 철학적 사변을 접목하여, 학생들에게 인공지능 기술의 의미에 대한
정확하고 깊은 이해와 함께 계산적 사고를 형성할 수 있도록 한다. 세
번째 층은 생각, 추론, 의사결정을 할 수 있는 '인지'와 관련된 것이다.
이 단계에서는 음성, 그래픽과 문자 내용을 기기가 인식할 수 있게 할
뿐만 아니라 그 속뜻을 이해할 수 있게 해준다. 맨 위층은 혁신과 관련
된 것으로, 시간 여력이 되는 학생들에게 인공지능 프로그램을 개발하
고, 이론을 실천에 응용하도록 한다.

오른쪽은 학교교육 단계를 나타낸다. 맨 아래층은 전 학생을 대상으
로 한 인공지능 교육의 보급, 중간층은 학문 간 실천응용으로 인공지
능을 접목한 프로젝트 팀의 연구 진행, 맨 위층은 어떤 프로그램에 대
한 심층적인 연구 개발을 포함한다.

위 모형은 인공지능 기술과 각 교과의 융합, 혁신, 학생들의 발전을
둘러싼 핵심역량을 보여주는 교육과정 체계로, 혁신인재 육성을 최종
목표로 하고 있음을 알 수 있다. 물론, 이 교육과정 체계는 평가, 수업
환경 등에서 아직 보완되고 발전되어야 할 부분이 남아 있다.

〈표 4-2〉에서 보는 것과 같이 인대부중은 인공지능과 관련한 4
개 영역의 20여개 과정을 개설하고 있다. 인대부중은 인공지능과 관
련한 여러 교과의 융합을 통한 교육을 강조하고 있을 뿐 아니라, 교사
간 학문적 협력도 장려하고 있다.

〈표 4-2〉 인민대부속중학교 인공지능 관련 영역과 교육과정 모듈

|  | 영역 | 교육과정 모듈 |
|---|---|---|
| 1 | 모델링 알고리즘 | 고급수학 모델링 및 알고리즘; 모델링 및 시뮬레이션 |
| 2 | 계산기술 | 컴퓨팅 개론; 정보기술; 컴퓨터 과학 |
| 3 | 빅데이터 | 데이터 발굴; 정보와 통신 엔지니어링 |
| 4 | 인공지능+ 융합학과 | 로봇; 가상현실; 스마트 홈; 무인 운전 인공지능; 드론과학 및 엔지니어링; 컴퓨팅 사고와 딥러닝; 디지털 이미지 처리와 패턴 인식 |

출처: 周建华·李作林·赵新超(2018)

## 4. 시사점

　우리나라는 2018년부터 중고등학교에서 코딩교육을 의무화하도록
하였다. 우리와 비슷한 시기 관련 정책을 발표하고 학교교육을 통해
인공지능 분야 인재 양성을 서두르고 있는 중국의 경험은 우리나라의
인공지능 교육 발전을 위해 다음 몇 가지 점에서 생각해보도록 한다.
　첫째, 인공지능 교육을 담당할 전문교사의 양성이 필요하다. 인공지
능 교육을 실시하기 위해 중요한 요소는 아무래도 이를 지도할 교사진
을 확보하는 일일 것이다. 인공지능과 교육과정을 융합하는 데 관건이
되는 요소는 바로 교사이기 때문이다. 최근 인공지능 분야의 빠른 성
장은 모든 교과 교사에 대해 정보화 소양, 이론적 소양 및 사고방식의
전환을 시급히 요하고 있다(邱雪莲・齐振国・李京澳, 2018). 하지만
이러한 소양을 갖춘 교사는 현재 일부 교과에 국한되어 있는 상황이다.
인공지능 교육과정 운영을 위한 전임교원을 확보하고, 수업 내용의 전
문성을 강화하는 한편, 전 교과에서 인공지능의 접목이 가능하도록 연
수를 확대해나갈 필요가 있을 것이다.
　둘째, 인공지능 교육 시범지구 또는 시범학교 지정을 통해 인공지능
교육을 심화시켜가야 할 것이다. 중국 허베이성(河北省)에서는 산업
육성 클러스터, 시옹안신구(雄安新区) 인공지능기술 연구개발 및 산
업발전 시범구 등을 건설하고 지역 학교를 중심으로 인공지능 시범교
육을 강화하고 있다(邱雪莲・齐振国・李京澳, 2018). 현재 우리나라
에서는 코딩교육이나 인공지능 관련 교육들이 사교육에 많이 의존하
고 있어 저소득층 아이들이 접하기 어렵다는 지적이 제기되고 있다.
각 학교에 코딩교육 및 인공지능 교육을 위한 재정지원을 늘리고, 시

범학교 운영을 확대해 나가는 한편 인공지능 교육을 위한 특별 경비를 보장하고, 관련 정책을 수립할 필요가 있을 것이다.

셋째, 인공지능 교육을 입시과목에 포함시키는 부분도 생각해 볼 수 있을 것이다. 중국 저장성(浙江省)의 경우 정보기술(IT) 과목을 대학입시(高考, 까오카오)과목에 포함시키는 등 미래 인재양성에 적극적인 태도를 보이고 있다. 입시과목에 포함되더라도 임기응변식의 학업이 될 뿐 학생들의 실질적인 인공지능 능력을 향상시키는 데는 한계가 있다는 지적도 있다. 하지만 우리의 입시 현실을 보면 입시 과목에 포함되지 않는 과목의 경우, 그 과목의 학습에 대한 필요성 인식 및 몰입을 이끌어내는 데는 한계가 있다. 미래를 대비한 인공지능 교육이 제대로 이루어지게 하려면 교사 양성, 경비 확보 뿐 아니라 입시 대책까지 함께 고려한 적극적인 개혁을 단행할 필요가 있을 것이다.

참고
문헌

范洁(2018). 义务教育阶段人工智能课程开发的思考与探索. 中国信息技术教育, 295(19), 95-96.

周建华·李作林·赵新超(2018). 中小学校如何开展人工智能教育——以人大附中人工智能课程建设为例.人民教育, 22, 72-75.

周迎春(2018). 基于智能机器人课程的小学人工智能教育初探. 创新人才教育, 24(04), 85-88.

邱雪莲·齐振国·李京澳(2018). 人工智能在基础教育领域的发展路径探究. 数字教育, 4(05), 58-62.

孙凯(2018). 初高中人工智能课程的开设与改革建议. 教育现代化, 5(27), 78-80.

张剑平·张家华(2008). 我国人工智能课程实施的问题与对策. 中国电化教育, 10, 95-98.

(2019년 교육개발 vol.46, no.4에 발표된 내용을 수정·보완하였음.)

# 5

학생생활 및
교육지원

# 중국 초중등학교 학생의 하루일과

우리의 일생은 하루하루가 모인 결과물이다. 이 때문에 하루를 어떻게 보내느냐에 따라 삶이 결정된다고 할 수 있다. 특히 미래를 향해 나아가는 청소년들의 하루일과는 더 큰 의미와 가치를 지닌다고 할 수 있다. 그럼에도 오늘날 우리나라의 많은 청소년들이 '학교-학원-집'이라는 무미건조하고 단조로운 일과 속에 다양한 능력을 개발하고 풍요로운 삶을 살아가는데 많은 제약을 받고 있다. 이러한 모습은 치열한 입시경쟁 속에 살아가는 중국학생의 일과에서도 볼 수 있다.

# 1. 초중등학교 학생의 학업 현황

중국 학생의 하루일과를 간단히 요약하면 '학교-학원-집' 또는 '학교-집'이다. 주로 학교 숙제와 입시준비를 위한 장소에서 대부분의 시간을 보내고 있다. 이는 중국의 입시경쟁이 그만큼 치열하고 이를 위해 학업량이 지나치게 많다는 것을 의미한다. 학업부담 과중은 중국에서 매우 중요한 사회적 이슈가 되고 있다. 1981년부터 2013년까지 중국정부가 발표한 학생 학업부담 완화에 관한 정책 건수만도 85개에 이른다. 상하이시 또한 초중등학생의 과중한 학업에 대해 중요시 여기고 있고 거의 매년 이와 관련한 새로운 정책을 발표하고 있다. 중국 학계에서는 학업부담의 주요 원인으로 사회경쟁, 학교의 과다한 수업시수와 과제량 등을 꼽고 있다.

2015년 11월 중국의 한 온라인교육 기업이 31개성, 자치구의 2000만 초중등학생을 대상으로 학습행위 빅데이터를 수집하여 '전국 초중등학생 학업스트레스 조사(全国中小学生学习压力调查)' 보고서를 발표하였다. 이 조사보고서에서 중국 초중등학생들이 숙제를 위해 매일 평균 3시간을 보내고 있고, 이는 세계 평균의 2배에 이르는 수준이라고 하였다. 중국 학생의 하루 평균 수면 시간도 다른 나라에 비해 1.5시간 부족한 것으로 나타났다. 난징(南京)시 학생들의 경우 대개 밤 9시나 10시까지 숙제를 하기 때문에 수면 시간이 7시간도 채 못 되는 것으로 나타났다. 심지어 밤 11시가 되어서야 잠자리에 드는 비율이 초등학생은 18.2%, 중학생은 46.3%, 고등학생은 90%에 이른다고 한다. 이 조사보고서는 중국 초중등학생의 학업 위주로 짜여진 하루일과를 잘 보여주고 있다. 또 다른 통계수치에서도 26.4%의 학생들이 매일 2시간씩, 44.9%는 3시간씩, 그리고 28.7%는 4시간씩 숙제를 위해 시간을 보내는 것으로 나타났다. 평균적으로 보았을 때 중국 학생들은 숙제를 하는데 매일 3시간이나 보내고 있는 것이다. 이는 프랑스의 3배, 일본의 4배, 한국의 6배에 해당하는 수치이다.

2016년 화동사범대학 고시평가연구원의 연구결과에서도 이와 비슷한 상황을 확인할 수 있다. 이 보고서에서는 71.5%의 중학생들이 매일 평균 8시간 미만의 수면을 취하고 있는 것으로 나타났는데, 이는 중국 정부가 중학생에 대해 규정한 8시간 수면시간을 2/3가 지키지 못하고 있음을 의미한다. 거의 대부분의 초등학생들이 매일 가정에서 숙제를 하고 있는 것으로 나타났는데, 48.6%는 1시간 이내, 51.4%는 1시간 이상 걸리는 것으로 나타났다. 중국 초중등학생들의 학습시간이 긴 주요 원인은 학교 숙제가 많은데다 어렵기 때문이다. 특히 수학이 가장 어려운 과목으로 꼽히는데 30%의 학생들이 매일 밤늦게까지 숙제를 하는 데도 다하기 어렵다고 답하였다. 더욱 놀라운 것은 44.9%의 학부모들이 자녀의 숙제를 포기하였고, 32.7%의 학부모들은 심지어 숙제를 대신해준다고 하였다. 이와 관련하여 중국 정부는 학생들의 학업 부담을 줄이고 건강한 성장을 위해 학업부담 완화와 관련한 다수의 정책문건을 발표하였다. 그럼에도 불구하고 여전히 중국의 교육열은 사그라 들지 않고 있다. 중국 교육부는 2001년 「교육과정 새 방안」을 발표하면서 학업부담 완화를 목표로 한 바 있다. 교육 내용과 생활, 사회, 과학기술이 연계되도록 하고 학생들의 흥미와 경험에 관심을 가질 것이라고 하였다. 중국 정부의 이러한 발표에도 불구하고 중국 초중등학생들의 생활은 여전히 학업 중심으로 흘러가고 있다.

상하이시 H구 3개 초등학교 학생을 대상으로 한 제慧(2019)의 연구에서는 학생, 학부모, 교사 모두 학생의 학업부담이 매우 크다는 점에 동의했다. 54.7%의 학생들은 학원 숙제를 하는데 매일 1시간 이상을 보내고, 66.2%의 학생들은 학교 숙제와 학원생활로 바쁘다 보니 매일 자유롭게 보낼 수 있는 시간이 겨우 1.5시간 이내라고 한다 (刘慧, 2019). 이 지역 초등학생의 하루일과를 보면 수면시간은 보통 8시간 정도이고, 매일 2~2.5시간을 학교 숙제를 하는데 보낸다. 주말에는 학원에 가는데 보통 6시간 정도 학원에서 보내고 집에 와서 또 4~6시간 숙제를 한다는 것이다.

초등학교 4학년 학생의 한 학부모는 자녀가 보통 6:00~6:30에 기상해, 8시까지 학교에 등교하는데, 오후 4시 하교하고 학원에 갔다 돌아오면 저녁 먹고 9:00~9:30까지 학교 숙제와 학원 숙제, 기타 공부를 하기 때문에 밤 10:00~10:30시가 되어서야 잠자리에 들 수 있다고 하였다. 상하이시 바오산구(上海市宝山区) 초중등 학생을 대상으로 한 다른 조사에서도 숙제가 많아 방과 후 보통 2~3시간을 숙제하는데 보내기 때문에 놀 시간이 부족하다고 답하였다(程华·朱振芳·陆文英, 2008). 이러한 일과는 다른 가정에서도 크게 다르지 않은 것 같다.

〈표 5-1〉 어느 초등학교 3학년 학생의 하루 일과표

|  |  | 월 | 화 | 수 | 목 | 금 | 토 | 일 |
|---|---|---|---|---|---|---|---|---|
| 아침 | 6:20~6:40 |  |  | 씻기 |  |  |  |  |
|  | 6:40~7:00 |  |  | 영어공부 |  |  |  |  |
|  | 7:00~7:20 |  |  | 아침식사 |  |  |  |  |

| 오전 | 7:30~ | 학교생활 | | | |
|---|---|---|---|---|---|
| | ~15:00 | 학교생활 | | | |
| 오후 | 15:20~15:40 | 하교 | | 농구<br>수업 | 하교 |
| | 15:40~16:10 | 수학숙제 | | | 수학숙제 |
| | 16:20~17:30 | 국어숙제 | | | 국어숙제 |
| | 17:30~18:00 | 자유 | 영어숙제 | | 영어숙제 |
| 저녁 | 18:00~18:30 | 저녁식사 | | | 식사 |
| | 18:30~19:30 | 야외 운동 | | | 운동 |
| | 19:30~20:00 | 씻기 | | | 씻기 |
| | 20:00~20:30 | 독서 | | | 독서 |
| | 20:30~ | 취침 | | | 취침 |

출처: https://wenku.baidu.com/view/0c70d883b1717fd5360cba1aa8114431b90d8ee0.html
바이두(2019.7.12.), 2019.11.18. 인출

이에 중국 교육부는 '양광체육운동(阳光体育运动)' 프로그램을 마련하여 지나치게 학업에만 집중된 초중등학생들에게 매일 1시간 이상의 체육활동 시간을 보장하도록 요구하고 있다. 하지만 42%의 초중등학생들의 1일 운동 시간이 30분도 채 안되고, 10%는 매일 겨우 10분 이내인 것으로 나타나 정부가 정한 체력건강기준에 많이 미치지 못하고 있음을 알 수 있다.

광시, 광둥, 장쑤, 산둥 등 20개 성시의 초중등 학생 4,512명을 대상으로 진행된 杨欣·陶蕾(2013)의 연구에서도 방과후 학생들이 주로 숙제(61%)하는 데 가장 많은 시간을 보내고, 다음으로 독서(34%), 체육활동(19%), 게임(9%), 사회실천(8%)인 것으로 나타났다.

<표 5-2> 도농 학생 방과후 활동 내용

| 지역 | 숙제 | 독서 | 체육활동 | 게임 | 사회실천 |
|---|---|---|---|---|---|
| 전체(4512명) | 61% | 34% | 19% | 9% | 8% |
| 도시(1342명) | 55% | 41% | 21% | 13% | 9% |
| 농촌(3170명) | 63% | 31% | 18% | 8% | 7% |

출처: 杨欣·陶蕾(2013). 我国中小学生课余时间安排的调查与分析. 中小学管理, 5, 46-48.

<표 5-3> 중국 초중등 학생의 주말 활동

| 학교 | 숙제 | 학원 | 독서 | 운동 | 인터넷 | TV 시청 | 게임 | 가사 돕기 | 친구랑 놀기 |
|---|---|---|---|---|---|---|---|---|---|
| 초등 학교 | 78.56 | 32.34 | 49.63 | 14.11 | 21.84 | 31.16 | 6.50 | 21.38 | 25.44 |
| 중학 교 | 81.20 | 16.18 | 47.45 | 16.16 | 23.76 | 47.45 | 6.70 | 18.63 | 27.07 |
| 고등 학교 | 62.70 | 15.06 | 29.17 | 18.59 | 25.64 | 61.22 | 5.45 | 16.35 | 31.41 |

출처: 王亚琼(2008). 中小学生校外生活方式现状的调查研究. 江苏: 南京师范大学, 2008.

　이와 같은 조사 결과를 종합해보면, 중국 학생들이 방과후 가장 많은 시간을 할애하는 부분은 학교 숙제임을 알 수 있다. 이는 중국의 교육시스템이 여전히 입시준비에 초점이 맞추어져 있고, 그로 인해 대부분의 아이들이 방과후 시간을 학교 수업의 연장으로 보내고 있음을 보여준다. 최근에 중국 정부가 학업부담 완화에 관한 문건들을 연이어 발표하며 숙제량을 줄이도록 지속적으로 요구하고 있지만 아직 제대로 실천되지 못하고 있다. 「초중등학생 학업부담 완화에 관한 의견(关于全面贯彻教育方针减轻中小学生过重课业负担的意见)」에서는 초등학생의 과제량에 대해 1, 2학년은 45분 이내, 5, 6학년은 1시간 이내로 규정하고 있다. 하지만 다른 학생들과 경쟁해야 하는 입시 현실에서 숙제를 줄이길 원하는 학부모는 그리 많지 않아 보인다.

## 2. 초중등학교 학생의 사교육 참여 현황

중국에서도 사교육에 대한 수요가 급증하면서 다양한 프로그램의 사교육 기관이 우후죽순 생겨나고 있다. 방과 후에도 유용하게 시간을 보낼 수 있도록 많은 학부모들이 자녀를 사교육 기관에 보내고 있기 때문이다. 2010년 산둥성 지난시(济南市)의 조사에 따르면 사교육을 많이 하는 과목으로는 대학입시와 직결되는 영어, 수학, 물리, 화학, 어문 순으로 나타났다. 즉 사교육의 주요 목적이 입시 준비라는 것을 명백히 알 수 있다.

중국 화동사범대학교 고시평가연구원의 조사에 따르면 41.1%의 초중등학생들이 학교에서 운영하는 보충수업에 참가하고 있는 것으로 나타났다. 대부분 학교에서 운영하는 보충수업반은 2시간 이내지만 일부 학교는 3시간 이상 운영하기도 한다. 학교 보충수업 뿐 아니라 절반 이상의 학생들이 학원에 등록하고 있는 것으로 나타났다. 대부분 초중등학생들이 학원에서 보내는 시간은 매주 4시간 정도이지만 일부 학생들은 8시간 이상을 보내기도 한다. 중국 정부는 초중등학생들이 어떠한 형태의 과외나 학원수업도 받지 않도록 규정하고 있지만 이러한 규정은 유명무실한 실정이다.

베이징대학 교육경제연구소에서 진행한 '중국 도시주민 교육 및 취업현황 조사(2004)'에서도 도시 학생 중 55.5%의 학생들이 사립 교육 프로그램에 참가하고 있는 것으로 나타났다. 경제적으로 발달한 동부지역 학생들의 사교육 참여비율이 가장 높게 나타났고, 다음은 중부지역, 그리고 서부지역으로 갈수록 그 비율이 낮게 나타났다. 부모의 교육수준이 높은 가정일수록 자녀의 사교육 참여 비율도 대체로 높앞다. 학교급별 참여비율도 달랐는데 초등학생의 사교육 참여비율이 73.8%로 가장 높았고 다음은 중학생과 고등학생으로 각각 65.6%와 53.5%를 차지하였다. 주목할 만한 점은 학령기 이전 교육과 대학교육을 받는 학생들의 사교육 참여도 적지 않다는 점이다. 도시지역 유치원 학생의 사교육 비율은 절반에 이르고, 대학생 중 일부가 사교육을 받고 있는 것으로 나타났다. 대학생들은 주로 대학원 진학을 위한 준비반, 유학을 위한 영어 대비반과 취업에 필요한 기능훈련반 등에 참여하고 있는 것으로 나타났다. 특히 해외 유학준비를 위한 영어학원이 크게 성행하고 있다. 성적 분포에 따라서는 높은 성적을 받은 학생들의 사교육 참여비율이 높은 것으로 보아 사교육이 성적향상에 어느 정도 영향을 미치고 있음을 볼 수 있다〈표 5-4〉).

〈표 5-4〉 도시지역 학생의 사교육 규모 및 지출 비용

| 구분 | | 사교육 참여 학생 비율 | 사교육 지출비용(인민폐) | | 사교육비가 가정경제에서 차지하는 비중 | |
|---|---|---|---|---|---|---|
| | | | 전체 가정 | 사교육비 지출 가정 | 전체 가정 | 사교육비 지출 가정 |
| 지역별 | 동부 | 57.6% | 828.55 | 1437.33 | 2.23% | 3.89% |
| | 중부 | 56.6% | 656.00 | 1158.82 | 2.82% | 4.98% |
| | 서부 | 53.0% | 526.00 | 992.28 | 2.24% | 4.22% |
| 부모 교육 수준 | 초등 학교 이하 | 38.4% | 262.78 | 684.61 | 1.56% | 4.05% |
| | 중학교 | 48.4% | 441.22 | 910.91 | 2.16% | 4.46% |
| | 고등학교 | 52.4% | 587.37 | 1121.51 | 2.35% | 4.48% |
| | 전문대 | 64.1% | 883.83 | 1377.80 | 2.74% | 4.27% |
| | 4년제 대학 이상 | 65.9% | 963.22 | 1462.39 | 2.47% | 3.75% |
| 교육 단계별 | 유치원 | 49.5% | 395.18 | 797.54 | 1.24% | 2.50% |
| | 초등학교 | 73.8% | 797.38 | 1080.52 | 2.92% | 3.96% |
| | 일반 중학교 | 65.6% | 850.22 | 1295.38 | 3.30% | 5.02% |
| | 직업 중학교 | 59.3% | 331.66 | 559.68 | 1.35% | 2.27% |

| | | | | | | |
|---|---|---|---|---|---|---|
| | 일반 고등학교 | 53.5% | 747.47 | 1398.07 | 2.54% | 4.75% |
| | 직업 고등학교 | 33.0% | 235.41 | 714.10 | 0.77% | 2.34% |
| | 전문대학 | 18.9% | 179.77 | 949.43 | 0.61% | 3.22% |
| | 4년제 대학 | 22.7% | 295.34 | 1301.43 | 0.97% | 4.26% |
| | 대학원 | 13.8% | 353.84 | 2555.55 | 1.12% | 8.08% |
| 학급성 적별 | 최상 | 59.7% | 801.40 | 1464.76 | 2.765 | 5.05% |
| | 중상 | 59.3% | 712.67 | 1202.47 | 2.53% | 4.27% |
| | 중중 | 51.2% | 574.77 | 1121.99 | 2.18% | 4.26% |
| | 중하 | 52.6% | 639.61 | 1090.82 | 2.46% | 4.20% |
| | 최하 | 55.0% | 439.87 | 799.77 | 1.79% | 3.25% |

## 3. 시사점

초중등학생들의 과중한 학업부담과 이로 인해 학업에 집중된 하루 일과는 오랫동안 사회적 문제가 되고 있다. 지금까지의 경험과 고민을 바탕으로 초중등학생들이 좀 더 의미 있고 즐거운 하루일과를 보내도 록 하기 위해 다음과 같은 부분에 대한 개선이 이루어져야 할 것이다.

첫째, 학생들의 흥미와 필요를 고려하여 하루일과를 구성할 필요가 있다. 숙제가 많은 중국은 무미건조한 하루일과가 일상이 된지 오래다. 우리나라 초중등학생의 경우에도 방과후 학원에 갔다가 저녁에 집으 로 돌아와 밤늦게 까지 학교숙제와 학원숙제를 마치고 나면 12시가 넘어 잠이 드는 일상이 보통이다. 입시를 앞둔 중고등 학생의 경우에 는 이보다 더 심각한 경우도 많다. 이처럼 학생들은 밤에는 숙제나 시 험준비와 관련된 공부를 해야 해서 늘 학업에 대한 스트레스를 안고 살아간다. 이러한 생활은 학생들에게 흥미에 맞는 학습이나 활동을 불 가능하게 하고 학생들이 갖고 있는 잠재 능력을 키우는데도 매우 불리 하다. 이러한 일상 속에서 학생들이 행복하고 건강한 삶에 대해 생각 할 여유가 없는 것은 당연할 것이다. 우리나라도 공교육 개혁의 노력 을 지속하고 있지만 여전히 대학입시에 대한 부담이 사라지지는 않고 있다. '학교-학원-집'으로 이어지는 지루하고 틀에 박힌 일과를 보내 는 것이 마찬가지 상황이다. 이러한 삶 속에서 창조형 인간으로 성장 하기란 쉽지 않아 보인다. 학생들이 방과후에도 자신의 흥미와 진로를 고려한 다양한 활동을 선택할 수 있도록 이에 적합한 분위기와 제도적 기반이 우선적으로 마련되어야 할 것이다.

둘째, 다양한 능력과 분야에서 경쟁하는 사회적 기반이 조성되도록 한다. 부모라면 '망자성룡(望子成龙)'·'망녀성봉(望女成凤)'을 기대하지 않는 이가 없을 것이다. 이는 중국에서 자녀가 출세하기를 바라는 부모의 마음을 나타내는 사자성어이다. 중국에서는 자녀가 초등학교에 입학하는 순간부터 남에게 뒤쳐지지 않도록 하기 위해, 좋은 대학에 보내기 위해 교육열이 대단하다. 이러한 입시경쟁은 우리나라에서도 별반 다르지 않다. 입시경쟁 속에서 일류대학이라는 하나의 목표를 향해 달려가고 있을 뿐 다양한 능력을 함양하고 여러 분야에서 그 능력을 발휘하지 못하는 실정이다. 사회적 분위기가 이러하다 보니 학생들의 하루일과가 천편일률적으로 입시과목 공부 위주로 짜여질 수밖에 없는 것이다. 사회가 우선적으로 다양한 인재를 원하고 풍부한 경험과 능력을 소유한 인재를 선발할 때 학생들의 일과도 자연스레 풍요로워질 것이다.

셋째, 사교육 기관의 질 관리가 철저히 이루어져야 한다. 사교육 프로그램을 통해 학생들의 학습능력이 향상되고 부족한 학습을 보충할 수 있으며 방과후 시간을 충실하게 보낼 수 있는 등 긍정적 측면을 부정할 수는 없다. 하지만 사교육 기관에 대한 질 관리가 부실해 사교육의 질이 담보될 수 없다면 학생들의 방과후 시간은 무의미해질 수 있다. 이 때문에 학습시간을 전적으로 사교육 기관에 의지하려는 태도도 지양할 필요가 있겠지만 학교의 방과후 프로그램을 다양화하는 동시에 사교육의 질 개선 및 관리감독을 통해 학생들의 여가시간이 의미있고 풍요로워질 수 있도록 해야 할 것이다. 중요한 것은 입시위주로 이루어지는 학원수업, 방과후 수업보다는 창의력과 문제해결력 향상에 도움이 되는 프로그램 개발을 위해 더욱 노력해야 한다는 점이다.

246

참고
문헌

薛海平·丁小浩(2009).中国城镇学生教育补习研究.教育研究, 1, 39-46.

刘慧(2019).小学生学习负担现状调查研究--以上海市H区三所小学为例[D].
　　　上海:上海师范大学.

百 度 百 科 ( 2 0 1 5 ) . 全 国 中 小 学 生 学 习 压 力 调 查 全 方 位 展 开 .
　　　https://baike.baidu.com/item/全国中小学生学习压力调查
　　　/18913761?fr=aladdin에서 2018.7.13.인출

中国江苏网(2015).中小学生学习压力几何?40%南京学生"分分钟想撕作业本".
　　　http://js.xhby.net/system/2015/11/24/027117402.shtml에서 2018. 7.
　　　16. 인출

中 国 社 会 科 学 网 ( 2 0 1 7 ) . 中 小 学 生 负 担 过 重 的 根 源 在 哪 里 .
　　　http://www.cssn.cn/jyx/jyx_jyqy/201702/t20170210_3409479.shtml
　　　에서 2018. 7. 13. 인출

# 중국의 수업방해 학생에 대한 교내 지도방법

수업방해 행위는 어느 교실에서나 일어나는 보편적인 문제이다. 이러한 행동은 자신 뿐 아니라 다른 학생의 학습에도 영향을 미치고 수업의 질을 떨어뜨리는 주요 원인이 된다. 수업은 지식과 능력을 획득하고 학생발달을 도모하는 중요한 수단이 되므로 수업방해 행위는 반드시 지도될 필요가 있다. 교사가 지금보다 더 권위적인 위치에 놓였던 중국의 전통적인 교실에서는 교사가 수업 분위기를 장악하기 비교적 용이했다. 하지만 최근 중국에서는 교육과정이 변하고 학생의 자율성, 능동성이 강조되면서 수업 문제행동이 증가하고, 수업관리가 점점 힘들어지고 있다.

## 1. 수업방해 학생 실태

수업방해는 비교적 광범위한 개념이라 할 수 있다. 이에 대해 학자마다 조금씩 다른 의견을 제시하는데 미국의 심리학자 林格伦(1983)은 "수업방해 행위는 모든 문제를 일으키는 행동들, 또 그로 인해 야기되는 문제들"이라고 정의했다. 중국의 학자 천스잰(陈时见)은 "수업문제 행위란, 학생이나 교사에게 수업 중 발생하는 것, 수업규칙 위반, 수업활동의 정상적인 진행 방해 또는 수업효율에 영향을 미치는 행위"라고 했다. 즉 수업방해는 수업 시간 학생들의 문제 행동뿐 아니라 교사의 문제 행동도 동시에 포함되어야 함을 지적하고 있는 것이다. 중국 중고등 학생들의 수업방해 행위를 보면 대부분 학생 내적인 문제로 수업에 직접적인 영향을 미치는 경우는 비교적 적은 것을 볼 수 있다. 예를 들면 친구와 떠들거나 수업에 집중하지 않기, 엎드려 자거나 다른 숙제하기 등이다(郑阳春,2014). 중국에서 스마트폰 사용으로 인한 수업방해는 비교적 적은 것으로 나타났는데, 이는 학생들이 스마트폰을 학교에 가져오지 않도록 학교규정으로 정해 놓고 엄격하게 관리하고 있기 때문이다. 고학년이 되면서 수업 중 공격적 문제 행동이 증가하는 경향이 있는데 이는 학습에 대한 스트레스, 자아의식 변화 등여러 요인에 의한 것으로 분석된다(邵瑛莹, 2016).

〈표 5-5〉 중국 중고등 학생의 수업방해 행위

| 수업방해 행위 내용 | 보통(%) | 자주(%) | 순서 |
|---|---|---|---|
| 친구와 떠든다. | 17.8 | 7.9 | 1 |
| 딴 생각을 하는 등 수업에 집중하지 않는다. | 16.8 | 7.9 | 2 |
| 질문을 받을까봐 초조해 한다. | 16.5 | 12.2 | 3 |
| 멍하니 있거나 수업 듣는 척한다. | 15.8 | 8.2 | 4 |
| 공부할 마음이 없고, 수업이 끝나기만 기다린다. | 14.2 | 9.4 | 5 |
| 엎드려 잔다. | 12.8 | 6.9 | 6 |
| 다른 과목 숙제를 한다. | 12.8 | 5.6 | 7 |
| 음식을 먹는다. | 11.2 | 2.3 | 8 |
| 친구와 장난치고 말다툼한다. | 11.2 | 1.3 | 9 |
| 스마트폰, 태블릿 PC 등 전자제품을 가지고 논다. | 8.9 | 6.9 | 10 |

출처: 郑阳春(2014). 关于普通中学生课堂问题行为现状的调查. 中学教学参考, 18, 80-81.

이러한 수업방해 행위에 대해 중국의 많은 문헌에서 학생 · 교사 · 가정이 모두 영향요인이라고 꼽고 있다. 위의 조사에 응답한 학생들은 수업 중 문제행동을 하는 이유로 "교사의 수업을 알아듣지 못해서(71%), 자신의 심리상태 문제로(60%), 가끔 자신을 통제하기 어려워서(48.5%), 수업에 대한 흥미가 없어서(45.8%)"라고 답하였다.

특히 교사 원인에 대해 학생들은 교사 태도, 교사 품위, 교수법, 전공지식 등이 주로 영향을 미친다고 하였다. 역으로 사제관계가 좋고, 교사가 인간적 매력이 있으며, 교수법이 적절할 경우 학생들의 수업 중 문제행동이 줄어드는 것으로 나타났다(郑阳春,2014). 수업 중 학생들의 문제행동이 발생했을 때 교사가 적절한 방식으로 이를 처리하지 못할 경우 교사-학생 간의 관계가 악화될 뿐 아니라 학생의 정서적 발달에도 부정적 영향을 끼치게 된다.

## 2. 수업방해 학생에 대한 교내 지도방법과 사례

　중국의 각 학교에서는 학교 수업과 생활 질서를 바로잡고 수업의 질을 제고하기 위해 정부가 발표한 '초중등 학생 수칙', '초중등학생 일상 행위규범', '품덕과 사회'등을 근거로 학교 자체의 '학생관리제도', '학생 품덕 행위 종합평가제도' 등을 마련하고 있다. 또 이를 토대로 학생들의 학교생활태도 뿐 아니라 수업 태도에 대해 지도하고 있다.

　중국의 한 학교에서 제정한 '초중등학생 관리제도'를 보면 "학교에서 정한 규율을 준수하지 않거나, 벌점이 일정 이상 쌓이면 모범학생 또는 우수학생 등의 명예를 받지 못하도록 한다"고 되어 있다. 예를 들면 "스마트폰을 보다 걸리면 벌점 2점에 학기가 끝날 때까지 학교에서 스마트폰을 보관한다", "공부시간에 인터넷이나 게임을 할 경우 벌점 2점에 학부모로부터 보증서를 써서 제출하게 한다", "수업방해 행위를 자주 하는 학생에게는 벌점 5점을 주고 엄중히 경고한다" 등이다(皮匠网, 2011).

　또한, 중국 초중등학교에서는 학생들의 수업태도를 지도관리 하기 위해 '학생 수업태도에 관한 일반적 요구사항(学生课堂常规要求)'을 제시하고 있는데, 구체적인 내용을 보면 다음과 같다(上海市新大桥中学, 2018.6.7.).

　■ 수업 준비종이 울리면 교실로 돌아가 조용히 선생님이 오길 기다린다. 수업종이 울리면 바로 앉는다. 선생님이 강단에 서면 반장의 구호에 따라 자리에서 일어나 선생님께 목례 한다. 상호 인사가 끝난 후 반장의 구호에 맞춰 자리에 앉는다.

▣ 수업 규율 준수에 대해 자각하고 수업시간을 소중히 여긴다. 적극적으로 생각하고, 대담하게 발언하며, 모르는 것은 질문한다. 집중하여 수업을 듣고, 학습방법을 익혀 점차 스스로 학습할 수 있는 능력을 갖춘다.

▣ 수업시간에 앉기 · 서기 · 읽기 · 쓰기 자세를 바르게 한다.

▣ 예절을 지키고, 바른 언어를 사용하며, 발표할 때는 먼저 손을 든다.

▣ 수업에 늦거나 수업중간에 교실을 벗어나야 할 경우, 먼저 선생님께 보고하고 허락을 받는다.

▣ 수업시간에 질문이나 발언을 해야 할 경우, 정해진 자세에 따라 손을 들어야 하고, 선생님이 허락하면 기립하여 발언한다. 발언 시 목소리는 크게, 태도는 대범하게 한다. 질문이나 발언이 끝난 후에는 선생님의 허락을 받고 앉는다.

▣ 수업 종료종이 울리면 교사가 "수업 종료"라고 말하고, 반장이 "기립"을 외치면, 학생들은 일어서서 선생님께 "안녕히 가세요!"라고 인사한다. 교사가 인사하고 교실을 떠나면 학생들은 다음 수업시간에 쓸 교과서 및 도구 등을 준비한다.

▣ 학생들은 매일 아침 자습 전에 숙제를 제출한다. 아침 자습시간에는 열심히 독서하고, 숙제나 다른 일을 해서는 안 된다.

▣ 학생들은 자습시간에 열심히 공부하고, 좋은 공부 습관을 기른다. 열심히 복습하고, 숙제를 완수하며, 마음대로 자리를 떠나거나 웃고 떠들지 않는다.

▣ 교과 교실에 이동하여 수업할 때에는 각 교실의 사용 규칙을 엄격하게 준수한다.

중국의 각 학교에서는 이처럼 학생관리규정, 수업시간 규정 등을 정해놓고 이를 지키도록 엄격하게 관리하는 편이다. 체벌은 금지되어 있기 때문에 수업시간에 방해가 된다고 해서 체벌하는 경우는 거의 없으며, 주로 교실 뒤나 복도에 나가 서있도록 하는 정도로 벌을 준다. 규정을 준수하지 않을 경우 표창장 수여 등에 영향을 받게 될 뿐 아니라 이러한 생활태도를 종합소양평가에 반영하기 때문에 진학에 까지 영향을 미칠 수 있다.

종합소양평가란 학기 말이나 학년 말, 전국 각지의 중고등학교에서 전체 재학생을 대상으로 종합소양과 능력을 평가하는 것을 말한다. 종합소양평가는 2006년 교육부가 전국 중학교 졸업 및 고등학교 학생 모집 제도를 보완한 데서 비롯됐다. 최근 상하이와 장쑤성 등 일부 지역에서는 대학입학의 참고 및 전형자료로 활용되기 때문에 학생들의 수업태도를 관리 · 지도하는데 중요한 영향력을 미치고 있다.

종합소양평가에서는 일반적으로 도덕 품성, 공민 소양, 학습 능력, 교류협력 및 혁신실천, 운동과 건강, 심미, 표현 능력 등 7가지 방면을 평가한다. 등급은 각각 A(우수), B(양호), C(일반), D(나쁨)으로 나뉘고, 종합평어를 작성하기도 한다. 종합소양평가 결과는 전적으로 해당 학생의 평소 학교에서 하는 언행과 학습 태도, 대인관계에 달려 있다. 이는 또한 대학 전형의 중요한 지표가 될 뿐 아니라, 경우에 따라서는 시험 성적 못지않게 중요한 자료로 사용되는 경우가 있다. 특히 중학교 3학년이 되어 'C'나 'D' 등급을 받게 되면 고교진학에 지장이 생길 수 있어 학생들이 학교생활이나 수업에서 행동을 각별히 주의하는 편이다(百度百科, n.d.).

종합소양평가의 종합평어는 학생의 종합소양에 대한 전반적인 상황을 기술한다. 교사는 학생의 품행에 대해 전면적으로 관찰하여 학생의 도덕적 품성, 일상 태도 등을 평가하는데, 이는 30% 비중을 차지한다.

교사 평가 뿐 아니라 동료 학생 간에도 평가가 이루어지고, 10%가 반영된다. 학교 교감 1명이 학생의 품행 평가업무를 주관하며 품행점수에서 불합격 받은 학생에 대해 학교는 학부모와의 면담을 요구하고 학생의 교육방안에 대해 함께 논의한다. 평가내용은 학부모에 전달되고 학생종합소양평가 기록부에 기재된다. 평가과정에서 학부모가 참여하도록 하는데 이는 학부모로 하여금 자녀교육에 관심을 갖고 참여하도록 하기 위한 유효한 수단이 된다. 또한 학교에서는 가정 내에서 학생의 생활태도가 어떠한지를 이해할 수 있어 가정교육과 학교교육을 일관되게 유지하는 합리적인 방안이 되고 있다(百度文庫, 2018).

## 3. 특징과 시사점

중국 학교 수업방해 행위 및 이에 대처하는 교사와 학교의 태도를 정리해보면 다음과 같은 특징이 있음을 알 수 있다.

첫째, 중국에서 수업방해 행위가 상대적으로 적게 발생하며, 그 배경에는 중국 교사의 권위가 우리에 비해 상대적으로 높다는 점을 들 수 있다. 수업태도를 오랜 시간 바르게 유지하는 것은 쉬운 일이 아니다. 수업 중 집중력이 떨어지면 다른 행동을 하게 되고 이는 결국 수업을 방해하는 원인이 된다. 그렇다 하더라도 엄격하고 권위 있는 교사의 수업에서 학생들은 의식적으로 불필요한 행동을 줄이려는 경향이 있다. 또 수업 중 교사·학생 간 의견이 충돌한다 하더라도 교사의 권위가 바탕이 된다면 학생들이 심지어 신체적·언어적 폭력을 가하는 공격적 행동도 좀 더 자제하게 될 것이다. 최근 우리나라 교실에서 나타나는 크고 작은 수업방해 행위는 과거에 비해 무너진 교사의 권위 때문은 아닌가 하는 생각도 들게 한다. 교사가 권위를 세운다는 것이 꼭 학생의 권리와 자유를 줄이는 것은 아니기 때문에 교사의 권위를 세우면서 동시에 학생의 자율적 행동을 허용할 수 있는 효율적인 수업관리 모델을 생각해볼 필요가 있을 것이다.

둘째, 엄격한 학교 규율을 수립하고 이에 대한 태도를 성적에 반영하고 있다. 입시를 가장 중요한 목표로 생각하고 있는 학생들 입장에서 가장 강력한 구속력은 아마도 태도와 성적을 연계시키는 일일 것이다. 중국에서는 과거에도 학생당안(생활기록부에 해당)에 학교에서의 생활태도에 대해 기록하고 이를 대학진학 및 취업 이후에도 따라다니도록 해서 학생들이 행실에 좀 더 신경을 쓰는 경향이 있었다. 최근에는 일부 지역에서 종합소양평가를 실시하면서 수업태도를 고교 진학 및 대학 진학의 참고자료로 사용하도록 하고 있어 그 영향력이 확대되고 있다. 특히 중국에서는 성적이 좋다고 해서 학급이나 학교의 간부 혹은 당원이 될 수 있는 것이 아니라 평소 태도가 어떠한지가 큰 영향을 미치고 있다. 중국에서 간부나 당원이 된다는 것은 사회적으로 인정받는 길이며 성공의 기틀이 되기도 하기 때문에 학생들은 이를 항상 의식할 수밖에 없다. 이처럼 학교에서의 행동 하나하나가 자신의 앞날과 직결될 뿐 아니라 지속적으로 영향을 미치게 된다면 학생들은 수업 중 태도에 대해 한 번 더 생각하고 조심하려는 태도를 지니게 될 것이다.

셋째, 수업방해 행동의 원인을 학생 뿐 아니라 교사 등 외부에도 있다고 보고 있다. 학생들이 수업 중에 보이는 크고 작은 문제행동은 학생 개인의 내적인 문제에 기인하기도 하지만 교사, 부모 등 외적인 요인에 의해 영향을 받기도 한다. 특히 학생이 문제 행동을 보였을 때 교사의 적절한 대처는 학생의 문제행동을 줄이거나 없앨 뿐 아니라 수업태도에 긍정적인 변화를 가져올 가능성도 있다. 중국에서는 학생의 생활태도에 대해 학부모와 긴밀히 소통하고 이를 수정하도록 하여 부정적인 행동이 더 커지는 것을 사전에 예방하고 있다. 수업방해 행위가 학생 개인에 의해서 발생한다거나, 교사가 학생을 통제해야 한다는 관점으로만 보아서는 이를 제대로 해결하기 어려울 것이다. 학생에 대한 지도 · 관리와 동시에 교사, 가정, 사회가 협력하여 학생의 수업방해 행동을 바꾸기 위해 어떠한 노력을 기울여야 할지 생각해보아야 할 것이다.

참고
문헌

邵瑛莹(2016). 中年级小学生课堂问题行为的管理策略研究——以常熟市某小学为例. 苏州大学.

郑阳春(2014). 关于普通中学生课堂问题行为现状的调查. 中学教学参考, 18, 80-81.

(美)林格伦(1983). 课堂教学心理学. 昆明: 云南人民出版社.

百度文库(2018). 小学生学生品德行为综合评价制度.

https://wenku.baidu.com/view/6bab77ee6429647d27284b73f242336c1fb930 55.html에서 2019.11.12. 인출.

皮匠网(2011). 中小学学生管理制度.

　　　https://www.3mbang.com/p-1153208.html에서 2019.11.12.인출.

上海市新大桥中学(2018.6.7.). 学生课堂常规要求(2018版).

　　　http://xdq.edu.sh.cn/info/1102/3735.htm에서 2019.11.13.인출.

百度百科(n.d.). 综合素质i评价.

　　　https://baike.baidu.com/item/%E7%BB%BC%E5%90%88%E7%B4% A0%E8%B4%A8%E8%AF%84%E4%BB%B7/5865750?fr=aladdin에 서 2019.11.13. 인출.

# 중국의 기초학력 부진학생 지원 시스템

학습부진은 가정 뿐 아니라 학교 및 담당교사 차원에서도 어려운 과제
이다. 특히 학습부진은 초등교육에서 비교적 보편적이고 중요한 문제
로 여겨져 오고 있다. 공평하고 전인적인 교육을 강조하는 중국에서는
한명의 학생도 낙오됨이 없도록 하기 위해 학습부진 학생의 기초학력
증진에 노력을 기울이는 편이다. 중국에서는 학교마다 '학습부진 학생
(學困生)'을 위한 제도를 마련하도록 하고 교사의 적극적인 참여를
위해 교사 평가요소에 반영하는 등 구체적이고 실천적인 노력이 실행
되고 있다.

# 1. 중국의 기초학력 보장에 대한 인식

학습부진 학생은 어느 학급에나 있기 마련이며 이들은 학습부진으로 인해 심리적 어려움까지 겪을 가능성이 높다. 학습부진 학생들이 생겨난 원인은 다양하다. 학습부진은 개인적 요인에 의해 발생하기도 하지만 가정, 학교, 사회적 환경과 제도에 의해 영향을 받기도 한다. 중국에서도 학습부진 원인에 대해 비슷한 의견을 제시하고 있다. 우선, 학교요인으로 교사들의 무미건조한 수업과 늘 같은 수업방식, 잘못된 훈육 등이 제기된다. 수업방식이 새롭지 않아 학생들이 학습에 대한 흥미를 상실하고 이로 인해 학습 성적이 저하되었다는 것이다. 수업의 질은 학습부진 학생 뿐 아니라 모든 학생들에게도 중요한 문제이다. 학교에서는 수업 장학, 수업 연구, 교사 평가 등을 통해 수업의 질 제고 및 학습부진 학생을 위한 특별 지도 등을 요구하고 있다. 두 번째로 가정 및 경제적 요인을 들고 있다. 가족간 불화, 부모의 이혼, 한부모 가정, 가정교육 부재 등이 여기에 포함된다. 학교에서는 가정과 연락체계를 수립하고 가정 상황을 파악하여 경제적 지원 및 심리 지도 등 도움을 주려고 노력하고 있다. 세 번째로 개인적 요인도 빼놓지 않고 있다. 예를 들어 공부 습관 미형성, 기초학습 부족, 의지부족, 심리적 장애 등이다. 개인적 요인은 기초학력과 밀접한 연관을 갖고 있다고 하더라도 기초학력 부진의 원인을 지나치게 개인적 요인으로 단정하면 학교, 가정, 사회 등 환경과 제도적 개선을 위한 노력에 소홀해지기 쉽다고 보고 있다. 이 때문에 학습부진 학생에 대한 원인분석과 대책 마련에 있어서 환경적 요인과 이에 대한 개선방향을 찾으려는 노력이 중요시되고 있다.

## 2. 기초학력 부진학생 지원 프로그램 사례

중국 초중등 학교에서는 '이인위본(以人为本: 사람을 근본으로 삼는 교육)', '인재시교(因材施教: 각각의 학생에 맞는 교육)'를 실현하고, 모든 학생이 공평한 교육을 받도록 보장하기 위해 '학습부진 학생 지원제도(學困生幫扶制度)'를 마련하고 있다. 각 학교의 학습부진 학생 지원제도를 보면 기초학력 증진을 위한 교사의 수업방식 개선 요구, 도우미 학생 배정, 맞춤형 평가, 칭찬과 격려 등이 공통적으로 명시되어 있다. 중국 몇몇 학교의 학습부진 학생 지원제도 내용을 살펴보면 다음과 같다.

### 1) 신지중학교(新集初中)

신지중학교에서는 학습부진 학생 지원을 위해 전 교직원 회의를 열고 다음과 같은 방안을 수립하였다.

▣ 교사는 수업활동에서 모든 학생을 대상으로 하고 모든 학생의 발달에 관심을 기울여야 한다. 각각 다른 학습능력을 가진 학생들 모두가 배우고 익히게 하도록 해야 한다. 교사는 최대한으로 학생들의 학습 흥미를 유발하고 학생들의 잠재능력을 계발하도록 도와야 한다.

▣ 교사는 수업 중 학습부진 학생을 위해 더 많은 발표 기회를 주어야 한다. '격려는 많이, 질책은 적게' 원칙에 따라 학습부진 학생들이 학습에 대한 흥미와 자신감을 갖도록 해야 한다.

▣ 전 교사가 학기 초 교과목 특징과 학생의 학습 상황에 따라 실행 가능한 학습부진 탈출방안을 마련하여야 한다. 또한 중간·기말 시험이 끝나면 학습부진 학생의 개선 상황을 학교에 서면으로 보고하고, 학교에서는 교과목 성적과 비교하여 학생의 변화 상황을 교사 성과평가에 포함시킨다.

▣ 학습부진 학생의 향상 정도에 따라 교사에게 인센티브를 지급한다. 어문, 수학, 외국어는 학급 상황을 고려하여 5명을 학습지원 대상으로 선정한다. 학기말 성적에서 학생들이 학습부진 수준을 벗어나면 학생 당 100위안의 격려금을 지급한다. 물리, 화학, 생물, 정치, 역사, 지리 과목은 3명의 학습지원 대상을 선정하고 학기말 시험에서 학습부진을 벗어나면 50위안의 격려금을 지급한다.

▣ 담임교사와 교과교사 간 협조하여 학습부진 학생 명단을 확정한다. 학생 개개인의 특성에 따라 교육할 것을 강조하는데 이는 교육의 실효성을 높이기 위함이다. 도우미 학생 맺어주기, 조별 평가 등 방식으로 다른 학생들이 학습부진 학생을 도울 수 있도록 한다. 담임교사는 언제 어디서든 학습과 생활, 규율 등 모든 면에서 학습부진 학생에 더 많은 관심과 지원을 집중한다.

▣ 학부모와의 긴밀한 협조체계를 수립하고 학년별 학부모 좌담회를 개최한다. 학교에서는 학부모들에게 학교의 입장과 태도를 분명히 전달하고 가정의 적극적인 협조를 요청한다. 학교는 학부모들에게 가정에서 어떻게 학습부진 자녀를 교육해야 하는지 교육방법에 대해 설명해주고 이를 실천하도록 권한다.

▣ 학습부진 학생의 자리 배치에 특별히 신경써준다. 학습우수 학생과 학습부진 학생을 가까이 앉도록 하여 학습우수 학생이 학습부진 학생을 일대일로 도울 수 있도록 한다.

## 2) 베이징대학 진춘초등학교(北大靳村小學)

베이징대학 진춘초등학교에서는 모든 학생들이 기본기능을 익히고 전인적인 발달을 할 수 있도록 학습부진 학생을 위한 다음과 같은 조치를 취하고 있다.

▣ 학습부진 학생 명단 확정: 이전 학기말고사에서 어떤 과목의 성적이 미달되면 'XX과목 부진아'로 확정한다.

▣ 학생의 수준에 따라 그에 맞는 교육 실시: 철저한 조사를 통해 학생들의 학습상황을 파악하고 학생들의 눈높이에 맞추어 지도하도록 한다. 심리적인 장애가 있는 학생에 대해서는 심리적인 질병을 치료할 수 있도록 도와주고, 개별 면담과 심리지도를 실시하도록 한다. 학습의지가 부족한 학생에 대해서는 학습의지 강화에 중점을 두도록 하고, 학습단절로 선행지식이 부족한 학생에 대해서는 전후 지식구조가 연결될 수 있도록 지도한다.

▣ 자발적 지도 및 인격적 감화: 학습부진 학생들에 대해 사랑과 인내심을 가지고 교육하도록 한다. 학습부진 학생들은 학습에 어려움을 겪고 있고, 이러한 상황에서 가장 필요한 것은 교사의 가르침과 감화이기 때문이다.

▣ '일대일 도우미' 제도 실시 및 특별 자리배치를 통해 우수 학생이 부진 학생을 이끌어 갈 수 있도록 한다.

▣ 학습부진 학생이 지닌 특별한 능력을 찾아 지속적으로 발전시켜 가도록 격려한다. 성적이 뒤처지더라도 다른 방면에 소질이 있거나 특별한 재능이 있다면 그러한 점을 강조하도록 한다.

▣ 각 학급에서 학습부진 학생 격려 방안을 마련하고 학생에 적합한

방식으로 격려하도록 한다. 조금이라도 잘한 부분이나 새로운 시도가 있다면 그 부분에 대해 칭찬을 아끼지 않도록 한다. 학습부진 학생들은 사랑과 관심 속에서 더 잘 자랄 수 있기 때문이다.

▣ 정기적으로 학습부진 학생 가정을 방문하여 학교와 가정 간 협력 관계를 형성하고, 학습부진 학생들의 변화되는 모습을 기록하도록 한다.

▣ 학습부진 학생들에 대한 심리교육을 중시하고 근본적인 생각의 전환이 일어날 수 있도록 돕는다.

## 3) 상하이 민반신싱초등학교(民辦新星小學)

민반신싱초등학교에서는 학습부진 학생의 학습개선을 수업 질 제고를 위한 중요한 부분으로 삼고 있다. 이 학교에서는 '수업 질 우수 계획(教學質量優質"的計劃)'에 따라 모든 과목, 모든 학급, 모든 학생들이 학기 말에 학습 목표에 도달하도록 다음과 같이 '학습부진 학생 지도' 방안을 마련하고 있다.

▣ 전 교사와 관리자들이 학습부진 학생 학습개선 업무에 대해 올바른 인식을 갖도록 한다. 학습부진 학생을 무시하지 않고 포기하지 않으며 하나의 잣대로 평가하지 않도록 한다.

▣ 각 과목 교사들에게 학기 초 특별 지도가 필요한 학습부진 학생 명단을 확정하고 이 학생들의 학습부진 원인을 분석하여 학습개선 방안을 마련하도록 한다.

▣ 교사들에게 수업 중 학습부진 학생들에 대해 더욱 관심을 갖고 의도적으로 발표 기회를 더 주도록 한다. 예를 들어 수업 중 학습부

진 학생 한 번 더 보기, 한 번 더 질문하기, 한 번 더 격려하기, 한 번 더 칭찬하기, 수업 후 더 많이 소통하고 교류하기, 부진 학생의 생각 이해하기 등이다.

▣ 과제를 낼 때는 학습부진 학생에게 맞춤형으로 내어 과제의 실효성을 높이도록 한다.

▣ 학습부진 학생의 부모와 정기적으로 학생의 학습 상황에 대해 소통하고 교류하도록 한다. 학교교육과 가정교육의 연계를 통해 학습부진 학생의 학습발전을 촉진하는데 힘쓰도록 한다.

▣ 학습부진 학생을 특별 지도하기 위해서는 인내심과 열정적인 마음이 필요하다. 교사들이 가능한 모든 시간을 이용해 학습부진 학생을 위한 대면 지도를 계획적으로 실시하도록 한다.

▣ 학교에서 학습부진 학생에 대한 특별 지도 제도를 마련하여 실행하도록 한다.

▣ 학습부진 학생 기록부를 만들어 지속적인 교육이 이루어지도록 한다. 학습부진 학생 지도를 교사의 성과 평가 항목에 포함시킨다.

## 3. 특징 및 시사점

앞에서 살펴본 중국의 사례로부터 학습부진 학생의 기초학력 증진을 위해 다음과 같은 점을 생각해볼 수 있다.

첫째, 학습부진 학생에 대한 맞춤형 평가를 실시한다. 학습부진 학생을 평가할 때 다른 학생들과 똑같은 잣대로 평가하지 않고 평가기준을 적당히 낮추어 주는 것이다. 학습부진 학생에게 적당한 목표를 제시하여 이에 도달한 후 다음 단계로 올라가도록 한다면 자신감을 심어주는데 유리하기 때문이다. 또한 평가 시 성적에만 중점을 두지 말고 학습부진 학생이 갖고 있는 다른 특별한 부분을 발견하여 이를 격려하고 칭찬하도록 한다. 학교 성적이 좋지 않더라도 저마다 각자가 잘 할 수 있고 좋아하는 부분이 있기 마련인데 이런 부분에 관심을 갖고 격려해주면 학습부진 학생들이 학교생활에 즐거움이 생기고 학습에 흥미를 갖는데 도움이 될 수 있을 것이다.

둘째, 학교와 가정 간 소통과 협력이 이루어지도록 한다. 학습부진 학생의 학력 증진을 위해서는 교사의 지도 뿐 아니라 가정의 관심과 협조가 매우 중요하다. 이 때문에 중국에서는 학습부진 학생 학부모와의 연락을 일상 업무에 포함시키고 정기적으로 학교-가정 간 교류가 이루어지도록 하고 있다. 교사는 학생의 수행상황과 변화를 즉각적으로 학부모에게 전달하고 가정에서 이에 협조할 것을 요구하고 있다. 교사는 가정과의 연락을 통해 가정에서의 학습 상황 및 생활 태도를 파악하고 문제를 발견할 수 있으며 이를 통해 더욱 합리적인 학습지원 방안을 마련할 수 있는 것이다.

셋째, 학습부진 학생의 지원업무를 교사 평가항목에 포함시킨다. 중국에서는 학습부진 학생에 대한 지원을 권장하는 수준에서 머무는 것이 아니라 학습개선 상황을 교사의 평가에 반영함으로써 교사들이 이에 대해 좀 더 적극성을 띄도록 하고 있다. 학습부진 학생의 지원과 관리를 제도화 하지 않을 경우 형식에만 그치고 실질적인 노력이 이루어지지 않을 수 있기 때문이다. 이를 보완하기 위해 학습부진 학생의 학습 진전 상황을 교사의 평가항목에 포함하는 것은 교사들이 학습부진 학생에게 조금이나마 눈을 더 돌리게 하는 동력이 될 수 있을 것이다.

참고
문헌

北大靳村小學(2015).2015年北大靳村小學學困生幫扶制度.

　　　　https://wenku.baidu.com/view/140d8eeb0b4e767f5bcfce3b.html에서

　　　　2018.4.10. 인출.

常宏剛(2017). 學困生轉化需要"政策扶貧". 速讀, 10(下旬刊).

民辦新星小學(2014.09.01). 民辦新星小學學困生輔導制度.

　　　　https://wenku.baidu.com/view/a814c8410722192e4536f66f.html에서

　　　　2018.4.11. 인출

新集初中(2016.6.24). 安定區新集初中學困生幫扶制度及實施方案.

　　　　https://wenku.baidu.com/view/6f7a00fbccbff121dc3683b9.html에서

　　　　2018.04.06. 인출.

馬成海·馬繼忠·馬玉梅(2017). 輔導轉化學困生.中華創新教育論壇.

## 중국의 청소년 자원봉사활동

중국에서는 봉사활동이 학교교육 활동이나 입시의 한 부분으로 포함되어 있지는 않다. 게다가 대학입학시험의 점수가 대학 합격여부를 판가름하는 결정적인 요소가 되기 때문에 학생들도 평소 자발적으로 봉사활동에 참여하는 경우는 드물다. 중국의 한 대학생에게 중고등학교 시절 봉사활동에 대한 경험을 물어본 결과 전혀 해보지 않았으며 다른 친구들도 마찬가지라고 대답하였다. 단지 간혹 외국 대학으로의 유학을 준비 중인 학생들 중에 이에 대한 필요성 때문에 기관에 위탁하여 활동을 하는 경우가 드물게 있다고 하였다. 이처럼 중국의 청소년들은 사회봉사활동에 대한 경험과 개념이 아직 부족한 상황이다. 입시위주의 학교생활로 봉사활동 및 사회경험 부족이 문제로 제기되자 최근 중국에서는 이를 장려하려는 정책들이 발표되고 있다.

# 1. 청소년 자원봉사활동 관련 정책

2016년 공청단과 교육부에서는 공동으로 「중고등학생 지원 복무 업무 강화에 관한 실시의견(关于加强中学生志愿服务工作的实施意见)」 (이하 '의견')을 발표하였다. 의견에서는 봉사활동의 방식과 기제, 관리 및 평가 등에 대해 명시하였다. 의견에 따르면 중고등학생 자원봉사는 학생들에게 사회적 책임감과 사회실천능력을 키워주고 우애, 협력, 봉사정신을 함양하는 데 그 목적을 두고 있다. 학생 자원봉사 영역으로는 불우이웃 돕기, 노인 및 장애인 돕기, 지역사회 활동, 생태환경 활동, 문화건설 등이 포함된다. 학생들에게 자기가 속한 가까운 지역의 작은 일부터 봉사활동을 시작하도록 장려하고 있다. 의견에서는 자원봉사가 학생들의 일상생활 속에 녹아들도록 하고, 학교로 하여금 규범화된 평가 제도를 마련하여 자원봉사에 대한 종합적인 평가를 하도록 하였다. 봉사활동 내용은 학생종합소양 기록부에 기재하여 종합실천과목 학점에 포함되도록 하였다. 자원봉사 경력이 공청단의 선발 및 표창의 중요한 근거자료가 되도록 하여 공청단에 가입하고자 하는 학생들이 봉사활동을 더 필요로 하고 있다. 의견에서는 공청단 단원들에 대한 지원자 등록 업무를 집중 실시하도록 하고 공청단 입단 전의 자원봉사활동 경험을 중요한 참고자료로 삼도록 하였다. 의견에서는 자율적 참여를 원칙으로 한다고 명시하였지만 실상 대부분의 학생들이 사회에 대한 기여나 봉사의 목적 보다 학급이나 학교 활동의 일환으로 또는 공청단 가입을 위한 목적으로 참여하고 있다.

이 밖에도 의견에서는 학교에 자원봉사 직책을 마련하고 학교 차원의 또는 학급 차원의 자원봉사 프로그램을 만들어가도록 하였다. 지역

교육과정 또는 학교 교육과정에 자원봉사활동 내용을 포함시킬 것도 장려하였다. 각 지역 교육행정부문에 대해서는 학생 자원봉사 업무 종합평가 방안을 마련하고 매년 정기적으로 이를 업무평가에 포함시키도록 하였다. 「중고등학생 지원 복무 업무 강화에 관한 실시의견」에서는 지역사회와 협력하여 학생 자원봉사활동 프로그램을 개발하도록 하였는데, 여건이 되는 지역에 대해서는 지역 자원을 통합하여 학교 밖에 자원봉사 기지를 설립할 것을 장려하였다.

칭다오시의 경우 교육부가 발표한 「학생 지원복무 관리 임시방안(学生志愿服务管理暂行办法)」및 칭다오시의 상황을 고려하여 2016년 3월 「칭다오시 중고등학생 자원봉사활동을 추진하기 위한 실시의견」을 발표하였다. 의견에 따르면 칭다오시는 2017년까지 14세 이상 학생 중 '칭다오 자원봉사 사이트'에 가입한 비율이 55% 이상에 이르게 한다고 하였다. 칭다오시 교육국은 매달 자원봉사활동 프로그램에 대한 가이드라인을 제공하고 각 교육국과 학교에 대해 사회현실과 학생의 특징을 고려한 다양한 자원봉사활동을 조직하도록 지시하였다.

## 2. 자원봉사활동 내용 및 요구사항

### 1) 칭다오시(青島市) 자원봉사활동 내용

- ▣ 지역사회 자원봉사활동: 지역사회 주민을 대상으로 삼으며 근거리 · 편리성의 원칙에 따른다. 학교에 지역사회 자원봉사활동 기지를 설립하고, 지역사회에 나가 봉사활동을 하게 할 뿐만 아니라 지역사회 주민을 학교로 초청하기도 한다.
- ▣ 겨울방학 특별 자원봉사활동: 학생들이 겨울방학 기간 기차역, 고속버스 터미널에서 귀성객을 대상으로 설 명절 자원봉사, 환경위생 자원봉사 등 활동을 한다.
- ▣ 환경보호 자원봉사활동: 국제 식목일에 즈음하여 나무심기, 물 절약, 쓰레기 분리, 동네 벽화그리기, 환경지식 캠페인 등을 실시한다.
- ▣ 자폐 아동 돌보기 봉사활동: 자폐아동에 대한 관심을 주제로 자폐아동과 함께 놀아주기, 자폐증 지식 캠페인 활동 등을 한다.
- ▣ 독서 지원활동: 장애인에 책 읽어주기, 도서 기증 등이 포함된다.
- ▣ 농촌 잔류 아동 및 도시 이주자 자녀에 대한 자원봉사활동: 사랑의 교실 운영, 도시문화 소개, 정서적 지원, 사랑의 결연 맺기 등이 포함된다.
- ▣ 해양환경 자원봉사활동: 해양자원 보호 및 해양환경 보전을 주제로 해양 쓰레기 청소, 해변환경 보전, 해양과학 지식 캠페인 등이 포함된다.

## 2) 산둥성 타이안 제일 고등학교 봉사활동 내용

산둥성 타이안 제일 고등학교에서는 「산둥성 신교육과정 실시방안 (山東省新课程实施方案)」에 따라 「타이안 일중 종합사회실천활동 총체방안(泰安一中综合社会实践活动总体方案)」을 마련하고, 이에 따라 학생들이 재학기간 반드시 종합사회실천활동과 사회복무 15 학점을 이수하도록 하고 있다. 학교에서는 회의를 통해 여름방학 기간 모든 학생들이 사회실천활동과 사회복무 즉 지역 자원봉사활동에 참가하도록 하는데 합의하였다. 이를 통해 학생들이 교실 밖으로 나가 종합실천능력 및 시민의식을 함양하고, 사회적 책임감 및 봉사정신을 기르며, 의사소통능력을 높일 것, 사회적응능력을 함양하고 남을 돕는 태도를 기를 것 등을 요구하고 있다. 또한 학교, 학생, 사회 간 서로 긴밀한 연계를 통해 학생들의 도덕의식과 종합적 소양을 함양시키는 데도 노력하고 있다.

산둥성 타이안 제일 고등학교에서 운영하는 자원봉사활동 프로그램으로는, ① 행복한 타이안시를 위한 나의 행동, ② 지역사회 청결 활동, ③ 지역사회 종합관리 캠페인활동, ④ 노인 공경활동, ⑤장애인 돕기 활동, ⑥ 독서지도 활동, ⑦ 교통지도 활동, ⑧ 환경보호 활동, ⑨ 지역사회 공익 활동 등이 있고, 이러한 봉사활동의 운영방식은 다음과 같다.

▣ 활동 전 교육 실시: 학교 밖으로 나가서 하는 활동이므로 담임교사는 활동 전 학급 학생들을 대상으로 안전, 예절, 사회 공중도덕 및 법질서 등에 관한 교육을 실시한다. 특히 안전에 대한 주의사항 전달을 중요한 부분으로 삼고 교양 있는 시민으로서의 행동규범을

준수하도록 강조한다.

▣ 구체적인 계획 수립: 활동은 개인 단독으로 또는 소그룹으로 진행될 수 있는데 소그룹의 경우 인원수는 3~5명으로 작게 구성한다. 학생들은 반드시 봉사활동을 나갈 지역 혹은 기관에 미리 연락하고 활동계획서를 작성하여 일주일 전에 담임교사에게 제출한다. 담임교사는 활동 계획과 장소에 대해 분석하고 '근접·편리·안전'의 원칙에 따라 임의적이거나 공리적인 활동을 제한하여 안전사고를 미연에 방지한다.

▣ 활동내용: 학생들은 자신의 흥미와 경험을 바탕으로 관심을 갖고 있는 익숙한 주제와 내용의 봉사활동 영역을 선택한다.

▣ 활동 실천: 학생들은 반드시 계획서에 따라 활동을 진행하고 지역 및 봉사기관 담당자의 지도를 따른다. 담임교사, 교과교사, 학부모는 협조하여 학생들의 지역 봉사활동을 지도하고 활동이 순조롭게 진행될 수 있도록 도움을 준다.

▣ 평가 및 마무리: 학생들은 활동과정과 소감, 제안사항 등에 대해 보고서를 작성하여 제출한다. 학교에서는 학생들의 봉사활동 보고서를 토대로 그 내용을 평가하고 '종합실천활동방안'에 근거하여 상응한 학점을 부여하고 생활기록부에 기재한다.

## 3. 특징

중국에서 청소년 자원봉사활동이 보편화된 건 아니지만 최근 발표된 정부의 문건을 통해 중국에서도 앞으로 청소년 봉사활동이 점차 활성화 될 것으로 예측할 수 있다. 정부에서 발표한 문건을 토대로 그 특징을 정리해보면 다음과 같다.

첫째, 학생의 안전을 우선시하고 있다. 중국 초중등 학교의 경우 다른 선진국에 비해 교외 활동이 비교적 적은 편이다. 봉사활동도 마찬가지로 학교를 벗어나 진행하는 활동이라 학교에서 이에 대한 자율성이나 개방성을 두는 편이 아니다. 이는 중국에서 학교의 학생에 대한 책임이 너무 크다보니 학생들의 교외활동을 적극적으로 하기 어려운 부분이 있는 것으로 보인다. 봉사활동 등 교외 활동의 경우 안전교육을 미리 진행하고 학생들을 인솔하는 교사에 대한 교육도 반드시 포함하고 있다.

둘째, 학급별, 학교별 단체 봉사활동이 주를 이루고 있다. 이는 앞에서 언급한 안전과도 결부되는 것으로 학생들이 개인적으로 기관 및 지역사회에 가서 활동하는 것을 장려하는 편이 아니다. 자원봉사활동을 실시하는 학교의 경우 교육부 및 교육청의 문건에 근거하여 학교 차원의 계획을 미리 수립하고 조직적으로 실시하도록 하고 있다.

셋째, 봉사활동 내용을 종합소양기록부에 기재하고 공청단의 경우 선발 및 표창 기준으로 삼도록 하고 있다. 종합소양기록부가 대학입시에 영향을 크게 미치지는 못하지만 공청단에 가입하기를 원하는 많은 학생들의 경우 사회노동 및 지역사회활동에 대한 경험 등이 중요한 참고자료가 되기 때문에 자원봉사 참여의 동기 부여가 되고 있다.

참고
문헌

山东省泰安第一中学网(2014.09.28). 泰安一中学生社会实践´社区服务活动
　　实施方案.
　　　　http://www.tadyz.com/news/show.aspx?id=4606&cid=205에서
　　　　2017.05.02. 인출.
百度文库网(2016.06.12). 初中社区服务计划.
　　　　https://wenku.baidu.com/view/c23be1e2376baf1ffd4fadd4.html에서
　　　　2017.05.05. 인출
天天向上教育导航(2016.07.19). 北京市初中综合社会实践活动考核实施意见,
　　　　http://www.daydayup123.com/a/4015.html에서 2017.05.19. 인출.
中国文明网(2016.06.14). 关于加强中学生志愿服务工作的实施意见,
　　　　http://www.wenming.cn/wcnr_pd/xxyz/201606/t20160614_3438840
　　　　.shtml에서 2017.05.02. 인출.
青岛政务网(2016.03.08). 关于深入开展中学生志愿服务活动的实施意见.
　　　　http://www.qingdao.gov.cn/n172/n24624151/n24625415/n24625429
　　　　/n24625443/160308134637377113.html에서 2017.05.10. 인출.

# 6

# 교육복지 및
# 교육규모

# 중국의 정규수업 전·후 초등학생 돌봄 정책

우리 정부는 초등학교 학부모들의 돌봄 부담을 덜기 위해 10시 출근, 돌봄 교실 운영 확대 등 다양한 지원 정책을 마련하고 있다. 이는 출산을 장려하고 일과 가정의 균형을 통해 삶의 질을 제고하고자 하는 정부의 조치인 것이다. 하지만 여전히 돌봄 공백 사각지대는 완전히 해소되지 못하고 있으며 이로 인해 학부모들이 어려움을 호소하고 있다. 우리와 가까운 중국에서도 초등학생의 방과 후 돌봄 문제가 끊임없이 제기되자 최근 이를 해결하기 위한 정책들이 연이어 발표되었다.

## 1. 중국의 초등학생 돌봄 정책 배경

자녀를 돌보는 일은 우선적으로 부모의 책임이어야겠지만, 맞벌이 가정에서는 사실상 이를 감당하기 어려운 것이 현실이다. 아이들을 안전하고 성장 가능한 교육환경에 맡길 수 있다면 부모들은 직장에서 훨씬 더 능률적으로 일을 해낼 수 있을 것이다. 이러한 사정은 중국도 마찬가지다. 중국 초등학생의 하교시간은 1학년이 세시 반, 2학년부터 네시 반이다. 중국에서도 방과 후 자녀 하교시간과 부모 퇴근시간 사이 간격으로 자녀의 픽업과 돌봄 문제가 이슈가 되고 있다. 중국에서는 이를 두고 흔히 '세시 반 문제', '네시 반 문제'라고 한다. 중국 교육부는 이를 해결하기 위해 최근 들어 정부 발표와 정책수립을 통해 각 지역에서 현지 사정을 고려한 조치들을 마련할 것을 요구하고 있다. 2017년 9월 국무원에서는 「교육체제의 메커니즘 개혁에 관한 의견(关于深化教育体制机制改革的意见)」을 발표하고 학생들의 심신발달 특성과 학부모의 수요에 따라 탄력적인 하교 시간 운영방안(탄력하교제)을 수립할 것과 다양한 방과 후 수업을 제공할 것을 독려하였다. 앞서 2017년 2월 교육부가 「초중학생 방과 후 서비스에 관한 지도의견(关于做好中小学生课后服务工作的指导意见)」을 발표한 바 있고, 당시 일부 성·시(省市)에서 초등학생 방과 후 위탁관리를 시도하였다(百度, 2019.02.18.). 이는 '탄력'이라는 두 글자가 보여주듯이, 학부모들이 자신의 상황에 따라 가능한 시간에 학교에 와서 자녀를 픽업할 수 있는 제도이다. 즉 '탄력하교제(弹性离校)'는 아이는 일찍 끝나는 반면 부모는 늦게 퇴근하는 시간차를 메워달라는 학부모의 요청에 부응하여 마련된 것이다(中央电视台网, 2018.01.13.).

## 2. 초등학교 등교시간

　중국 초중등학교의 등교 시간은 오전 7시 전후로 이르고 학모의 출근 시간은 8시 30분 전후로 이보다 늦다. 대부분은 자녀를 데려다주고 출근해서 아침 돌봄 문제는 거의 제기되지 않는다. 오히려 지나치게 이른 등교 시간으로 인해 발생하는 문제를 해소하고자 등교시간을 늦추자는 의견이 제기되고 있다.

　저장성(浙江省) 교육청이 내놓은 「초등학교 시행에 따른 아침 등교시간 지연에 관한 지도의견(关于在小学施行早上推迟上学工作的指导意见)」을 보면, "초등학교 1, 2학년생의 아침 등교 시간이 8:00보다 빨라서는 안된다. 겨울철에는 등교시간을 적절히 지연하고, 8:00보다 일찍 수업을 시작하지 않아야 한다. 초등학교 1, 2학년 수업은 8:30보다 빨라서는 안 된다"고 명시하고 있다.

　헤이룽장성(黑龙江省) 교육청에서도 「초중학생의 아침 등교 시간 지연에 관한 통지(关于推后全省中小学生早晨到校时间的通知)」를 발표하고 2018년 3월 신학기부터 전 성(省) 초중등 학생의 아침 등교시간에 대해 8시보다 앞당겨서는 안되고 고등학생의 등교시간은 7시 30분 보다 빨라서는 안된다고 하였다(百度, 2018.03.03.).

　이른 등교시간은 학생 뿐 아니라 교사에게도 큰 부담이 될 수밖에 없다. 아침 자율학습 시간이 너무 빨라 아침을 먹을 여유도 없고 하루 8시간의 수면시간을 보장하지 못해 아이의 성장에도 좋지 않다는 것이다. 이에 중국 여러 지역에서 초중등학교의 수업시간을 늦춰 교사의 근무시간을 단축시키고 학생의 학업을 경감시키려는 움직임이 시도되고 있다.

## 3. 초등학생 정규수업 후 돌봄 프로그램

중국은 방과 후 돌봄 프로그램 '탄력하교제'를 통해 제 때 하교하기 어려운 아이들에게 위탁관리와 함께 교육프로그램을 제공하고 있다. 탄력하교는 지역과 학교별로 운영방안을 수립하고 있어 다소 차이는 있으나 '안전제일, 자발적 신청'이라는 기본적인 원칙에는 큰 차이가 없다. 난징시 등 일부 지역의 하교시간 운영방안을 살펴보면 다음과 같다.

### 1) 난징시(南京市) 사례

장쑤성(江苏省) 난징시는 중국에서 가장 먼저 '탄력하교제'를 도입하였다. 난징시는 2012년 9월 처음으로 일주일에 한 번씩 시범적으로 '하교시간 1시간 연장'을 실시해오다 학부모들의 요구가 많아지자 이를 개선하여 2013년 10월 난징시 교육국에서 「초등학교 탄력하교 운영에 관한 방안 통지(关于小学实行"弹性离校"办法的通知)」를 발표하고 주 5일 탄력하교제를 실시하기 시작하였다.

하지만 당시에는 탄력하교 운영에 위탁 기능 밖에 없는 데다 여러 반 아이들을 한 교실에서 관리하다보니 서로 불량 습관만 배우게 된다는 인식이 생겨 인기를 끌지 못했다. 2017년이 되어 난징시가 탄력하교제 운영을 위해 1,500만 위안(한화 약 25억 5천만 원)의 재정교부금을 지급하고 프로그램을 다양화하면서 탄력하교제는 다시 활기를 띠게 되었다. 이때부터 난징시의 모든 공사립 초등학교에서 본격적으로 탄력하교제를 실시하게 되었고, 현재는 난징시의 탄력하교 운영이 모범사례로 꼽혀 다른 지역으로 확대·보급 되고 있다(马晓亮, 2019). 시정부 뿐 아니라, 구정부에서도 탄력하교 운영을 위한 재정을 일부 지원하고 있다. 시와 구 양측에서 받는 특별 지원금은 학생당 매년 최소 400위안(한화 약 68,000원) 이상이다.

난징시가 탄력하교제를 운영하게 된 주요 배경은 학부모들의 강력한 요구가 있었기 때문이다. 학부모들이 하교시간에 맞춰 자녀를 픽업하거나 돌보기 어렵자 이로 인해 학교주변에 많은 위탁기관들이 무분별하게 생겨났다. 위탁기관들은 대부분 자격을 갖추지 않았거나 여러 안전문제를 안고 있는 것으로 지적되어 왔다. 이에 난징시 정부는 학생과 학부모의 행복수준을 제고하고 학생들을 안전하게 관리하기 위해 탄력하교제를 마련하게 되었다.

하지만 조사결과 탄력하교 운영내용에 위탁, 돌봄 기능만 있어 아이들의 학업시간만 낭비하게 되어 참여하지 않겠다고 답한 경우가 많았다. 난징시 정부는 이러한 의견을 수용해 돌봄 기능과 함께 학생의 소질계발을 위한 다양한 취미반을 개설하도록 하였다. 또한 지역 커뮤니티, 도서관 등과 협력하여 방과 후 학생들에게 보다 다양한 경험을 제공하고 지역사회를 이해할 수 있는 시간이 되도록 하였다(马晓亮, 2019).

난징시 탄력하교제의 특징으로는 시간 탄력성, 내용 탄력성, 교사 탄력성을 들 수 있다(马晓亮, 2019). 시간 탄력성이란, 하교시간을 연장하면서 동시에 탄력적으로 정하게 하는 것이다. 학부모들이 자녀를 픽업하러 오는 시간이 모두 다르다 보니 하교시간을 일괄적으로 정하기 어려운 점이 있다. 이에 난징시에서는 30분 간격으로 6시까지 하교시간을 정하게 하였다. 하지만 일부 학교에서는 아무 때나 픽업이 가능하게 하여 완전 탄력하교제를 운영하기도 한다. 도시 이주 근로자의 자녀가 많은 학교의 경우, 탄력 하교 운영시간이 끝난 후에도 부모가 데리러 오기 어려운 가정이 많기 때문에 지역사회와 협력하여 돌봄방안을 마련하고 있다. 예를 들어 탄력 하교 운영시간이 끝나고 교사가 퇴근하고 나면 퇴직 당원, 지역사회 간부 등 지역사회 봉사요원이 남겨진 아이들의 관리를 맡는다. 봉사요원마저 퇴근하고 나면 학교 보안이 나머지 아이들이 집에 돌아갈 때까지 보호한다. 또한 학생들의 안전한 하교를 확인하기 위해 학생들에게 탄력하교 카드를 발급하거나 QR코드를 주어 하교 시 하교관리 시스템에 스캔하도록 함으로써 학생들의 귀가를 확인하고 있다.

내용 탄력성이란, 방과 후 돌봄 시간 동안 다양한 내용의 프로그램을 운영하는 것이다. 난징시는 전담 교사를 정해 탄력하교 운영에 참여하는 학생에 대한 관리를 책임지도록 하고 있다. 이들은 주로 학생의 숙제, 예·복습, 독서를 지도하거나, 또는 체육활동, 과학실험, 예술분야 활동을 담당한다. 각 학교에서는 방과후 활동을 위해 교내 도서관, 체육관 및 지역 도서관, 커뮤니티 센터 등을 충분히 활용하고 있으며, 다양한 취미반과 동아리를 조직하여 운영하기도 한다. 이러한 풍부한 내용의 탄력하교 운영은 돌봄기능을 할 뿐 아니라 전인적인 교육에도 중요한 역할을 하는 것으로 평가되고 있다.

교사 탄력성이란, 탄력하교 운영을 담당하는 교사의 유형이 다양한 것이다. 물론 교내 교사들이 탄력하교 운영에 참여하기도 하지만 주로 외부로부터 교사를 초빙하는 경우가 많다. 중국에서는 최근 교원의 업무 경감이 중요한 화두가 되고 있을 만큼 교사 업무가 과중한 것으로 지적되고 있다. 이 때문에 모든 교사에게 방과 후 돌봄까지 맡길 수는 없는 일이다. 순번을 정해 돌아가며 돌봄 교실을 담당하기도 하고 일부 학교에서는 아예 외부에서 교원을 초빙해 취미반이나 동아리 수업을 맡기기도 한다. 또 다른 학교에서는 지역 주민, 대학생, 수공예 장인 등을 불러 방과 후 남은 학생들을 위한 수업을 담당하게 하기도 한다. 이러한 다양한 유형의 교사들은 학교 교수학습 방식과 내용을 풍부하게 하는데 도움을 줄 뿐 아니라 무엇보다도 교사 업무 부담을 크게 덜어주는 역할을 하고 있다.

2013년부터 탄력하교제를 운영해오고 있는 난징시의 요푸시제(游府西街) 초등학교에서는 퇴직 교사들을 초빙해 방과 후 학급을 지도·관리하도록 하고 있다. 퇴직 교사들은 경험이 풍부할 뿐 아니라 인내심이 많고 교육에 대한 열정이 있어 이 일에 더없이 적합하다는 것이다. 이에 퇴직교사가 방과 후 학급을 운영하도록 함으로써 교사들의 부담을 많이 덜어주고 있다. 이들 퇴직교사가 방과 후 학급을 지도하고 받는 보수는 매우 적다. 하지만 퇴직교사들은 학교에 와서 아이들과 교류할 수 있어 몸과 마음이 더 건강해지고 자신이 사회에 유용하다는 느낌을 받기 때문에 돌봄교사가 되기를 희망하는 편이다(中央电视台网, 2018.01.13.).

2017년 기준 난징시에는 7.2만 명의 초등학생과 20만 명의 교사가 탄력하교제 운영에 참여하고 있다. 관련 부처의 조사에 따르면, 난징시 각 초등학교의 탄력하교제 운영에 대한 만족도가 94.5%에 이르는 것으로 나타났다. 다만 조사 참여자들은 앞으로 좀 더 내용을 다양화하고 체육관, 컴퓨터실, 도서관 등 개방 공간을 확대할 것 등에 대한 의견을 제안하였다(中央电视台网, 2018.01.13.).

## 2) 기타 지역 사례

샨시성(陝西省) 시안(西安)시는 2017년 3월부터 초등학교 1~3

학년 학생을 대상으로 탄력하교제를 시범적으로 실시해오다 6월 시 전역으로 확대 실시하고 있다. 현재 탄력하교제에 참여하고 있는 재학생은 10만 5407명이다. 시안사범부설초등학교는 참여율이 비교적 높은 학교 중 하나로 전교 1~3학년 390명 학생 중 350명이 참여하고 있다. 이 학교의 하교 시간은 3시 50분~5시 30분 사이이다. 이 학교에서 탄력하교제를 운영하며 개설한 방과 후 수업으로는 인라인스케이트, 축구, 서예 등 8개 반이 있으며, 각 반마다 2명의 교사가 아이들을 돌보고 있다(中央电视台网, 2018.01.13.).

선양시(沈阳市) 원이루(文艺路) 제2초등학교 탄력하교의 운영시간은 두 부분으로 나누어진다. 첫 번째 운영시간은 오후 3시 30분~4시 30분으로 이 시간에는 담임교사가 그날 학습한 내용에 대한 질의응답을 해준다. 두 번째 시간대는 오후 4시 30분~5시 30분으로 취미반에 참여하거나 도서관을 찾아가도록 한다. 선양시 교육국에 따르면 현재 시 전체 초등학생의 81.7%, 중학생의 89.6%, 고교생의 99%가 탄력하교를 신청해 지금까지 50만 명 가까운 학생들이 혜택을 보았다고 한다. 탄력하교제를 운영하는데 드는 비용은 연간 2억 위안으로 시 재정에서 전액 부담하고 있다. 학부모와 학생에게 별도의 비용을 부과하지 않는다(中央电视台网, 2018.01.13.).

항저우(杭州市)시의 경우, 탄력하교 참여대상으로 주로 잔류아동(留守儿童: 부모가 도시로 떠나 조부모 등과 집에 남겨진 아이들) 또는 위탁 관리가 반드시 필요한 아이들, 그리고 저학년을 정하고 있다. 탄력하교는 오후 5시 30분까지 운영하며 한 학급 당 30~40명을 기준으로 구성한다. 위탁 학급에 1명의 담당교사를 배치하며 학교에 1명의 행정 당직자와 보건교사를 두도록 하고 있다. 방과 후 서비스 시간에 보충수업을 통해 학생들의 학업부담을 가중시키는 것은 엄격히 금지된다. 주로 자율학습, 예·복습, 숙제, 예체능 동아리 활동, 과학실험 등 다양한 소질 계발과 관련된 활동을 위주로 하고 있다. 방과 후 서비스 참여 비용은 무료이며 정부 재정으로부터 지급된다. 위탁 관리를 담당하는 교사에게는 소액의 근무수당이 지급된다(百度, 2019.02.18.).

이러한 탄력하교제는 퇴근 전 자녀를 픽업해야 하는 학부모들의 어려움을 해소하고 학생들에게 보충학습할 수 있는 시간을 주며 전인적인 발달을 촉진한다는 점에서 긍정적으로 평가되고 있다(百度, 2019.02.18.).

## 4. 특징

앞에서 살펴본 중국 일부 지역 초중등학교의 방과 후 돌봄 정책에 대한 특징을 정리하면 다음과 같다.

첫째, 다양한 인력을 방과 후 돌봄교실 교원으로 활용하고 있다. 교사들은 이미 주어진 업무만으로도 매우 지치고 시간이 부족하다. 이러한 교사들에게 방과 후 돌봄 교실이나 방과 후 수업을 운영하도록 하는 것은 업무 과중으로 스트레스를 줄 수 있다. 중국에서는 이 같은 문제를 해결하기 위해 퇴직교사, 대학생 및 지역사회 주민 등을 초빙해 방과 후 교실을 지도하거나 취미반 수업을 담당하게 하고 있다. 학교 측면에서 보면 교사의 업무부담을 완화하고, 교수학습 방식을 다양화할 수 있어 좋고, 초빙 교원 입장에서 보면 적지만 보수를 받을 수 있을 뿐 아니라 사회활동에 참여할 수 있다는 점에서 매우 유익하다고 할 수 있다.

둘째, 시간운영에 융통성을 두고 있다. 중국에서는 3시 반 또는 4시 반에 학생들이 하교하고 나면 방과 후 돌봄 교실을 시작한다. 이때 하교시간을 통일적으로 정하고 있는 것이 아니라 학교에 따라 탄력적으로 운영하고 있다. 어떤 학교는 30분 간격으로 하교 하게 하고, 또 어떤 학교는 수시로 하교할 수 있게 한다. 일부 학교의 경우 부모의 직업상 6시에도 자녀를 데리러 오지 못할 경우 경비원이 좀 더 늦은 시간까지 안전하게 보호하고 있다. 또 계절에 따라 하교 시간을 조절하여 학생들이 어두워지기 전에 집에 돌아갈 수 있도록 탄력적으로 하교 시간을 관리하고 있다.

셋째, 돌봄의 기능 뿐 아니라 전인교육을 위한 방안으로도 활용되고 있다. 중국에서는 암기 위주의 수업으로 창의성 및 신체발달을 위한 교육이 부족하다는 문제가 끊임없이 지적되어 오고 있다. 이에 최근 중국 정부는 예술교육을 강화할 것, 체력 증진을 도모할 것 등 지덕체미를 고루 갖춘 전인적인 인재양성에 중점을 두도록 하였다. 이러한 교육적 흐름에 맞게 탄력학교에서는 교과지식을 학습하는 보충수업은 엄격히 금지하고 다양한 취미반 활동을 통해 아이들이 비교과 지식을 습득하고 특기를 계발할 수 있도록 돕고 있다.

넷째, 정부 재정으로 이루어지고 있다. 사교육이 심한 중국에서는 많은 학생들이 방과 후 학원으로 간다. 대부분 가정에서 수입의 많은 부분을 사교육에 쏟고 있는 것이다. 이러한 사교육 열풍은 한국과 크게 다를 바 없다. 사교육은 가정 경제에 부담이 될 뿐 아니라 초등학교 저학년 학생들이 혼자 학원으로 이동하기에는 위험요소도 많다. 중국 정부는 사교육비를 줄이고 안전하게 학생들을 관리하며 전인적인 발달을 촉진하기 위해 탄력학교 운영을 위한 재정을 정부 예산목록에 포함시켜 무료로 운영하고 있는 것이다.

참고
문헌

百度(2019.02.18). 学校将实行小学生放学后托管服务, 家长乐了, 老师却不乐意了. https://baijiahao.baidu.com/s?id=1625800683432063856&wfr=spider &for=pc에서 2019.03.25. 인출

中央电视台网(2018.01.13). 全国各地相继探索弹性离校制度 满意度仍有上升空间. http://news.cctv.com/2018/01/13/ARTIy4iyV5nQ7Vi5FfsZNOks180 113.shtml에서2019.03.25. 인출

百度(2018.03.03.).   中小学上学时间推迟, 对教师和学生来说是利还是弊？. https://baijiahao.baidu.com/s?id=1593898090831946713&wfr=spide r&for=pc에서 2019.03.25. 인출

马晓亮(2019).南京市弹性离校政策的实施历史和内涵特点.生活教育,1, 47-49.

席晓圆(2018).  弹性离校:现实状态′ 价值导向与实践反思.江苏教育研究, 31, 8-12.

沈媛媛(2018). 南京市小学生"弹性离校"政策研究.中国校外教育, 31, 38-39.

# 중국의 초중등 무상교육 범위

중국 의무교육법에는 "의무교육은 법률에 따라 학령기 아동과 청소년 모두에게 국가, 사회, 가정이 보장해야 하는 국민교육이다. 법적으로 적정 연령의 아동 및 청소년에게 일정 교육연한을 강제하는 제도이다" 고 명시하여 의무교육의 강제성과 무상성을 분명히 밝히고 있다. 하지만 무상에 포함되는 내용이 무엇인지가 중요할 것이다. 무상교육은 누구나 경제적 부담 없이 의무교육을 마칠 수 있도록 정부가 재정적으로 지원해주는 제도이다. 중국에서 처음 무상교육을 실시할 당시에는 학비만 면제해주다가 경제적 취약계층을 대상으로 교과서 비용 및 기타 잡비를 면제해주었고, 차츰 전체 학생으로까지 무상교육 범위를 확대시켰다. 최근에는 지역별로 12년, 15년 무상교육을 실시하는 곳까지 생기는 등 무상교육의 범위가 확대되는 추세이다.

## 1. 중국의 학교급별 무상교육 범위 현황


　중국의 9년 의무교육은 1986년 「의무교육법」이 발표되면서 시
작되었다. 「의무교육법」제12조에는 "의무교육 실시에 소요되는 사
업비와 기본 건설투자금은 국무원 및 지역정부에서 책임지고 조달한
다"고 되어 있다. 반면 「의무교육법 실시세칙」제17조에서는 "의무
교육을 실시하는 학교는 잡비를 징수할 수 있다"고 규정하고 있다.
1996년 12월에 발표된 「의무교육학교 납임금 관리 잠정방안」제3
조에서도 "의무교육을 받는 학생에게 학비는 면제하되 잡비는 납부하
도록 한다"고 되어 있다. 이를 보면 당시 중국의 의무교육은 완전한 무
상 시스템이라고 보기는 어렵다. 중국은 당시 여건 속에서 잡비납부
제도를 통해 의무교육 보급을 좀 더 수월하게 하고자 했던 것이다. 하
지만 이는 추후 교육 잡비 요구 남발로 이어져 사회적 문제가 되었다
(彭辉辉・吕贵, 2005).

　이와 달리 중국의 현 교육지원 체계는 어떤 학생도 가정 형편이 어
려워 학교를 못 다니거나 그만두지 않도록 제도적으로 보장하고 있다.
이러한 권리를 보장하기 위해 중국 정부는 최근부터 의무교육 기간 동
안 학비 뿐 아니라, 교과서 비용, 잡비를 면제해 주고 있다(北京青年
报, 2016.08.26.).

　2015년 국무원은 「도농 의무교육비 보장 메커니즘의 추가 보완에
관한　통지(关于进一步完善城乡义务教育经费保障机制的通知)」
(이하 '통지')를 발표하고 2016년부터 도농 의무교육 경비 보장 체제
를 더욱 강화하기로 하였다. 중국은 현재 9년 무상 의무교육이 전면
보급되고 있으며 2006년부터 농촌 빈곤 가정 학생을 대상으로 제공

하던 '양면일보(兩免一补)' 정책을 2017년부터 도농 전체 의무교육 단계 학생(사립학교 학생 포함)으로 확대하였다. 양면일보란, 잡비 면제, 교과서 비용 면제와 기숙생의 생활비 보조를 말한다. 이 정책은 2006년부터 농촌 의무교육 단계 빈곤 가정 학생들을 대상으로 시행되다가 2008년 국무원이 도시 의무교육 학생에 대한 잡비 면제를 결정하면서 점차 도시지역 학생에게까지 확대되었다. 이는 도시로 이주한 노동자 자녀의 의무교육이 보장되도록 하려는 데서 비롯되었으며, 처음에는 도시지역 학생의 잡비 면제, 저소득 가정 학생의 교과서 비용 면제, 가정경제 곤란 기숙생의 생활비 보조 등 일부만 지원되다가, 중앙재정에서 지원금을 늘리면서 2017년부터는 도농 의무교육 단계의 모든 학생들에게 전면 시행되고 있다. 양면일보 정책을 처음 실시하던 2016~2017년에는 중앙재정에서 2,200억 위안, 지방재정에서 약 1,300억 위안 등 전국 재정 의무교육비 보장 경비가 3,500억 위안을 넘어섰다(腾讯教育, 2015.12.08.).

〈표 6-1〉 양면일보 보조 기준

| 항목 | 보조 기준 | 세부내용 |
|---|---|---|
| 교과서 | 무료 | 학생당 매 학기 실제 책값 감면 |
| 잡비 | 면제 | 초등학생: 학생당 매 학기 70위안<br>중학생: 학생당 매 학기 90위안<br>특수교육학생: 학생당 매 학기 70위안 |
| 생활비 | 일부 지원 | (2011년 이전)가정경제 빈곤 학생에 학생당 매년 750위안<br>(2011년 이후 조정됨)<br>초등학생: 학생당 매년 1000위안<br>중학생: 학생당 매년 1250위안 |

최근 10여 년간 중국정부는 의무교육에 대한 재정투입을 대폭 늘렸는데 전국의 일반 공공예산 의무교육 투입은 2005년 2,432억 위안에서 2014년 11,993억 위안으로 연평균 19.4%나 증가했다. 이에 농촌 지역의 학교 운영 조건이 현저히 개선되었고 농촌 교사진 양성이 강화되었으며, 도농 무상의무교육이 전면 실현되어 농민의 교육 부담이 대폭 경감되었다. 이는 중국 정부가 교육 사업의 핵심에 두는 공평한 교육 실현을 위한 촉진제가 되었다. 하지만 중국에서 도시화 건설이 확대되고 호적제도 개혁이 꾸준히 추진되면서 농촌 학생들의 도시 유입이 많아져 현행 의무교육비 보장 메커니즘이 이러한 상황을 제대로 해결해주지 못하게 되었고, 이러한 문제 해결을 위해 2015년 국무원에서 통지를 발표하게 된 것이다(騰讯教育, 2015.12.08.).

## 2. 무상교육 시행을 위한 정책 추진 사례

여전히 농촌 교육은 중국 의무교육 발전의 걸림돌로 남아 있다. 이에 중국은 농촌 의무교육에 대한 투입을 늘리고 농촌 의무교육을 가속화함으로써, 도농으로 이원화된 교육구조를 타파하고, 의무교육의 균형발전을 촉진하고자 노력하고 있다. 이는 무상교육의 확대를 넘어서 빈곤지역 교육 문제를 개선하고, 공유발전을 실현하려는 의미가 있다(腾讯教育, 2015.12.08.). 다음은 중국에서 농촌 빈곤 지역을 중심으로 실시되고 있는 무상교육 확대 정책을 소개한 것이다.

### 1) 15년 무상교육 확대 정책

유네스코가 발표한 '글로벌 교육 모니터링 보고서 2016'에는 2014년 기준 191개 국가(지역) 중 66개 국가(지역)에서 13년 무상 의무교육을, 24개 국가(지역)에서 15년 무상교육을 실시하고 있는 것으로 나타났다. 중국에서도 9년 의무교육 실시 및 고등학교 단계 교육의 보급이 기본적으로 이루어지면서 취학 전 단계 및 고등학교 단계로의 무상교육 확대에 대한 목소리가 커지고 있다.

하지만 중국은 의무교육을 보급하기 시작한 기간이 비교적 짧고 교육 기반이 약한데다, 지역 간, 도농 간, 학교 간 격차가 여전히 두드러진다는 점, 여전히 발전 중에 있는 데다 인구 대국으로 경제력에 한계가 있다는 점 때문에 현 단계에서 의무교육 연한을 12년 또는 15년으로 전면 연장하는 데는 어려움이 있다고 보고 있다(人民网, 2013.07.20.). 그럼에도 일부 지역에서는 자체적으로 무상 의무교육

연한을 확대·실시하고 있다.

예를 들어 시짱자치구(西藏自治区)는 2012년부터 취학 전 3년, 초등학교 6년, 중학교 3년, 고등학교 3년 등 15년 무상 의무교육을 실시해오고 있고, 후베이성(湖北), 허베이성(河北), 광동성(广东) 등지의 소수민족 밀집지역에서는 2017년부터 12년 무상 의무교육이 시행되고 있다. 신장(新疆)지역은 2017년부터 15년 무상 의무교육을 실시하고 있다(杨小敏, 2017).

이처럼 중국에서는 12년 또는 15년 무상 의무교육을 시도하고 있으나, 이는 여전히 소수민족 지역 및 중서부 빈곤 지역 등 특구에 집중되어 있을 뿐 아직 광범위한 보급이 이루어진 것은 아니다.

## 2) 농촌 의무교육 학생 영양 개선계획(农村义务教育学生营养改善计划)

2011년 11월 농촌 의무교육 학생 영양개선 계획(무상급식 사업에 해당)이 시작된 이래 전국 29개 성(베이징, 톈진, 산둥은 학생 급식 단독사업 진행) 1,631개 현에서 영양개선 사업을 실시해 현재 3,700만 명의 농촌 학생들이 혜택을 보고 있다. 중국은 학생 영양 개선 사업을 농촌 지역 학생들의 영양개선을 위한 조치로써 뿐 아니라 공정한 교육을 실현하는 중요한 조치로 보고 있다. 세계식량기구가 169개 국을 대상으로 조사한 결과에 따르면 현재 11%의 국가만이 초중학교 단계에서 무상급식을 제공하고 있는데, 중국의 경우 대부분 농촌 지역에서 이미 무상급식이 제공되고 있어 세계적으로 선두에 있다고 할 수 있다. 현재 중앙재정에서 영양개선계획 급식비 보조자금으로 누적 1,248억 위안, 특별자금 300억 위안이 배정돼 허베이성(河北), 산시성(山西) 등 10개 성 88개 빈곤지원개발사업 중점 현(县) 영양개선

계획 지방 시범사업을 지원하고 있다(敎育部, 2018.06.28.).

지속적인 모니터링을 통해 2017년 영양개선계획 시범지구 남녀 학생의 연령대별 평균 신장이 2012년보다 각각 1.9cm, 2.0cm, 평균 체중은 1.3kg, 1.4kg 늘어나 전국 농촌 학생의 평균 증가 속도보다 높은 것으로 나타났다. 특히 2012년 초등학교 1학년 입학 이후 지금까지 '학생 영양개선 사업'의 혜택을 받아온 12, 13세 학생의 평균 신장과 체중 증가가 가장 뚜렷한 것을 볼 수 있었다. 아울러 모니터링 학생의 발달 지연률은 완만하게 하락하고 있으며 빈혈 발생 비율도 2012년 17.0%에서 7.6%로 크게 낮아졌다. 이는 무상급식 사업의 장기간 실시가 가난한 농촌 아이들의 영양실조 상황을 어느 정도 개선시켰음을 보여준다(敎育部, 2018.06.28.).

## 3. 특징

무상교육의 의미를 보자면 의무교육 대상인 초등학교와 중학교의 경우 별도의 비용이 크게 들어가지 않는 것이 옳다. 하지만 중국 학부모들은 여전히 교육비에 대해 크게 부담을 느낀다고 한다. 국가에서 학비, 교과서 비용 등을 면제해주었다고 해도 학급비, 돌봄비, 활동비 등 명목으로 수합하는 비용이 많기 때문이다. 책꽂이, 수납장 등 학급 물품을 학부모 위원회에서 구입하도록 하는가 하면 심지어 비용이 많이 나가는 에어컨 및 공기청정기까지 학부모에게 구입하도록 요구하는 경우도 있다. 또한 국가에서 교과서를 제공해주고는 있지만 과목에 따라 수업에 필요한 부교재를 구입해오도록 요구하는 경우가 많다. 최근에는 온라인 과제가 보편화되면서 이를 위한 태블릿 PC 구입도 학부모 몫이 되고 있다. 부교재나 PC 구입을 강요하지는 않지만 다른 학생들이 다 구입하여 공부하고, 이를 이용한 숙제를 내주는 경우가 많기 때문에 안 살 수 없는 형편이다.

그뿐만 아니라 근거리에 배정된 학교가 아닌 다른 학군의 학교에 입학할 경우 수백 만 원에 달하는 '학교 선택비(择校费)'를 내기도 한다. 학부모들은 방과 후나 주말, 방학을 이용해 성적 향상 및 특기 개발을 위해 자녀를 학원에 보내는 경우가 많다. 이러한 비용이 학교 교육과 무관하다고 볼 수 없기 때문에 무상교육이 무색할 지경이다(百度, 2018.09.21.).

중국 정부도 이러한 교육적 · 사회적 현실을 인식하고 있지만 교육정책은 아직 농촌 등 빈곤지역 지원에 초점이 맞추어져 있는 형편이다. 중국 전체를 대상으로 한 급식비, 교복비, 부교재비 면제 등 무상교육

범위 확대는 아마도 지역 간 교육격차가 우선 해소되고, 교육에 대한 재정투입이 더욱 확대될 때 가능하리라 본다.

이 밖에 사교육비로 인한 가정 경제의 교육비 부담은 무상교육 정책 확대로도 해결되기 어려운 부분이다. 중국은 현재 전반적으로는 9년 의무교육을 통해 많은 비용을 감면받고 있지만, 학부모 스스로도 자녀의 성적 향상을 위해 끊임없이 쏟아 붓고 있다. 9년 의무교육 기간에 학부모가 돈을 쓰는 속도가 무상교육 범위 확대 속도에 비해 훨씬 빠르기 때문에 무상교육의 혜택을 느끼기 어려운 것이다. 이는 어쩌면 이미 모두에게 '무언의 약속'이 되었는지도 모른다. 중국 정부가 심하게 달아오른 교육 경쟁 열기를 식힐 수 있는 대응책을 마련하여 사교육비 부담을 줄이고 이를 무상교육 범위로 끌어들이기 위한 노력을 촉구할 때 진정한 무상교육의 의미를 찾을 수 있으리라 본다.

참고
문헌

彭辉辉·吕贵(2005). 我国部分地区尝试免费义务教育综述. 教育探索, 7, 35-38.

北京青年报(2016.08.26.).明年起我国义务教育阶段将免费提供教科书.

杨小敏(2017). "15年免费教育"的地方性实践探索与理性研判. 中国教育学刊, 4, 39-43.

https://xw.qq.com/edu/20160826029932에서 2019.09.20. 인출.

百度百科(n.d.). 两免一补.

https://baike.baidu.com/item/%E4%B8%A4%E5%85%8D%E4%B8%80%E8%A1%A5/3326217?fr=aladdin에서 2019.09.23.인출

腾讯教育(2015.12.08.). 2017年义务教育实行全免学杂费 免费提供教科书.

https://edu.qq.com/a/20151208/026443.htm에서 2019.09.23. 인출.

教育部(2018.06.28.). 7年投入1248亿 3700万贫困地区学子受益"营养改善计划".

http://www.moe.gov.cn/jyb_xwfb/xw_fbh/moe_2069/xwfbh_2018n/xwfb_20180627/mtbd/201806/t20180628_341432.html에서 2019.09.23. 인출.

人民网(2013.07.20.). 教育部：延长义务教育年限的条件还不具备.

http://politics.people.com.cn/n/2013/0720/c1001-22262285.html에서 2019.09.24. 인출.

百度(2018.09.21.). 九年义务教育免费了，但为何很多家长都说比以前更费钱´费力?

https://baijiahao.baidu.com/s?id=1612180674349615043&wfr=spider&for=pc에서 2019.09.24. 인출.

# 중국의 통학 안전정책 추진내용

학생들의 통학 안전을 보장하는 것은 학교의 중요한 업무 중 하나로 중국 교육계에서도 지속적으로 제기되는 이슈이기도 하다(王海龙, 2014). 중국 각 지역 및 학교에서는 통학 안전에 대한 구체적인 방안을 마련하고 등하교시 각종 안전사고를 대비해 엄격히 관리하고 있다.

## 1. 통학 안전 관련 정책

　학교 통학 안전을 강화하기 위해 중국 각 지역 교육국은 모든 학교로 통학 안전에 관한 규정을 전달하고 있다. 예를 들어 장자강(张家港)시 교육국이 발표한 「학생 등하교 관리 진일보 규범화에 관한 통지(关于进一步规范学生上放学管理的通知)」(张教,　2017.3)에서는 학교의 통학 안전에 대해 다음과 같이 규정하고 있다. "학교 경비관리를 강화하고, 교통경찰과 협조하며, 학부모 자원봉사자를 조직해야 한다. 특별히 학교에 일찍 도착해야 하는 학생의 경우 학부모의 신청을 받아 절차를 밟아야 한다. 이 때 당번교사를 배치하고 학생들에게 독서, 체육단련 등 활동을 하게 한다. 학부모가 제때 데리러 올 수 없는 학생에 대해서는 방과 후 수업을 통해 다원적이고 적절한 교육과 서비스를 제공해야 한다. 각 학교는 관리자, 담임교사 등으로 구성된 팀을 조직하여 학생들의 등하교에 대한 자가점검을 강화하고 문제점을 적시에 발견하여 해결해야 한다. 중대한 문제에 대해서는 교육국 안전관리과나 기초교육과에 보고하여야 한다(张家港市人民政府, 2017.04.18.)".

　중국 학교에서 통학 차량이 보편화 되어 있는 것은 아니지만 일부 농촌 및 산간벽지 학교를 중심으로 통학 차량이 시범적으로 운행되고 있다. 통학 차량의 사고는 중대한 영향을 미칠 수 있어 통학 차량의 엄격한 관리를 위한 방안도 마련되어 있다. 「초중등학교 및 유치원의 안전관리　방안(中小学幼儿园安全管理办法)」제26조에서는 "학교에서 학생 수송용 차량을 구입 또는 임대하려면 반드시 차량관리 제도를 수립하고, 구입 후 즉시 공안기관의 교통 관리 부서에 신고해야 한다. 학생 수송차량은 반드시 안전검사에 합격해야 하며 정기적으로 유지·

보수해야 한다. 학교 통학차량으로 조립용 차량이나 개인 자동차를 빌려 사용해서는 안된다. 통학 차량 운전기사는 건강해야 하고 3년 이상의 운전 경력을 갖추고 있어야 하며 최근 3년 간 매 분기 벌점이 12점 미만에 교통사고 기록이 없어야 한다"고 명시하고 있다. 또한 제31조에서는, "초등학교와 유치원에서는 저학년 학생과 유치원생의 등하교 안전 제도를 수립해야 하고 늦게 하교하는 저학년이나 유치원생에 대해 무관한 사람에 인계하지 않도록 해야 한다"고 통학 시 안전관리에 대해 구체적으로 언급하고 있다.

## 2. 통학 안전 관련 제도

### 1) '학생 인수인계 협약' 제도

학생 보호자와 학교의 역할 분담을 명확히 하여 의외의 사고가 발생했을 때 쌍방의 책임 논쟁을 피하기 위해, 학교는 학생 보호자와 '학생 인수인계 협약(交接协议)'을 맺고 있다. 푸젠난핑(福建南平) 실험초등학교 앞에서 심각한 교통사고가 발생한 적이 있는데, 당시 피해 학생 학부모의 보호 의무와 학교 관리 의무에 대한 책임을 규명하지 못해 법정까지 가게 되었다. 이 사건 이후 학교와 학생 학부모 간 구체적인 책임을 소명한 인수인계 협약을 체결하고 있다. 협약서에는 인수인계 시간, 장소 및 인수인계 전후 학생 안전의 책임을 구분하고 있다. 이 때문에 사건이 발생해도 당사자들은 좀 더 이성적으로 사건에 대한 책임소재를 파악할 수 있게 되었다. 협약의 내용을 살펴보면 다음과 같다(雷思明, 2012).

■ '인수인계 협약'의 주체

협약의 주체는 학교와 학생 보호자이다. 〈민법통칙〉 제16조의 규정에 따르면, 미성년자의 경우 부모가 보호자이며, 부모가 이미 사망했거나 후견 능력이 없는 경우 조부모, 외조부모, 형제, 가까운 친척 또는 친구가 보호자가 된다. 앞의 규정에 의한 보호자가 없는 경우, 미성년자의 부모가 속한 기관이나 지역주민위원회 또는 민정부가 보호자가 된다.

■ '인수인계 협약'의 내용

가) 인수인계 시간: 인수인계는 일반적으로 등하교 시간에 이루어진다. 학교는 등하교 시간 규정을 엄격히 준수하여 약속한 시간에 아이를 인수인계해야 한다. 협약의 이행 과정에서 다음 두 가지 경우에 주의해야 한다. 하나는 학교가 임의로 조기 하교 하게 하거나 임시방학을 하여 학생의 인수인계 시간이 변경되었을 경우이다. 이 때 학교는 사전에 보호자에 서면 고지하여 픽업이 가능하도록 해야 한다. 다른 하나는 만일 학부모나 지정된 인수인이 약속된 시간 내에 아이를 데리러 오지 못할 경우이다. 이 때 학교는 아이 혼자 학교를 떠나게 하거나 미지정인에게 인계해서는 안 되고, 아이를 학교에 남아 기다리게 함으로써 안전을 보장해야 한다.

인계장소: 차량 픽업이 필요하지 않은 경우, 일반적으로 학교 교문 앞에서 인계한다. 차량 픽업이 필요한 학생의 경우, 픽업차량이 지나가는 길의 정해진 지점에서 인계한다. 학부모에게 사전에 통지하고 동의를 구하지 않은 상태에서 학교가 임의로 인계 장소를 변경해서는 안 된다.

인수인: 인수인은 학생 보호자 본인이거나 보호자가 지정한 다른 친척 및 지인일 수도 있다. 단, 인수인은 민사행위가 가능한 자여야 한다. 미성년자, 정신 이상자 등 민사 행위능력에 제한이 있거나 민사 행위능력이 없는 자는 인수인이 될 수 없다. 실제 협약의 이행 과정에서 약속된 인수인이 자녀를 학교에 직접 데리러 올 수 없을 경우 다른 사람에게 대리인수를 하게 한다. 수탁인이 학교에 가서 아이를 대신 받을 때에는 반드시 위임장을 학교에 제출해야 하고, 학교는 위임장의 진위를 확인해야 한다.

**인수인계 책임:** 등교 시에는 학생이 스쿨버스에 탑승했거나 교문에 들어서면 학부모의 자녀 인수 임무를 완수한 것으로 간주한다. 하교 시에는 지정된 장소에서 인수인이 자녀를 데려가면 학교가 인계 작업을 완수한 것으로 간주한다.

## 2) 픽업카드 제도

학생 인수인계를 위해 일부 학교에서는 픽업카드 제도를 실시하고 있다. 학교에서 학부모에게 카드를 발급해주는데, 학부모는 이 카드를 소지해야만 자녀를 인계받을 수 있다. 학교는 카드를 확인 한 후, 학생을 인수한다. 이 제도의 시행으로 학생의 인수인계 효율이 크게 높아진 것으로 나타났다. 픽업카드에는 픽업하는 학생의 기본 정보 및 인수인의 사진과 신분증, 학생과의 관계 등이 명시되어 있다. 카드에는 학교 날인을 하여 불법 복제를 막고 있다(雷思明, 2012).

## 3. 통학 안전 지도 관리 운영 사례

### 1) 천리 초등학교

중국 초중등학교에서는 학생들의 등하굣길 교통안전 및 신변안전을 위해 다양한 방안을 마련하고 있다. 장쑤성(江苏省) 쉬조우시(徐州市) 천리(陈李)초등학교의 하굣길 안전 대열(放学路队) 운영 사례를 보면 다음과 같다(百度文库, 2017).

- ⊙ 학교는 학생들의 안전을 위해 매일 점심시간과 오후 하교 시간에 동네별로 대열을 이루어 귀가하게 한다.
- ⊙ 전교생은 하교 경로에 따라 세 개 그룹으로 나눈다. 각 대열마다 깃발을 들고 대장 1명, 학급별로 소대장 5명을 두도록 한다.
- ⊙ 각 학급은 학생들의 실제 상황에 따라 대열을 분류하여 학급 구성원 모두가 질서정연하게 귀가할 수 있도록 한다.
- ⊙ 점심 식사를 위해 정오에 귀가하는 학생과 방과 후 하교하는 학생의 안전은 담임교사와 호송교사가 책임진다. '빠르고, 조용하며, 질서정연하게' 이동하도록 한다. 담임교사는 하교 길 안전 관리를 통해 학생들의 규율과 안전교육을 강화한다.
- ⊙ 대열이 교문 밖을 지날 때는 정렬하여 천천히 이동하도록 한다. 학생들이 교통규칙을 준수하도록 지도한다. 하굣길에는 장난치지 않고, 대열을 벗어나지 않으며, 제 시간에 집에 가게 한다.
- ⊙ 호송교사는 각각의 대열을 따라가며 학생들의 하교 길을 호송한다.
- ⊙ 대장은 대열의 규율을 책임지고 우발사건을 처리한다. 당일 하교 대열 상황을 작성하여 매주 1회 학교에 하교 길 안전 상황을 보고한다.

⊙ 당번교사는 정시에 출근하여 학생들이 질서 있고 안전하게 교문을 빠져나갈 수 있도록 한다.

⊙ 당번교사는 아무도 호송하지 않거나 느슨한 행렬에 대해 즉시 보고한다.

⊙ 당번교사는 방과 10분 후부터 모든 학급을 점검하며 학교 내 학생들이 남아 있지 않도록 한다.

⊙ 대열이 모두 출발한 뒤에도 학부모가 아직 오지 않은 학생은 호송교사가 학교 경비원에게 인계해 대기하도록 한다.

⊙ 전 교사가 학생의 안전지도에 대한 책임감을 갖고 본업에 최선을 다하며 학교는 이를 교원평가에 반영한다.

⊙ 방과 후 하교 지도부를 구성하고 책임제로 실시한다. 교장은 학교 하교 관리 업무의 제1책임자이고, 담임교사는 학급 하교 관리 업무의 제1책임자이며, 호송교사는 각 대열 하교 관리의 제1책임자이다.

## 2) 셩츠진 중심초등학교

징장시(靖江市) 셩츠진(生祠镇) 중심초등학교에서는 등하교 안전 관리 주의사항을 가정에 전달하여 다음과 같이 학부모의 협조를 요청하고 있다(搜狐网, 2017.08.31).

■ 등하교 방식

학부모는 되도록 직접 자녀를 등하교 시키며, 타인의 차량을 이용하거나 아이들 혼자 걸어서 집에 가지 않도록 한다. 12세 미만 자녀의 경우 자전거 이용도 자제하도록 한다.

학부모와 학생들은 번호판이나 운전면허증, 영업증이 없는 차량, 삼륜차를 개조한 차량을 이용하지 않도록 한다.


■ 학교-가정 공동 안전 관리

⊙ 등교 시간 준수하기: 학부모는 자녀가 등교 시간을 엄수하도록 지도한다. 등교시간(7시 30분) 전에 등교하지 않도록 하고 그 이전에 등교해야 할 경우 담임교사에게 사정을 말하고, 도착 시간을 알린다.

⊙ 하교 시간 준수하기: 점심 하교 시간은 1학년부터 6학년까지 모든 학생들이 10시 50분으로 같다. 방과 후 하교 시간은 1~3학년은 4시 45분, 4~6학년은 5시 5분이다. 학부모는 하교 시간에 맞추어 학교에 도착한다. 학부모가 사정으로 제 시간에 학교에 올 수 없을 경우 담임교사에게 미리 알린다. 학부모는 자녀가 낯선 사람을 따라가지 않고 마음대로 학교를 떠나지 않도록 교육한다. 만약 자녀가 혼자 하교할 경우 학부모는 도착시간에 자녀가 집에 들어왔는지 확인하고 그렇지 않을 경우 필요한 조치를 취한다. 만약 특수한 사정으로 하교 시간 이전에 자녀를 데리고 가야할 경우, 반드시 담임교사의 동의를 얻고 학교 경비에게 하교서를 제출하도록 한다.

## 4. 특징 및 시사점

중국에서는 학교와 학부모가 협력하여 아이들의 등하교 안전을 책임지고 있다. 등하교 시간 유치원 및 초중등학교 앞 도로는 주차할 틈이 없을 정도로 자녀를 픽업하러 온 차량들로 붐빈다. 그만큼 중국의 학부모들이 자녀의 통학 안전에 대해 신경을 많이 쓰고 있음을 알 수 있다. 학교에서도 학생의 통학 안전을 중요한 문제로 인식하고 철저히 관리하고 있다. 이러한 중국의 다양한 통학 안전 제도로부터 우리의 통학 안전 개선에 대해 다음과 같이 생각해볼 수 있을 것이다.

첫째, 학부모의 보다 적극적인 협조를 이끌어낸다. 학부모의 협조를 위해 가장 어려운 부분 중 하나는 맞벌이 가정의 참여와 협조일 것이다. 또한, 자녀가 여럿인 경우 비슷한 등하교 시간이 맞물려 모든 자녀의 등하교를 돕는 데도 한계가 있다. 중국의 경우 등하교 안전 문제가 가장 대두되는 초등학교 저학년에 대해 특히 학부모의 픽업을 엄격히 요구하고 있다. 퇴근 시간으로 인해 미처 하교 시간에 맞춰오기 힘든 가정을 위해서는 방과 후 돌봄교실도 운영하고 있다. 자녀의 안전은 가정의 행복과 직결되는 만큼 이러한 중대 문제를 학교에만 일임하는 것은 부족할 것 같다. 가정에 있는 학부모로 하여금 가능하다면 등하교를 도와주도록 요청하고, 어려울 경우 다른 사람에게 위임하는 식으로 자녀의 등하교 안전이 완전하게 보장될 수 있는 방안을 모색해야 한다.

둘째, 하교 대열을 조직하고 책임교사를 배정한다. 중국의 천리 초등학교의 경우, 같은 구역 학생들 간에 대열을 조직하여 같이 하교하도록 하고 있다. 또한 대열마다 책임학생과 책임교사를 정하여 하교

길에서의 태도를 바르게 한다. 이는 안전사고 위험을 낮추는데 도움을 줄 수 있다. 물론 현재 우리나라의 초중등학교에서는 방과 후 학원으로 이동하는 학생들이 많아 대열 조직까지 필요하지 않겠지만, 방과후 바로 집으로 돌아가는 학생들을 중심으로 하교 안전을 위한 귀가 그룹을 형성하는 것도 하나의 방안이 될 수 있다.

셋째, 학교-가정, 학교-학원 간 통학 안전 협약을 체결한다. 중국의 '학생 인계인수 협약' 제도를 보면서 우리는 학교 통학 안전의 주체와 구체적인 역할에 대한 인식이 부족하다는 생각이 들었다. 학교-가정 간 협약서까지 쓰는 게 지나친 거 아니냐는 반문을 할 수도 있겠지만, 다시 생각해보면 협약을 체결함으로써 학교와 학부모, 또는 통학을 주로 책임지는 학원 등 주체에 대해 책임감을 높이고 안전수칙을 각인하게 하는 효과를 줄 수 있을 것 같다. 또한 이러한 구체적이고 명확한 통학 안전 제도는 학생의 안전을 더욱 보장하고 가정과 관련 부문의 참여를 장려하게 될 것이다.

참고
문헌

雷思明(2012). 学生接送安全管理. 中小学管理, 1, 31-33.

百度文库(2017).陈李小学学生放学路队管理制度.

搜狐网(2017.08.31).学生上学ˊ放学及接送安全告家长书.
　　　　http://www.sohu.com/a/168634523_99956409에서 2018.12.28. 인출

王海龙(2014). 接送学生中的安全隐患. 平安校园, 21, 68.

张家港市人民政府(2017.04.18).教育局关于进一步规范学生上放学管理的通知
　　　　.http://www.zjg.gov.cn/zfxxgk/075003/075003021/075003021002/2
　　　　0170418/44d27963-d1f1-451f-8866-1066e5dc6d04.html에서
　　　　2019.01.04.인출.

人民日報(2011.10.14).山東將限制中小學校超大規模學校和大班額學校.
　　　　http://www.jyb.cn/basc/xw/201110/t20111014_457743.html에서
　　　　2019.5.16.인출.

周瑾(2018). 適宜性中小學校"建設規模"指標體系研究 ——以大連市內五區中
　　　　小學規劃爲例. 城市建築, 1, 66-71.

李紅蕾(2014). 鄭州市小學學校規模調整優化研究. 鄭州大學.

徐州日報(2017.5.5). 2017年徐州市小學 入學人數再創曆史新高.
　　　　http://epaper.cnxz.com.cn/xzrb/html/2017-05/05/content_419322.ht
　　　　m에서 2019.5.24.인출.

安徽網(2018.1.9).新建中小學規模不超2000人　省教育廳發布義務教育階段辦
　　　　學新標准.
　　　　http://www.ahwang.cn/anhui/20180109/1724751.shtml에서
　　　　2019.5.24.인출.

長沙市政府門戶網(2007.6.14).長沙市普通中小學標准化學校建設標准.

http://www.changsha.gov.cn/xxgk/szfxxgkml/zfgb/2007/0708/20071 0/t20071017_10678.html에서 2019.5.24.인출.

馬恒燕·姚銀枝(2018). 城鎮化與城鄉學校班數變化研究──兼議辦學規模對教 育公平與質量的影響. 寧夏大學學報(人文社會科學版), 40, 149-158.

趙丹·曾新(2015). 義務教育均衡發展背景下農村學校規模對教育質量的影響. 現代教育管理, 3, 26-30.

金传宝(2004). 班级规模对教育质量的影响和原因. 早期教育(教育教学版), 7, 143-152.

## 중국의 학급편성 및 운영 체계

중국은 의무교육단계 학생의 규범화되고 공평한 학급 편성을 위해 「국가 중장기 교육개혁 및 발전계획요강(国家中长期教育改革和发展规划纲要)」, 「의무교육 운영 행위의 소양교육 추진 규범화에 관한 일부 의견(关于规范义务教育办学行为推进素质教育的若干意见)」에 근거하여 각 지역 정부가 학급 편성 관련 제도를 마련하도록 하고 있다. 이에 따라 최근 중국 각 학교에서는 학생의 능력과 성적에 따른 불공정한 반편성이 엄격히 규제되고 있다. 이는 의무교육의 균형적 발전을 교육의 핵심과제로 삼고 있는 중국의 교육목표와도 부합하는 것이다.

# 1. 학급 편성 방식: 동챠오(東桥) 진(镇)을 중심으로

## 1) 학급 편성 원칙

첫째, 각 학교는 학급 편성 시, 쾌속반(快慢班), 중점반, 실험반, 우수반(尖子班), 특기반, 향상반 등을 개설할 수 없다. 학생들을 학업성적에 따라 분반해서는 안 되고 반 편성을 위해 학업평가를 실시해서도 안 된다. 교육목표 요구에 근거하여 연령과 학력수준이 비슷한 학생들을 규정 인원씩 학급에 배정해야 한다. 중국은 이러한 학급 편성 방식이 학급 구성원의 건강한 심리발달과 학업 발달에 유리하다고 보고 있다.

둘째, 각 학교는 국가가 정한 학급 편성 인원수에 따라 학년별, 학급별로 균등하게 인원수를 배정해야 한다. 중학교는 학급당 50명을, 초등학교는 46명을 초과해서는 안 된다.

셋째, 각 학교는 남녀 비율 균등 원칙과 임의 원칙에 따라 각 학급의 남녀 학생 비율을 균등하게 편성한다.

넷째, 학생의 거주 지역을 고려하여 같은 지역 또는 가까운 지역에 거주하는 학생끼리 같은 반에 편성하도록 한다. 이는 학생 간 교류와 소통, 조직 활동에 유리한 점, 교사 가정방문에서 편리한 점 등을 고려한 것이다.

## 2) 학급 편성 방식

각 학교에서는 학급 편성 시 '균형적인 반 편성' 방식을 따르도록 한다. '균형적인 반 편성'이란 학생의 종합적 상황에 따른 혼합 편성을 의미한다. 학생들의 가정 상황, 성별, 성격, 인성, 지적 능력 등을 종합적으로 고려하여 각 반에 균형적으로 분배하도록 하는 것이다. 중국에서는 이러한 학급 편성 방식이 학생의 심리 건강, 바람직한 학급형성, 학급 간 상호작용 촉진에 유리할 뿐 아니라, 학급담임과 교과담임의 진취적 업무태도를 이끌어내는 데에도 유리하다고 보기 때문이다.

## 3) 교육자원 분배 원칙

중국은 학교 사정에 맞게 담임교사와 교과교사를 우선 선정한 다음, 교사의 연령, 지식, 능력 등에 따라 상대적으로 균등하게 배정되도록 조정하고 있다. 특히 중요하게 여기는 부분은 우수 교원을 균등하게 배정하는 것이다. 이는 모든 학생들이 양질의 교육자원을 향유하도록 하기 위해서다.

학급 편성이 완료되고 나면 동일 학교급(초등학교, 중학교, 고등학교)에서는 학급을 재편성하지 않는다. 우리나라처럼 매년 학급 편성을 하는 것이 아니라 학교 입학 시 반편성을 하고 나면 다음 학년으로 학급 구성원과 담임교사가 그대로 올라가는 경우가 대부분이고, 일반적으로는 중간에 임의로 학급을 변경하거나 교사를 교체하지 않는다.

이 밖에도 학생의 성적에 따라 자리를 배치하거나 줄을 세우는 것을 금지하고 있다. 기존에 많은 학교에서 학생들의 성적을 토대로 교사를 평가하거나 성과급을 주는 사례가 늘면서 교사들이 우수 학생을 뽑아 자신의 학급에 편성하려는 현상이 잦았다. 이 때문에 학생 성적과 관련하여 교사평가 방안을 제시하고 있다. 교사 평가 시 소양교육 실시, 학생의 전인적 발달 촉진을 핵심요소로 삼고, 교사의 교육업무, 수업 진행 상황을 전면적으로 평가하되 학생들의 학업성적을 교사평가의 유일한 기준으로 삼지 않도록 한 것이다. 단, 학생들의 학업성적 향상 정도는 교사평가의 척도가 될 수 있다.

쉐이신(水心) 초등학교의 경우, 컴퓨터 랜덤 추첨방식으로 학급 편성을 하고 있다. 이는 최근 보편적인 학급편성 방식이 되고 있다. 편성 절차는 학교마다 큰 차이가 없으며, 주로 고려되는 요소는 남녀 성비로 최대한 남녀 학생의 비율을 균등하게 하려고 노력하고 있다. 분반 당일 학교에서는 1학년 담임교사를 소집하여 뽑기 형식으로 어떤 학급을 맡을 것인지 정하도록 한다. 그 다음 신입생 남녀 학생 비율에 따라 컴퓨터로 당해 학급 인원수대로 배정하고, 마지막으로 담임교사가 현장에서 학생 명단을 받게 된다.

## 4) 학급 편성의 양적 기준

국무원은 2016년 7월 2일「현 역내 도농 의무교육 일체화 개혁발전 총괄 추진에 관한 일부 의견(国务院关于统筹推进县域内城乡义务教育一体化改革发展的若干意见)」(이하 '의견')을 발표하였다. '의견'에서는 '농촌 취약' 문제와 '도시 밀집' 문제를 해결하기 위해 10개의 개혁방안을 제시하였다. 여기에는 과밀학급 해소, 농촌 교사 대우 보장, 농촌 소규모 학교의 운영메커니즘 보완 등 여러 이슈들이 거론되었다. 이러한 조치의 배경은 중국의 발전과정에서 도농간 교육자원 분배가 균형 있게 이루어지지 못하면서 농촌 초중학교에 '과밀학급' 문제가 발생하고 있기 때문이다. 이에 국무원은 '의견'을 발표하고, 2018년까지 66명 이상인 초과밀화 학급을 기본적으로 없애고, 2020년까지 56명 이상의 과밀학급을 없애겠다고 밝혔다. 중국에서는 56

명 이상 학급을 과밀학급, 66명 이상 학급을 초과밀화 학급으로 분류하고 있다.

국무원은 성(省) 정부에 지역 현실을 고려하여 과밀학급을 해소하기 위한 특별계획을 수립하도록 요구하였다. 특별계획에는 구체적인 임무, 일정표, 로드맵을 제시하고 당해 말까지 과밀학급 해소 특별계획을 국가교육체제개혁 지도팀에 보고하도록 요구하였다.

도농 간 과밀학급 분포를 보면, 전국 과밀학급 중 3/4이 중서부 지역에 집중되어 있고, 전국의 각 성마다 과밀학급이 평균 20% 이상을 차지하고 있다. 학교급별로 보면, 중학교에 비해 초등학교에 과밀학급 비중이 높게 나타나고 있다. 이를 해소하기 위해 '의견'에서는 학생들을 합리적으로 균형 있게 배치하고, 소수 인기 학교에 많은 학생이 몰리지 않도록 할 것을 요구하고 있다.

중국 초중등학교는 교육과 교수학습의 규율 및 요구에 따라 학급인원 수를 편성하도록 되어 있다. '의견'에서는 초중등학교의 학급당 학생수에 대해 초등학교는 45명, 중학교는 50명으로 명시하고 있다. 원칙적으로 학급당 학생수가 도시 초등학교는 40~45명, 농촌 초등학교는 지역 사정에 따라 결정하도록 하고, 중고등학교는 45~50명으로 되어 있다. 이는 2001년 발표된 「초중등학교 교직원 편제 표준 제정에 관한 의견(国务院办公厅转发中央编办ˊ教育部ˊ财政部关于制定中小学教职工编制标准意见的通知)」의 학급편성 인원수와 크게 차이가 없다.

〈표 6-1〉 초·중등학교 학급 표준 인원수 및 학급당 배치 교직원수

| 학교유형 | 지역 | 학생수 | 교직원수 | 교사수 | 직원수 |
|---|---|---|---|---|---|
| 고등학교 | 도시 | 45~50 | 3.6~4.0 | 3.0 | 0.6~1.0 |

|  | 현·진(县镇) | 45~50 | 3.5~3.8 | 3.0 | 0.5~0.8 |
|---|---|---|---|---|---|
|  | 농촌 | 45~50 | 3.3~3.7 | 3.0 | 0.3~0.7 |
| 중학교 | 도시 | 45~50 | 3.3~3.7 | 2.7 | 0.6~1.0 |
|  | 현·진(县镇) | 45~50 | 2.8~3.1 | 2.7 | 0.1~0.4 |
|  | 농촌 | 45~50 | 2.5~2.8 | 2.7 | 0.1 |
| 초등학교 | 도시 | 40~45 | 2.1~2.4 | 1.8 | 0.3~0.6 |
|  | 현·진(县镇) | 40~45 | 1.9~2.1 | 1.8 | 0.1~0.3 |
|  | 농촌 | 각 지역 규정에 따름 | | | |

## 2. 학급 운영 체계

학급을 어떻게 편성하는가도 중요하지만 편성된 학급을 담임교사가 어떻게 운영하는가도 중요하다. 담임교사의 학급운영 상황에 따라 학생들의 가치관 정립, 인성함양, 그리고 심신 발달에까지 영향을 미칠 수 있기 때문이다. 이 때문에 담임교사는 과학적이고 합리적인 학급운영 체계를 수립하여 바람직한 학급문화를 조성하도록 노력해야 한다.

중국 「초중등학교 담임교사 업무 관리세칙」에서는 담임교사의 위치와 역할에 대해 명시하고 있다. 이에 따르면 초·중등학교 담임교사는 학급을 운영하는 관리자이자 학교교육 일선에서 일하는 핵심역량이며, 학생들이 학교에서 가장 많이 접촉하고 학부모와 밀접하게 연락을 주고받고, 학교, 지역사회, 학부모를 연결하는 교량이 된다.

담임교사는 당의 교육방침을 관철시키고 학생 심신발달의 규율을 따라야 하며 협동의식이 강한 학급을 만들어야 한다. 또한, 바람직한 사제관계를 형성하고 학생의 잠재능력을 발견하여 이를 개발하도록 도우며, 학생들의 전인적 발달을 촉진하도록 노력해야 한다. 담임교사는 지덕체미를 갖춘 전인적 인재 양성의 요구에 따라 교육, 관리, 학생지도 등 학급업무를 전개해야 한다. 이러한 담임교사의 구체적인 역할을 살펴보면 다음과 같다.

첫째, 학급에 대한 일상관리 및 수업·생활 질서를 유지한다. 담임교사는 학급 실제에 적합한 학급업무를 계획하고 학급관리 제도를 수립한다. 긍정적인 교육관을 견지하고 학생들의 변화발전에 대해 즉각적인 격려와 칭찬을 하며, 문제 학생에게는 더욱 인내심을 가지고 지도한다. 담임교사는 학생들의 종합소양을 평가하고 학급위원회를 지도

하며 학생간부를 양성해야 한다. 이 밖에도 담임교사는 학급 구성원의 단합과 우애를 도모하고 안전교육을 중시하여 안전사고를 예방하여야 한다.

둘째, 사상도덕교육을 실시한다. 담임교사는「미성년 사상도덕건설 강화 및 개진에 관한 일부 의견(关于进一步加强和改进未成年人思想道德建设的若干意见)」을 관철시키고 「초중등학생 수칙」,「초등학생 일상행위 규범」,「중학생 일상행위 규범」을 실행하여야 한다. 이를 통해 학생들에게 도덕성과 인성을 길러주어야 한다.

셋째, 다양한 학급활동을 조직한다. 학생들의 상황을 고려하여 매학기 최소 2회 이상 주제 활동을 진행해야 한다. 학급활동은 즐겁고, 참여와 토론이 가급적 많은 방식으로 진행하도록 한다. 학급활동을 통해 학생들에게 노동관을 정립시키고, 창조성을 길러주며, 환경보호 의식과 진취적이고 과학적인 정신을 함양시킨다.

넷째, 학습 분위기를 형성한다. 학생들의 학습 흥미를 이끌어내고 학생들이 분명한 학업목표를 수립하도록 유도해야 한다. 학생들이 학습에 대한 끈기를 키우고 학습방식을 개선하며, 자기주도적 학습능력을 제고할 수 있도록 지도한다. 학습 곤란 학생들을 위해 교과 교사와 적극적으로 소통하고 보충지도를 강화한다. 학생들이 학습에 대한 의견을 제시할 경우 즉각적으로 피드백을 주어야 한다.

다섯째, 교과 교사 및 학부모와의 소통을 강화한다. 교과 교사와 함께 학생의 학업향상을 위한 전략을 연구한다. 매 학기 최소 2회 이상 교과 교사와 학급 교육업무에 관한 연구를 진행한다. 학생의 교외 활동 상황을 파악하고, '가정-학교 연계제도'를 수립하여 매년 최소 2/3 이상 학생의 가정을 방문하도록 한다. 또한, 매 학기 최소 2회 학부모 회의를 열어 학부모들에게 학생의 발달 상황을 알리고 가정에서의 교육 상황에 대해 교류하도록 한다.

여섯째, 민주적이고 평등한 사제관계를 형성한다. 학생들의 전인적 발달에 관심을 갖고 학생들의 특징과 잠재능력을 파악한다. 학생들의 의견을 경청하고, 고민과 요구를 만족시키도록 노력한다. 특히 인성, 학습, 건강, 가정, 생활 등 방면에 문제를 갖고 있는 학생들에게 도움을 주고 학생들의 심리적 특징, 개성 차이 등에 따라 맞춤형 교육과 지도가 이루어지도록 한다. 사제 간 심리적 거리를 좁히고 학생들과 정서적 교류를 증진하여 학생들로부터 사랑받는 친구 같은 교사가 되도록 노력한다.

# 3. 특징

앞에서 살펴본 내용으로부터 중국 학교의 학급 편성 및 운영에서 나타나는 특징을 정리하면 다음과 같다.

첫째, 가정-학교 간 연락제도를 수립하고, 담임교사의 가정방문을 일상화하고 있다. 이는 학생들을 좀 더 깊이 이해하고 철저하게 관리·지도하기 위한 노력이라 할 수 있다. 학생지도 및 학급관리에 있어 학부모와 함께 교육문제를 연구하고 소통한다. 이를 위해 '가정-학교' 간 교육협력체계를 잘 형성하고 있다. 중국에서 가정방문이나 가정과의 소통을 중요시하는 이유 중 하나는 반 이상을 차지하는 농촌지역에서 생계를 위해 도시로 떠난 부모가 자녀를 조부모 또는 다른 사람에게 위탁하면서 아동 홀로 농촌에 남겨지는 경우가 많기 때문이다.

둘째, 학급 편성 시, 우열반이나 특별반 편성을 엄격히 금지하고 있다. 이는 성적이 우수하거나 경제적 조건이 나은 일부 학생에게만 혜택이 돌아가는 것을 방지하기 위한 것이다. 따라서 중국 학급 편성의 기본원칙은 교육개혁의 큰 방향과도 일치하는 균형적 분배라고 할 수 있다. 다만, 이 경우에도 학급운영의 효율성을 고려한 학급배정의 융통성은 발휘되고 있다.

셋째, 무작위로 담임을 배정하여 교육자원이 평등하게 분배되도록 노력하고 있다. 중국에서는 일반교사를 1급, 2급, 3급, 고급 등 교사능력과 성과에 따라 등급을 분류하고 있다. 이러다 보니 학부모들은 좀 더 직책이 높은 교사나 국·영·수 등 주요과목을 담당하는 교사가 담임교사로 배정되기를 원하고 있다. 중국 학교에서는 이러한 수요에 대한 형평성을 고려하여 무작위로 담임을 배정하고 있는 것이다.

넷째, 중국은 입학부터 졸업까지 전 학년을 한 명의 담임교사가 맡고 있다. 이는 교사와 학생 간 신뢰도가 높고 학생들에 대한 이해도가 깊으며, 가정-학교 간 소통도 더 수월하다는 장점이 있다. 물론 장기간 담임교사가 교체되지 않기 때문에 한 번 낙인이 찍히면 이를 변화시키기 어렵다는 단점도 있다. 하지만 중국 학교에서는 이보다 학급운영의 지속성과 안정성에 더 중점을 두고 있는 것으로 보인다.

참고
문헌

百度文库(2013.08.02). 东桥镇中‘小学分班’编班制度.

    https://wenku.baidu.com/view/b755e9ad49649b6649d74748.html에서 2018.01.28. 인출.

北京幼升小网(2016.07.13). 教育部：中小学不得超45人 2018基本消除超大班额.

    http://www.ysxiao.cn/c/201607/8380.html에서 2018.01.30. 인출.

新华网(2016.07.12). 国务院：2020年基本消除56人以上大班额.

    http://education.news.cn/2016-07/12/c_129137235.htm에서 2018.01.20. 인출.

教育部网(2001.10.11). 教育部关于贯彻《国务院办公厅转发中央编办‘教育部’财政部关于制定中小学教职工编制标准意见的通知》的实施意见(教人〔2002〕8号).

    http://old.moe.gov.cn//publicfiles/business/htmlfiles/moe/moe_26/200206/316.html에서 2018.01.30. 인출.

中国政府网(2016.07.02). 国务院关于统筹推进县域内城乡义务教育一体化改革发展的若干意见(国发〔2016〕40号).

    http://www.gov.cn/zhengce/content/2016-07/11/content_5090298.htm에서 2018.01.21. 인출.

瑞文网(2016.02.11). 中小学新生分班全过程揭密.

    https://www.ruiwen.com/news/66962.htm에서 2018.01.30. 인출.

百度文库(2014.12.29). 高一10班管理制度(试用).

    https://wenku.baidu.com/view/05491923f7ec4afe04a1dff8.html에서 2018.01.20. 인출.

罗爱松(2017). 小学班主任如何做好班级管理工作. 新课程·中旬, 5.

莲山课件(2018.01.31). 2017中小学班主任工作管理细则.

    http://web.5ykj.com/gui/108821.htm에서 2018.01.30. 인출.

# 중국의 학교 규모 적정화 정책

학교 규모는 교육의 질에 영향을 줄 수 있을 뿐 아니라 공평한 교육 보장과도 직결된다. 적정한 학교 규모에 대해 학계의 공통된 의견은 없지만 지나치게 규모가 큰 경우 학교 관리, 교육과정 운영, 학생 발전에 영향을 줄 수 있을 것으로 보고 있다(趙丹·曾新, 2015). 모든 학생은 평등하고 우수한 교육을 받을 권리가 있고 이는 의무교육이 추구하는 기본적인 가치이기 때문에 적정한 학교 규모에 대한 논의는 중요하다고 할 수 있다. 중국에서는 도시화가 빠르게 진전되면서 도농 간 학교 규모의 양극화가 심각해지고 있으며 이에 정부에서는 다양한 정책을 통해 적정한 학교 규모를 유지하려는 노력이 이루어지고 있다.

# 1. 중국의 학교 규모 변화 현황

중국에서는 도농 지역 학교 간 교육격차가 벌어지면서 농촌 지역 학부모들이 자녀를 도시 학교로 보내기를 원한다. 농촌에서 도시로 인구가 유입되고 양질의 교육에 대한 수요가 증가하다보니 대부분 도시에서는 이미 대규모 학교가 보편화된 상황이다. 이러한 현상은 상하이, 베이징 등 이른바 1선 도시로 불리는 대도시 뿐 아니라 그보다 작지만 도시화가 빠르게 진행되고 있는 2선, 3선 도시에서도 유사하게 나타나고 있다(李紅蕾, 2014). 학령기 아동의 도시유입 현상이 두드러지면서 수년 간 각급 정부 및 교육행정부처에서는 '교육 출발선(敎育起點)'을 공평하게 보장하겠다며 '쌍위주(雙爲主, 즉 유입지역 위주, 공립학교 위주)' 정책을 실행하였고, 이는 학령기 아동의 입학권을 보장하는데 긍정적인 작용을 하였다.

하지만 도시지역 교육자원이 유한한데다 신축 학교 건설이 지체되면서 도시지역의 학교, 특히 명문 학교에서는 학생 포화현상이 나타나게 되었다. 지역 간 교육격차가 큰 상황에서 학부모들이 '택교비(擇校費, 즉 학교 선택 시 들어가는 비용으로 입학기부금이라고도 함)'를 내서라도 도시 명문학교에 입학시키려다 보니 이는 교육 부정부패를 초래하는 원인이 되기도 한다.

도시 학교의 대규모화를 초래하는 또 다른 원인은 중국이 2016년부터 시행하고 있는 신 산아제한정책(計劃生育政策) 때문이기도 하다. 중국은 1979년부터 산아제한정책으로 '한 가정 한 자녀'만 허용해 왔으나, 2011년 말 '쌍독이해'(雙獨二孩, 즉 부모 모두 외동일 경우 두 자녀 허용) 정책을 시작으로 2016년부터 '이해'(二孩, 즉 모든 가정에 두 자녀 허용) 정책을 전면 실시하였고, 이후 출생인구가 대폭 증가하기 시작하였다. 이에 따라 초등학교 적령기 아동이 급증하여 각 지역 학교에 큰 부담을 안겨주고 있다(周瑾, 2018).

장쑤성(江苏省) 쉬조우시(徐州市)의 경우를 보면 2007년 이후 초등학교 1학년 입학정원이 7년 연속 증가추세를 나타내고 있는데, 2014~2016년 기간 동안 초등학교 재학생이 연평균 8만 명씩 증가한 것으로 집계됐다. 2017년에는 쉬조우시 전체 초등학교 1학년 신입생이 약 16만 명으로 전년도보다 4만 2,000명 증가했고, 중학교 1학년 신입생은 약 11만 8,000명으로 전년도보다 4만 명 늘어나 사상 최대치를 기록하였다(徐州日報, 2017.5.5.). 이렇게 늘어난 신입생을 수용하기 위해 쉬조우시 개발구 실험초등학교는 지난해 학급당 50명씩 20개 반을 모집하였고, 윈씽(雲興)초등학교도 48명씩 18개 반을 모집하였으며, 이 지역 다른 학교 사정도 이와 유사하다.

이처럼 중국은 도시(城鎮)학교의 학급 수는 지속적으로 증가하는 데 반해 농촌 학교의 학급 수는 빠르게 줄어들고 있다. 이는 여러 가지 원인에 의한 영향으로 볼 수 있지만 그중 가장 주요한 원인은 앞에서도 언급한 급격한 도시화이다(馬恒燕·姚銀枝, 2018). 닝샤(寧夏)를 예로 들면, 닝샤의 전체 중학교 학급 수는 2002년 5,059개에서 2016년 5,490개로 연 평균 0.6%씩 천천히 증가한 것으로 보인다. 하지만 주목할 점은 이 기간 닝샤의 도시지역 중학교 학급 수는 연 평균 10.2%씩 급증하였다는 것이다.

<표 6-1> 2002-2016년 닝샤 초중등학교 규모 변화(단위: 개소, 개)

| 년도 | | 2002 | | 2005 | | 2008 | | 2011 | | 2014 | | 2016 | |
|---|---|---|---|---|---|---|---|---|---|---|---|---|---|
| | | 학교 수 | 학급 수 | 학교 수 | 학급 수 | 학교 수 | 학급 수 | 학교 수 | 학급 수 | 학교 수 | 학급 수 | 학교 수 | 학급 수 |
| 중학교 | 합계 | 271 | 5059 | 222 | 5076 | 187 | 5177 | 183 | 5412 | 168 | 5328 | 165 | 5490 |
| | 도시 | 30 | 854 | 39 | 1184 | 41 | 1393 | 55 | 1944 | 59 | 2140 | 56 | 2078 |
| | 현급 | 39 | 1297 | 53 | 1717 | 45 | 1909 | 68 | 2282 | 65 | 2358 | 75 | 2527 |
| | 농촌 | 202 | 2908 | 130 | 2175 | 101 | 1875 | 60 | 1186 | 44 | 830 | 37 | 885 |
| 초등학교 | 합계 | 2912 | 20601 | 2527 | 19660 | 2202 | 18255 | 1942 | 16583 | 1763 | 15435 | 1536 | 15435 |
| | 도시 | 84 | 1618 | 119 | 2377 | 122 | 2526 | 159 | 3291 | 171 | 3788 | 158 | 3750 |
| | 현급 | 152 | 2360 | 154 | 2522 | 172 | 2896 | 222 | 3529 | 231 | 3835 | 234 | 4238 |
| | 농촌 | 2676 | 16623 | 2254 | 14761 | 1908 | 12833 | 1561 | 9763 | 1361 | 7812 | 1144 | 7447 |

출처: 馬恒燕·姚銀枝(2018)

특히 2002~2005년과 2008~2011년 기간 도시지역 중학교 학급 수의 증가율은 각각 38.6%, 39.6%에 이르고 있다. 도시와 마찬가지로 현급(縣級) 지역 중학교의 학급 수도 꾸준히 증가하였다. 도시 및 현급 중학교 학급 수의 급격한 증가와는 대조적으로 농촌지역 중학교의 학급 수는 빠르게 감소한 것을 볼 수 있다. 2002~2016년 기간 연 평균 -5.0%를 기록하였으며, 특히 2008~2011년 기간에는 -36.7%로 대폭 감소하였다. 초등학교의 경우 2002~2016년 기간 전체 학급 수는 약간 감소하였으나 도시지역 학급 수는 마찬가지로 연 평균 9.4%씩 크게 증가하였다. 특히 2002~2005년과 2008~2011년 사이에는 각각 46.9%, 30.1%씩 큰 폭으로 증가하였다. 이와 달리 중학교와 마찬가지로 농촌지역 초등학교의 학급 수는 감소 추세를 보였다(馬恒燕·姚銀枝, 2018).

## 2. 학교 규모 적정화를 위한 정책 추진 사례

중국은 도시지역 학교의 규모를 확대함으로써 어느 정도 의무교육 보급의 균형적인 발전을 실현하게 되었지만, 반면 학교 규모 확대가 제한 없이 이루어지면서 교육의 질은 하락하였다는 지적을 받고 있다 (趙丹·曾新, 2015). 도시에서는 학교 규모가 너무 커서 교장의 교사에 대한 효율적인 관리와 수업지도가 어렵고 학교 운영이 비효율적으로 이루어진다. 반면 농촌에서는 학교 규모가 너무 작아 우수한 교사를 초빙하기 어렵고 교과 교사를 합리적으로 배치하기 어려우며 학생 간 적절한 학습 경쟁을 유발하기도 어려울 뿐 아니라 교사의 적극성도 떨어져 교육의 질을 보장하기 어렵다는 것이다(馬恒燕·姚銀枝, 2018).

중국 정부는 '공평한 교육'을 기본 정책방향으로 정하고, 도농 간 교육자원의 균등한 분배 및 농촌학교 교육환경 개선을 위해 노력하고 있다. 예를 들어 국가와 지역 차원에서 「의무교육학교 표준화 건설사업」, 「농촌 의무교육 취약학교 개조사업」, 「농촌학교 정보화 건설사업」, 「도농 의무교육 학교 간 연계 교육지원사업」 등 다양한 사업을 진행하고 있다.

다롄시(大連市)는 「다롄시 5개 구역 초중등학교 배치 계획 2017~2035(大連市內五區中小學校布局規劃)」을 마련하고 학교 규모 적정화를 추진하고 있다. 또한 기초교육 자원을 합리적으로 배치하고 의무교육 균형화와 시설 표준화를 추진하여 양질의 교육에 대한 대중의 수요를 충족시키고자 노력하고 있다. 그동안 다롄시의 많은 학교가 학급 수를 늘리다보니 학생당 용지 기준, 학생당 건축기준, 체육활동장소 등 지표에서 다롄시(大連市)에서 정한 「일반 초중등학교

설립  시설  기준(大連市普通中小學辦學設施標准)」(2003)을  충족
시키지 못하였다. 그중 특히 구(舊)도시 학교의 기준이 신(新)도시보
다 낮아 체육활동장소 조차 부족한 경우도 여러 곳 되었다.

이에 최근 다롄시는 기초교육단계에서 교양교육을 실시하자는 국가
계획에 따라 초중등학교에 특별실, 실험실, 열람실 등 교실용지와 운
동장, 방과 후 활동 장소, 녹지 등 학교용지 배치에 더 높은 기준을 요
구하고 있다. 과거에는 일반교실, 표준화된 운동장을 갖출 것을 요구
했다면, 현재는 특별교실과 실내 체육관을 갖추는 등 요구 수준이 높
아졌다. 이에 따라 최근 새로 지은 중국의 초중등학교에는 특별실, 도
서관, 다목적실, 강당, 식당, 체육관 등 다양한 독립된 시설들이 갖추
어져 있다(周瑾, 2018).

창사시(長沙市)는 양질의 기초교육을 균형있게 발전시키고 초중등
학교의 운영환경 수준을 향상시키기 위해「일반 초중등학교 표준화학
교  건설기준(長沙市普通中小學標准化學校建設標准)」을  마련하였
다. 기준에서는 학교 교육의 질, 운영 효율 및 교육효과를 보장하기 위
해 각 학교의 규모(학급 수, 학생 수, 용지 및 건설규모)를 일정 범위
내로 제한하도록 하였다.

〈표 6-2〉 창사시 학교유형에 따른 학교 적정 규모

| 학교유형 | 적정 규모 학급 수 | 학급인원 수 |
|---|---|---|
| 초등학교 | 학년 당 2~4개반, 총 12~24개반 | 45명 이하 |
| 일반 중학교 | 학년 당 4~10개반, 총 12~30개반 | 50명 이하 |
| 9년 일관제 학교 | 학년 당 2~4개반, 총 18~36개반 | 초등학교 단계 45명 이하, 중학교 단계 50명 이하 |
| 일반 고등학교 | 학년 당 8~12개반, 총 24~36개반 | 50명 이하 |

출처: 長沙市政府門戶網(2007.6.14)

기준에서 정한 규모에 합당한 학교를 '적정 규모 학교(適宜規模學校)'로 인정하고, 신축 또는 재건축한 학교에 대해서도 적정 규모 기준에 맞추어 건설계획을 수립하도록 요구하고 있다(長沙市政府門戶網, 2007.6.14).

안후이성(安徽省)은 「안후이성 의무교육단계 학교 설립 기본기준(安徽省義務教育階段學校辦學基本標准)」을 제정하고, 학교 규모를 초중등학교는 2,000명 이하, 9년 일관제 학교 및 12년 일관제 학교는 2,500명 이하로 유지하도록 하였다. 또한 학급당 학생 수에 대해서 초등학교는 45명, 중학교는 50명을 넘지 않아야 한다고 명시하였다. 여건이 되는 학교에 대해서는 학급당 학생 수를 이보다 더 제한하여 소규모 학급을 운영할 것을 장려하였다(安徽網, 2018.1.9.).

산둥성에서는 최근 몇 년 동안 진행한 학교 규모 조정, 합반·합병 작업으로 학교 운영의 효율성이 높아졌다. 하지만, 일부 학교에 대한 자원 집중과 함께 대규모 학교, 과밀학급이 나타나는 등의 문제가 드러났다. 일부 지역에서는 만 명 규모의 고등학교가 생기기도 하고, 학급 인원 수가 80여 명에 이르는 학교도 적지 않게 생겨났다. 산둥성은 이렇게 학교 규모와 학급 규모가 비대해진 주요 원인은 양질의 교육자원 부족, 학교 운영여건 열악, 학교 배치 조정 불합리, 학교 건설 지연 등이라고 지적하였다.

이에 산둥성은 각 지역에 학생들이 가까운 곳에서 양질의 교육을 받을 수 있도록 합리적인 학교 배치와 건설 계획을 수립하고, 취약 학교의 설립 여건과 수준을 개선하는 데 힘쓰며, 더 많은 학교 건설에 박차를 가할 것을 요구하였다. 초중등 학교 및 학급 규모 보고제도를 실시하여 각 지역의 학교와 학급규모 통제 상황을 실시간으로 모니터링하고 있다(人民日報, 2011.10.14.). 또한 성 교육청은 각 지역의 학교 규모와 학급 규모에 대한 감시 제도를 수립하여 대규모 학교가 '규범화 학교 검수'를 통과할 수 없도록 하였다. 「산둥성 일반 초중등학교 기본 학교 설립 기준(山東省普通中小學基本辦學條件標准)」에 따르면 산둥성 지역 학교의 적정 규모는 일반 초등학교 12~36개 반, 중학교 18~30개 반, 고등학교 24~48개 반, 9년 일관제 학교18~36개 반이고, 학급 수는 일반 초등학교는 학급당 45명 이하, 중고등학교는 50명 이하이다. 산둥성 교육청은 3~5년의 시간을 두고 학교 규모, 정원 초과 문제를 해결하고 적정한 학교 규모와 학급 규모를 유지하기 위한 노력을 집중할 것을 각지에 주문했다.

## 3. 특징

중국은 앞으로도 기초교육 단계에서 양질의 교육자원에 대한 수요가 높아짐에 따라 학교 건설 규모에 대한 더 높은 기준을 제시함과 동시에 적정한 학교 규모를 유지하기 위해 노력할 것으로 보인다. 앞에서 살펴본 중국의 학교 규모 적정화 정책의 특징을 정리하면 다음과 같다.

첫째, '브랜드 효과'를 이용하고 있다. 즉 '명문 학교+분교' 형식으로 학교를 신축하여 양질의 교육에 대한 수요를 만족시킴과 동시에 학교규모 감축을 위해 노력하고 있다. 교육 평준화가 이루어지지 않은 중국에서는 기초교육 단계에서부터 학교 서열화가 있다 보니 학생들의 명문학교 쏠림 현상이 두드러지고 있다. 이에 중국은 학생과 학부모로부터 인기 있는 도시 명문학교를 다른 지역에 분교 형식으로 설립하여 학생 분산을 유도하고 있다.

둘째, 하드웨어 보다는 소프트웨어에 중점을 두도록 요구하고 있다. 교육격차가 심각해지면서 중국은 최근 '학교 시설 표준화'에 대한 기준을 마련하였다. 이를 계기로 앞으로 학교 규모와 함께 학교 간 교육의 질적 차이를 중시하게 될 것으로 예측된다. 즉 도시와 농촌 학교 간 교육의 질적 차이를 만드는 학교관리, 교원 능력, 교수학습, 그리고 학교 교육과정 등 소프트웨어적인 측면에 중점을 두어 학교교육의 질을 향상시키려는 것이다.

셋째, 농촌 학교의 '소규모화, 양질교육' 추진을 통해 학생들의 농촌 탈출 현상을 줄이고자 노력하고 있다. 연구결과에 따르면 소규모 학급 (15~20인)은 학생 성적 향상에 도움이 되고, 소규모 학교는 학생들에게 더 안전한 환경을 제공해준다고 한다(金传宝, 2004). 하지만 실제로 대부분의 농촌 소규모 학교에서는 낮은 교사대우, 불리한 전문성 신장, 불합리한 관리 등 요인으로 인해 교육의 질이 높지 않은 것으로 나타나고 있다. 이에 중국은 농촌의 낙후된 교육을 작고 강한 교육으로 전환함으로써 농촌을 떠나는 학생들을 붙잡겠다는 것이다.

참고
문헌

周瑾(2018).適宜性中小學校"建設規模"指標體系硏究——以大連市內五區中小
　　學規劃爲例. 城市建築, 12, 66-71.
李紅蕾(2014). 鄭州市小學學校規模調整優化硏究. 鄭州大學.

# 중국의 인구구조 변화 대응을 위한 교육정책

인류가 문명의 역사를 가진 이래로 인구와 교육은 서로 영향을 주어왔다. 오늘날에는 경제와 과학기술이 급속히 발전하면서 인구와 교육의 관계가 더욱 긴밀해지고 있다. 이처럼 인구 변동과 그에 따른 결과는 교육에 영향을 미칠 수 있어 국가나 지역정부에서 교육 계획을 세울 때 반드시 그 추세를 정확하게 진단하고 적절한 결정을 내릴 필요가 있다. 중국의 인구는 1950~1960년대의 급속한 성장을 거쳐 70년대 산아제한정책이 시행된 이후 급격히 출산율이 떨어졌다. 고출산율·저사망률의 인구 증가 패턴에서 저출산률·저사망률로 바뀌었다. 중국은 불과 50년 만에 서방 국가가 100여 년에 걸쳐 경험한 인구 변동을 겪어온 것이다. 특히 최근 발표된 두 자녀 정책은 앞으로 중국의 학령기 인구변동을 가져올 것으로 예상돼 교육계의 큰 이슈가 되고 있다.

## 1. 중국의 인구구조 변화 현황

　지난 30년간 중국 경제가 급속히 발전하는데 중요한 역할을 한 것은 바로 '인구 보너스' 때문이라고 평가되고 있다. 그만큼 중국의 많은 인구는 노동력 자원으로써 제조업 발전에 이바지하며 중국의 경제성장을 크게 이끌었다. 그러나 산아 제한 정책의 실시와 출산율의 급격한 하락으로 최근 몇 년 동안 중국 인구의 증가가 느린 성장을 유지하고 있다(中國産業信息, 2016.10.19).

〈그림 6-1〉 중국 출생인구수 변화추이

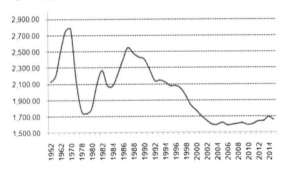

　중국은 장기적으로 인구수를 엄격하게 통제하는 '계획출산(計劃生育)정책'(한 가구 한 자녀 정책)을 시행해왔는데, 이는 인구 증가와 경제사회 발전에 심대한 영향을 미쳤다(田雪原, 2009). 중국은 저출산·저사망률의 과정을 겪으며 노동 가능 인구가 2010년 최고점인 74.53%에 도달한 이후 서서히 감소하는 추세를 보이고 있다. 청소년 인구 또한 해마다 감소하여 잠재 노동력이 계속 감소할 것으로 보고

있다. 2009년 중국위생통계 데이터에 따르면 중국은 1999년 출생률이 15%이하로 내려가면서 이미 소자화 사회에 진입하였다. 2008년 국가통계국에서 발표한 인구변동 현황조사 데이터에서는 10~14세 인구가 총인구의 7% 미만, 5~9세 인구는 총인구의 5.5% 미만으로 내려갔다고 발표하였다. 또한 중국은 고령화가 진행되고 있으며 통계에 따르면 2015년 기준 중국의 60세 이상 인구는 2.22억 명으로 총인구의 16.15%를 차지하고 있다. 2020년에는 노령인구가 2.48억 명으로 고령화 수준이 17.17%에 이를 것으로 내다보고 있다. 이처럼 중국은 총인구는 많지만 고령화와 소자화현상이 심각한 문제로 대두되었다.

이와 같은 인구변동 추세에 따라 중국은 2011, 2013, 2015년 '쌍독 두 자녀 정책'(부부 모두 외동인 경우 두 자녀 출산 허용), '단독 두 자녀 정책'(부부 중 한 명이 외동인 경우 두 자녀 출산 허용), '전면 2자녀 정책'(모든 부부에 대해 두 자녀 정책 허용)을 잇달아 시행하며 1978년 이후 한 자녀로 제한해오던 출산정책을 다소 완화하였다. 두 자녀 정책의 실시로 중국의 학령인구 수는 2020년대까지 증가하는 추세를 보이겠지만, 저출산 분위기가 확산되면서 2030년대 들어서 다시 감소할 것으로 예측되고 있다. 출산정책의 변화는 교육 인구수에 변화를 가져오기 때문에 교육계에서도 시설확충, 교원 충원 등에 대한 변화가 있을 것으로 예상된다.

〈표6-3〉 단독 두 자녀 정책 이후 중국 유·초·중등교육 인구수 변동 예측결과(단위: 만 명)

| 연도 | 유치원 | 초등학교 | 중학교 | 고등학교 | 대학교 |
|------|--------|----------|--------|----------|--------|
| 2015 | 2060 | 4183 | 2000 | 2242 | 3996 |
| 2016 | 2090 | 4296 | 2031 | 2219 | 3739 |
| 2017 | 2361 | 4325 | 2094 | 2214 | 3550 |

| 2018 | 2671 | 4400 | 2173 | 2208 | 3476 |
|------|------|------|------|------|------|
| 2019 | 2991 | 4466 | 2244 | 2233 | 3439 |
| 2020 | 3127 | 4703 | 2296 | 2292 | 3405 |
| 2025 | 3094 | 6396 | 2380 | 2573 | 3625 |
| 2030 | 2905 | 6375 | 3400 | 3063 | 3754 |
| 2035 | 2770 | 5986 | 3300 | 3520 | 4850 |
| 2040 | 2682 | 5643 | 3098 | 3313 | 4872 |
| 2045 | 2691 | 5462 | 2876 | 3096 | 4519 |
| 2050 | 2630 | 5439 | 2781 | 2875 | 4160 |

## 2. 인구구조 변화에 따른 교육 및 사회 문제

중국은 저출산, 고령화로 인한 인구변화에 대비하여, 2015년 12월 제12차 전국인민대표대회 상무위원회 18차 회의에서 「중화인민공화국 인구 및 계획출산법」 개정안을 통과시켰고, 2016년 1월 1일부터 '전면 두 자녀(全面二孩)' 정책과 관련법규의 정식 시행에 들어갔다 (姚引妹, 2015). '전면 두 자녀' 정책 실시는 중국의 오래된 한 자녀 정책을 해제함으로써, 출생인구수 및 미래 학령인구 수에 변화를 가져오고, 미래의 교육자원 배치에도 영향을 줄 것이 분명하다. 교육 분야에서 재학생 규모는 교육자원 배치 및 계획 수립을 위한 기본적인 지표인데, 두 자녀 정책 실시는 필연적으로 중국의 출생 인구 변동을 불러와 미래 입학 인원과 재학생의 규모에 영향을 주게 된다. 교육자원이 합리적으로 배치되어야 교육 자원의 부족이나 낭비를 줄일 수 있기에 중국은 미래의 학령인구(특히 입학 붐)를 예측하고 그에 상응하는 교육 전략을 수립해가고 있다. 중국의 인구변동에 따른 초등교육에 대한 영향은 다음과 같이 예측된다.

### 1) 초등교육 학령인구에 대한 영향

2010년 중국 6차 인구센서스 데이터를 바탕으로 중국의 출산율과 사망률, 초등교육 취학률을 감안할 때 '전면 두 자녀' 정책 실시 이후, 중국의 초등교육 인구는 2016년 4,200만 명에서 2030년 5,300만 명으로, 2035년에는 4,300만 명으로 점진적으로 증가하다 다시 감소할 것으로 보고 있다. 이러한 인구증감 추세를 볼 때 중국은 2022년부터 초등학교 학령인구에 영향을 받게 되고, 2028년부터는 중학교 학령인구에도 영향이 발생하게 된다. 하지만 국가 전체의 장기적인 인구 출산율 하락이라는 대전제 하에 향후 중국의 초등교육 연령 인구는 또 다른 변화가 나타날 것으로 보인다. 즉 두 자녀 정책 실시 이후 점차 증가하다가 다시 감소하여 결국은 기본적으로 안정적인 인구 수준을 유지하게 된다는 것이다(孫冬霞, 2017). 이러한 변화는 주로 앞으로 20년 내에 집중되며 초등교육의 교원배치, 교육투입 등에 있어서 먼저 증가 후 감소하는 변화가 일어나리라는 것을 의미한다. 2016년을 기준으로 하면 변화 범위가 0~25% 사이인데, 초등교육 학령인구가 증가하면 교원배치 및 교육 경비, 교육장소 등에 대한 투입이 이에 상응하여 증가하게 된다. 하지만 학생 수가 다시 줄어들면서 많은 자원이 남을 것으로 예상된다(易想和, 2018).

## 2) 초등교육 교원배치에 대한 영향

양질의 교원 양성은 교육의 효과를 극대화해 교육의 질을 보장하는 관건이 된다. 그러나 두 자녀 정책 실시에 따른 미래 학령인구의 변동은 필연적으로 교사와 학생의 비율을 변화시키게 된다. 초등학생 수가 증가함에 따라 교사 대 학생 비율이 이전보다 증가하게 된다. 중국 교육부는 2014년 11월「초중등학교 교직원 편제표준 통일에 관한 통지(關於統一城鄕中小學敎職工編制標准的通知)」를 발표하였는데 이 통지에서는 교원과 학생의 비율에 대해 중학교는 1:13.5, 초등학교는 1:19로 도농 간 통일하도록 규정하였다. 앞으로 중국은 초등교육 교사에 대한 수요가 점차 증가하여 2030년경에 최대치에 이를 것으로 예상하는데, 그때가 되면 교사의 수요량은 2016년보다 100만 명 많은 470만 명에 이를 것이라 한다. 그 후에는 초등교육 학령인구의 감소와 함께 다시 감소하게 된다. 이 같은 변화는 두 자녀 정책의 실시와 필연적인 관계가 있는 동시에, 이는 초등교육 교원의 양성에도 큰 영향을 미치게 된다(易想和, 2018).

### 3) 초등교육 투입에 대한 영향

두 자녀 정책은 또한 교육투입 변화로 이어진다. 교육투입은 경비의 투입뿐 아니라 교사(校舍), 수업 장소 등 교수학습을 위한 하드웨어와 설비의 투입도 포함하는 종합적인 개념이다. 교육에 대한 투입이 전체적으로 충분한지, 그리고 합리적이고, 유효하며, 공정한지는 교육 사업의 건전성, 지속성과 관계가 있다. 중국은 초등교육 학령인구 변동과 마찬가지로 초등교육에 대한 경비 투입도 점차 증가하다가 감소하는 추세를 보일 것으로 전망하고 있다. 국가통계국 발표에 따르면, 2016년 중국 초등교육 학생당 평균 공공재정 예산지출은 1.2만 위안 정도였다. 그러나 물가상승, 교육소비수준 상승 등 변동요인을 충분히 고려하여 2030년 중국의 초등교육 학생당 평균 공공 재정사업 지출을 산정한 결과 3만 위안 정도가 되며 2035년 3.8만 위안까지 증가하다가 점차 하향 안정될 것이라고 한다(孫冬霞, 2017).

# 3. 특징

　인구수는 정부 정책에 따라 혹은 출산에 대한 사람들의 인식 변화로 인해 장단기적인 변화를 보이게 된다. 이 때문에 현재 학령기 아동수가 감소추세로 나타나더라도 통계추이나 인식조사를 통해 이러한 변화가 얼마나 지속될지를 예측하고 교육투입에 대한 방안을 수립할 필요가 있는 것이다. 중국의 경우 세계적으로 가장 많은 인구를 보유한 국가로서 오래전부터 인구정책을 실행해오고 있다. 중국은 최근 30년간 실행해온 한 자녀 정책을 완화하고 두 자녀 정책으로 전환하면서 앞으로 인구구조에 대한 변화가 필연적인 상황이다. 이에 인구학, 통계학, 경제학 뿐 아니라 교육학 등 여러 분야에서 인구변화에 따른 대비책을 고심하고 있다. 특히 당장 내년부터 유아교육 인구가 증가할 것으로 예상되기 때문에 유치원 교사 및 유치원 수의 부족이 교육문제로 대두되고 있다. 이와 동시에 초등학교 및 중고등학교에서도 수년 후를 내다보고 교원 선발 및 교사 신축 등 준비에 대한 논의가 이루어지고 있다. 중국의 인구변동 예측결과로부터 학령기 인구 변화를 보았을 때 지속적인 증가추세를 보이지 않고 추후 다시 감소할 것으로 예상되면서 중국 교육부는 교육자원 증가에 대한 합리적이고 과학적인 증가와 탄력적인 운영을 요구하고 있다.

　우리나라는 최근 학급규모 축소를 위해 학교 수와 교원 수를 크게 늘렸지만 출산율이 감소하면서 학령기 아동이 자연적으로 줄어들자 교원 및 학교 등 교육자원의 잉여 현상을 겪은 바 있다. 당분간 학령기 아동의 감소추세가 이어진다고 학교 신축이나 교원 임용을 갑자기 늘리기보다 인구변동 주기가 길다는 점을 감안해 학급 정원 변화나 초중고 간 교사이동, 교실 대여 등 탄력적인 운영방안을 마련한다면 인적, 물적 자원의 낭비를 줄이고 효율적으로 사용할 수 있을 것이라 기대된다.

참고
문헌

中國産業信息(2016.10.19.). 2017年中國人口結構現狀及人口年齡結構對房地
　　産行業的影響分析.
　　　　http://www.chyxx.com/industry/201610/458481.html에서
　　　　2018.11.26. 인출.

田雪原(2009). 中國人口政策60年. 北京:社會科學文獻出版社.

李玲·楊順光(2016). "全面二孩"政策與義務教育戰略規劃——基於未來20年義
　　務教育學齡人口的預測. 教育研究, 37(07), 22-31.

姚引妹·李芬·尹文耀(2015). "單獨二孩"政策下我國受教育人口變化趨勢研究.
　　教育研究, (3), 35-46.

易想和(2018). 全面二孩政策對初等教育的影響及對策研究. 法制與社會 ,9,
　　201-202.

孫冬霞(2017). "全面二孩"政策對我國義務教育資源供給的影響研究. 湖南大學.

# 교육분야와
# 지역사회 간 협력

# 중국의 특수학교 운영과 지역공동체의 역할

1960년대 말 미국에서는 특수교육에 대한 '주류집단으로의 회귀 (main streaming)'가 제기된 바 있다. 이는 1970년대 입법을 통해 확립되었고, 1980년대에는 더 나아가 특수학교에서의 '통합 (integration) 교육' 실시가 제시되었다. 이후 90년대에 '포용 (inclusion) 교육'의 개념이 대두되었으며, 1990년대 이후, 특히 20 세기에 접어들어 학자들은 장애인의 '삶의 질'에 대한 관점을 제시하였다. 그들은 또한 특수교육이 반드시 지역사회화 되어야 하고 장애인의 평등한 사회생활 참여를 도와야 한다고 주장하였다. 이러한 국제사회에서의 특수교육 변화의 영향을 받아 중국에서도 최근 특수교육을 지역사회와 연계하여 교육하는 것이 가장 이상적인 형태라고 받아들여지고 있다.

# 1. 특수학교 교육의 문제

중국의 특수학교는 최근 들어 정부의 재정지원과 함께 양적 발전이 빠르게 이루어졌다. 하지만 전체적으로 볼 때 중국의 특수학교 교육은 여전히 다음과 같은 문제점을 안고 있다.

## 1) 폐쇄적 학교 관리

중국의 특수학교 교육방식은 기본적으로 폐쇄적 관리를 채택하고 있다. 교육부에서 발간한 특수학교 교육요강의 내용을 기본으로 폐쇄적인 교실수업에 의존하고 있다. 이러한 방식은 교실수업의 학습효과가 뛰어나다 하더라도 장애학생들이 학교라는 울타리 안에서만 배우기 때문에 사회에 나가 배운 내용을 적용하기 어렵다는 문제점이 있다. 중국의 한 특수학교의 경우 30명의 졸업생을 배출하였는데 그중 6명만이 취업을 하고 나머지는 모두 부모에 의존하며 살아가는 등 독립적인 생활능력이 부족한 것으로 나타났다. 현재 중국에서 특수학교를 졸업한 장애학생들은 대부분 지역사회에서의 생활에 참여하기 어려워 집에만 있거나 정상적인 사회생활과 동떨어진 삶을 살아가는 경우가 많은 것으로 보고되고 있다. 이렇듯 폐쇄적이고 격리된 특수교육 운영방식은 학생들이 특수학교를 졸업한 후에도 사회에 적응할 능력을 키워줄 수 없다는 것이 큰 문제로 지적되고 있다.

## 2) 교육과정의 지나친 세분화

현재 중국 특수학교의 교육과정은 과목별로 나누어져 있고 각각의 교사들은 자신이 맡은 과목의 수업만 진행하고 있다. 교과내용도 일반 학교 수업내용과 유사하며 단지 난이도를 낮추었을 뿐이다. 장애학생들은 그들이 처한 특수 상황으로 인해 교과서에서 배운 지식과 기능을 사회생활 속에서 모두 활용하기 어렵고 필요하지 않은 경우도 허다하다. 예를 들어, '5-2=3'이라는 수식을 배웠다고 해도 직접 마트에 가서 물건을 사보지 않으면 2원짜리 물건을 사기 위해 5원을 내고 3원을 거슬러 받는 일을 할 수 없는 것이다. 또한 "빨간불에 멈추고, 초록불에 건넌다"는 내용을 배웠다고 해도 직접 도로에 나가 신호등을 보고 길을 건너보지 못하면 이게 무슨 뜻인지 이해하기 어려운 것이다.

이와 같은 특수학교의 수업내용과 사회생활 간 연계는 줄곧 중국 특수교육의 주요 이슈가 되어오고 있다. 즉 학생들이 수업에서 배운 지식과 기능을 어떻게 지역사회 속에서 실천하도록 할 것인가가 시종 특수교육의 중요한 탐구과제인 것이다.

이러한 배경 하에 중국에서는 일부 학교를 중심으로 특수학교의 교수학습 개혁이 시도되고 있다. 폐쇄적 경영 방식과 격리식 수업형식을 타파하고 사회적 지지를 기반으로 한 특수교육 체계를 수립하려는 것이다. 이들 학교에서는 학생들이 장래 사회생활에 적응하고, 삶의 질을 높이는 것을 목표로 지역사회 교육자원을 충분히 활용하고 학교수업에서 훈련을 강화하여 장애학생의 발전을 촉진시키고자 노력하고 있다.

## 2. 특수학교와 지역사회 연계 협력 사례: 닝보다민학교를 중심으로

중국에서 특수학교가 지역과 연계 협력하여 특수교육을 진행한 대표적인 사례로 닝보다민(寧波達敏)학교가 있다. 이 학교의 지역사회 통합 교수학습 모델은 "지역사회를 교실로, 생활을 교재로, 주민을 교사로"를 모토로 하고 있다. 다민학교의 지역사회통합 모델은 학교 수업과 지역사회에서의 수업을 결합하여 최종적으로 지적장애 학생들이 "생활을 스스로 영위하고, 사회에 적응하며, 자신의 힘으로 살아감으로써 삶의 질을 높이도록 하는 것"을 목표로 하고 있다.

### 1) 지역사회와 협력연계를 위한 교수학습 모델

■ 지역사회를 교실처럼

지역사회는 장애학생들을 위한 좋은 학습장소가 된다. 학교와 가정이 소재한 길목과 마을은 학생들이 가장 많이 접촉하는 장소로 교사와 학부모가 지역사회 수업을 하기에 가장 편리한 장소이자 효율적인 교실이라 할 수 있다. 또한 장애학생들이 학습한 내용과 기능을 적용해 보는 곳이기도 하다. 지역사회를 교실로 삼기 위해 가장 중요한 일은 지역사회 수업환경에 대해서 분석하고 평가하는 일이다. 교사는 사전 준비를 통해 지역사회 환경의 장점을 충분히 활용하고 학생의 단계별 환경적응의 요구를 만족시켜준다.

■ 생활 속에서 교육내용 찾기

수업은 생활을 위해 꼭 필요하며 동시에 생활은 수업을 위한 구체적인 내용을 제공한다. 이 때문에 다민학교에서는 사회통합수업을 전개하는데 이를 위해 학교에서는 지지적 통합교육과정을 마련하고 있다. 이 과정은 상중하 세 단계로 이루어지는데 '하'단계는 '지역사회에서 놀기'이다. 이 단계에서 학생들은 동네공원 및 놀이공원을 중심으로 지역사회 인식의 기초를 쌓게 된다. '중'단계는 '지역사회 인식하기'로 지역사회에 있는 각종 환경, 기관, 시설 등을 인식하도록 함으로써 학생들의 시야를 넓히고 지역사회 의식을 고취시킨다. 또한, 생활에 꼭 필요한 문화지식을 쌓게 함으로써 지역사회를 활용할 준비를 하도록 도와준다. '상'단계는 '지역사회 활용하기'로 이 단계는 생활환경 및 사회생활 요구에 부합하도록 하는 것으로 지역사회 체험 및 지역사회와 가정생활의 수업활동을 통해 앞으로의 취업과 생활의 기초를 다지도록 한다.

◾ 주민이 교사되기

여기서 교사란 각급 정부기관 관료, 공 · 사기업의 전문가, 주민 자원봉사자 등을 가리킨다. 마을 대표들이 지역사회의 협조를 책임지고 공 · 사기업 전문가들은 장애학생의 지역사회 학습을 위한 전문적 지도와 취업을 맡는다. 자원봉사자들은 사랑의 전달자가 되어준다. 이렇게 학교 교사부터 학교 밖 사회 각계의 교사들까지 장애학생의 학습을 위해 강력한 교원풀을 구성함으로써 장애학생들과 지역사회 간 통합을 가능하게 하고 있다.

## 2) 지역사회통합 수업의 실시과정

### ▣ 지역사회 체험하기

경험은 학습의 기초가 된다. 하지만 장애학생들에게 있어 자연스럽게 생활경험을 얻는 것은 쉬운 일이 아니다. 이 때문에 교사는 교재 단원의 내용에 따라 우선 학생들에게 지역사회에서 생활을 체험해보도록 하면서 의식적으로 학생들이 직접 경험을 얻을 수 있도록 유도한다.

### ▣ 수업 재현하기

교사는 학생들이 지역사회에서 체험한 생활경험을 교실로 가져와 체험 상황을 재현하고, 학생들이 체계적으로 지식을 학습할 수 있도록 유도함으로써 수업의 효율성을 높인다.

### ▣ 지역사회 재진입하기

지적장애 학생들에게 있어 한 번의 학습은 부족하기 마련이다. 이 때문에 교실에 돌아와 밖에서 학습한 상황을 재현한 후 다시 지역사회라는 대교실로 돌아가는 과정의 반복이 필요하다. 이 과정에서 학생들은 교실에서 배운 지식을 사회생활 속에 적용하고 반복적으로 훈련하게 된다.

### ▣ 수업 개선 및 강화하기

지역사회 실천 과정에서 교사는 학생들이 완전히 학습하지 못한 부분을 파악하고 이를 수업개선 및 학습내용 강화를 위한 근거로 삼는다.

■ 지역사회 적용하기

지역사회 적용에서 가장 많은 부분은 학생 가정에 의해 이루어진다. 그들이 생활하는 지역 또는 그 지역의 특정 장소에서 최종적으로 학습한 부분과 실제 생활을 효율적으로 결합해보도록 하는 것이다.

지역사회 통합수업이 질서 있게 운영되도록 하기 위해서 다민학교는 처음에는 교육과정, 학생이 흡수 가능한 정보량, 학습 내용의 종적 및 횡적 연계성, 지적장애학생의 심신발달 특성을 고려하여 수업자원을 분배하였다. 이후 매 학기 2번 전체 학생들을 대상으로 교외활동을 하게 되었고, 나아가 주 1일 학년별로 각기 다른 지역사회에서 활동을 하게 되었으며, 더 나아가 주 2일 오전에 학급단위로 지역사회에 나가 학습을 하였다. 최종적으로 주 1일 반나절을 각 학년 수업내용의 필요에 따라 지역사회 학습을 하고, 주 4일 반나절은 학부모 책임 하에 연습시간을 배정하도록 하였다. 이러한 과정을 거치면서 다민학교는 '1+9+4' 지역사회 통합수업 자원분배 모델을 수립하였다. 여기서 '1'은 1개 반나절로 교사의 책임 하에 지역사회에서 활동하는 것이며, 지역사회 구성원들이 참여하여 공동으로 수업을 하는 것을 의미한다. '9'는 9개 반나절로 학교에서 진행하며 교사에 의해 수업을 조직하는 것을 의미한다. '4'는 4개 반나절로 가정에서 학부모나 친척, 친구 등과 함께 연습하는 시간을 갖는 것을 의미한다. 다민학교에 의하면 지난 19년의 실천경험을 통해 이러한 시간배분이 지적장애 학생들의 인지 및 기능 학습, 조작발달 특성에 부합하다는 것을 입증하게 되었다고 한다.

다민학교 외에도 다른 특수교육학교에서도 지역사회통합을 위한 크고 작은 활동들을 진행하고 있다. 작은 일례로 깐저우 난캉구(贛州南

康區) 특수교육학교에서는 일부 학생들을 조직하여 지역사회 통합활동을 실시한다. 활동내용으로는 정해진 마트에 도착하여 물건을 구매하는 일이다. 물건 구매는 정상적인 학생들에게는 매우 당연하고 평범한 생활 중 일부지만 장애학생들에게는 사회적응능력, 자립능력, 사회교제능력 등을 함양하고 사회에 원만히 적응하도록 돕는 중요한 경험이고 교육이 될 수 있다. 교사는 학생들에게 10위안씩 나누어주고 학생들이 물건을 구매하면서 간단한 연산을 연습하도록 돕는다. 이 학교에서는 이와 같이 생활과 교육과정을 연계하는 사회통합활동을 앞으로도 지속적으로 탐색할 계획이라고 한다.

## 3. 특수학교 운영에 대한 지역공동체의 역할

특수학교에서 지역사회 통합수업을 운영하기 위해서는 지역사회 구성원의 동의와 포용이 필수적이며 반드시 사회적인 지지를 얻어야 한다. 다민학교에서는 수년간의 지역사회 통합수업 실천을 거치면서 '배지학교 지역사회 통합수업 협력이사회'(이하 '이사회')라는 기구를 창립하였다. 이사회는 지역사회 통합교육 실시과정에서 설립된 것으로 특수학교가 개방적이고, 민주적이며, 협조적인 수업모델을 운영하면서 생겨난 사회적 지원 시스템이라 할 수 있다. 이는 학교자원과 지역사회자원을 통합하고, 상호작용하며, 조화롭게 균형을 이루도록 하는 협력조직이다. 이사회는 마을 대표자, 장애인을 채용할 수 있는 공·사 기업의 인사, 자원봉사자들, 그리고 학교 관리자와 교사 및 학부모들로 구성된다.

다민학교가 속한 지역에는 8개 길과 73개 마을이 있는데 이곳은 모두 배지학교 교육협력 이사회 단위에 속한다. 각 길의 담당 주임과 지역사회 당서기 모두 이사회 구성원이다. 현재 다민학교 지역사회 통합수업 협력 이사회에 속한 기관은 100개가 넘으며 회원 수만도 수백 명에 이르러 이 지역은 특수교육 지역사회 통합을 위한 기본적인 지원체계가 잘 갖추어진 것으로 평가되고 있다.

이사회에서 하는 일은 지역사회 통합수업활동에 협조하고, 장애학생이 지역사회에서 학습과 과제를 완수하도록 협조하는 것이다. 구체적으로는 지역사회의 인적·물적·사회적 자원의 활용을 가능하도록 돕는 것인데 공원, 병원, 마트 등을 교실로 사용하도록 하고, 이곳에 있는 설비와 시설, 물품 등을 교재도구로 사용할 수 있도록 조율하는 일을 하고 있다. 이러한 자연스런 환경 하에서 이루어지는 수업은 학생 개인차를 맞출 수 있고, 미래 생존을 위한 기능을 익히는데 큰 도움이 되고 있다. 또한 지역사회 환경을 이용함으로써 막대한 재정투입을 줄일 수 있어 정부의 부담도 덜어주게 된다. 더욱이 지역사회 학습에서 건강한 사람들과 장애학생들이 서로에 대해 인식하고 이해하며 통합하는 기회가 되기도 한다. 이러한 지역사회와의 협력 연계는 궁극적으로 장애학생들의 꿈을 실현하고 자신의 능력을 초월할 수 있도록 도움을 준다.

# 4. 결론

닝보다민학교의 사례를 통해 살펴본 중국 특수학교 운영의 특징으로부터 우리 특수학교 교육의 개선방향을 정리하면 다음과 같다.

첫째, 학교교육에만 국한하지 말고 장애학생들의 사회적응을 돕기 위해 지역사회와의 협력을 통한 연계교육을 진행하여야 한다. 지역사회 통합교육의 실시에서 가장 핵심이 되는 것은 교수학습 방법의 전환이다. 기존의 특수학교 교육은 교실수업이 주가 되는 폐쇄적이고 격리적인 방식으로 진행되어 학교에서 배운 내용이 실제 생활과 동떨어지거나 학습한 후에 실제 생활에 적용할 기회가 없는 점이 문제로 지적되었다. 이를 해결하기 위해 학교와 교사의 교수학습 개선을 위한 적극적인 노력이 필요하며 단순히 난이도를 낮추는 것이 아닌 특수학교 학생의 특성과 발달 수준에 적합한 교육과정 개발이 필요할 것이다.

둘째, 지역사회 주민의 협력을 도모하기 위한 기구의 설립이 중요하다. 다민학교의 경우 지역사회 통합수업 협력이사회를 구성하고 지역 행정부처 공무원, 기업 전문가, 자원봉사자 및 학교장과 교사들이 회원으로 가입하도록 하였다. 이들은 학생들이 지역사회에 나가 수업을 진행할 때 기관장이나 주민들이 협조할 수 있도록 중간에서 조정하며 실질적으로 취업에 도움을 주기도 한다. 이와 같이 '정부-학교-주민' 삼자로 이루어진 공동체나 기구의 설립은 특수학교의 설립과 운영 중 발생하는 다양한 문제를 원활히 해결하는데 큰 역할을 할 수 있을 것이다.

셋째, 장애아동 및 특수학교에 대한 인식의 전환이 필요하다. 중국에서도 특수학교 주변 주민들이 이를 불쾌하게 생각하거나 이들을 무시하는 일들이 발생하고 있다. 이에 대해 중국 특수교육 분야 전문가들은 장애아동의 삶에 대한 권리가 보장되어야 한다고 강조한다. 장애를 가진 사람들도 사회로부터 격리되지 않고 생활을 향유할 권리가 있다는 것이다. 장애인이 가진 삶의 권리를 우선적으로 인정하지 않는다면 특수학교의 도시 이전과 지역사회 활동 중 주민과의 마찰은 불가피할 것이다.

참고
문헌

許家成(2012). 社區化：中國特殊教育改革的突破口──以寧波達敏學校爲例. 現代特殊教育, 1, 18-21.

許家成(2006). 特殊教育社區化：理想與現實的結合點. 現代特殊教育, 4, 6-8.

寧波市達敏學校(2017.04.18). 培智學校社區融合敎學模式的建構與應用.
http://www.szteacher.net/index.aspx?F=view.html&Rid=84806에서 2017.05.11.인출.

中新網江西新聞(2017.06.27). 贛州南康區特殊敎育學校組織學生開展社區融合活動.
http://www.jx.chinanews.com/news/2017/0627/10660.html에서 2017.05.18. 인출.

江蘇文明網(2017.04.18). 社區成立融合敎育基地 特校學生走進社區接觸社會.
http://wm.jschina.com.cn/9662/201704/t20170418_3954548.shtml에서 2017.05.12. 인출.

# 중국의 마을교육공동체 실시 현황

학교, 가정, 마을은 의심할 여지없이 모두 인재양성의 사명을 지니고 있다. 인류발전 역사를 보면 '학교-가정-마을' 간 줄곧 긴밀한 관계를 맺고 삼자 중심의 교육공동체를 구성해왔다. 이는 교육목표를 달성하는 데 있어 가정의 영향 뿐 아니라 학교와 사회 환경의 영향도 중요한 역할을 하기 때문이다. 중국에서도 마을교육공동체가 일부 지역을 중심으로 전개되고 있으며 이에 대한 중요성도 날로 커지고 있다.

## 1. 중국의 마을교육공동체의 형성

중국에서 마을교육이 부흥하기 시작한 것은 80년대부터이다. 당시 학교교육의 일환으로 인성교육에 대한 마을공동체와의 협력이 필요함을 인식하고 '제2교실'로써의 마을이 교육시스템의 연장선으로 부각되기 시작하였다. 즉 중국의 마을교육공동체는 사회발전으로부터 탄생했다기보다 교육체제의 일환으로 결합되었다고 볼 수 있다. 그 이후 중국 국무원은 1993년「중국교육개혁 및 발전요강」을 발표하고 "전 사회가 청소년의 건강한 성장에 관심을 갖고 '마을교육-가정교육-학교교육'이 결합된 시스템을 형성할 것"을 강조하면서 본격적인 마을교육공동체가 생겨나기 시작하였다. 「국가중장기교육개혁 및 발전계획요강(2010-2020)」에서도 "학교, 가정, 마을 간 긴밀히 협조하는 교육이념"을 거듭 언급하면서 교육이 학교만의 책임이 아니라 사회 전체가 함께 협조하여 실현시켜야 하는 것임을 분명히 하였다.

## 2. 중국의 마을교육공동체 실시 현황 및 사례

중국에서 마을교육공동체는 국가적 차원에서 제도를 마련하여 일괄적으로 추진되기보다 지역별로 교육공동체와 관련한 의미 있는 시도가 이루어지고 있는 상태이다. 베이징시 스징산(石景山)구에서는 학교, 가정, 마을 삼자 간 협력체를 구성하여 교육자원을 확대하는 '삼위일체' 교육네트워크를 구축하였다. 상하이시 카이위엔(開元) 학교와 광시장족 자치구 난닝시 싱후(星湖) 초등학교에서도 마을과 가정이 인성교육을 위해 공동의 노력을 기울이고 있다. 베이징, 상하이, 광시 등 지역에서와 같이 학습형 사회 건설에서 '학교-가정-마을' 교육공동체의 역할에 대한 인식이 점점 더 확고해지고 있다. 학습형 학교, 학습형 가정, 학습형 마을에 대한 연구가 활발하게 진행되고 있으며 이와 같은 삼자 결합이 교육의 발전추세이자 시대적 필연이 되고 있는 것이다.

마을교육공동체가 비교적 일찍부터 자리 잡은 샤오싱시의 사례를 중심으로 좀 더 구체적으로 살펴보면 다음과 같다. 샤오싱시는 '학교-마을' 교육협력의 형태로 '학교중심, 정부중심, 마을중심'으로 교육협력 활동을 전개해오고 있다. 우선, 학교가 주체가 되는 교육협력으로 미성년의 사상도덕교육을 강화하기 위한 '문화벽'을 설치하였다. 문화벽에는 '명인', '도덕이야기', '생활과학', '교사와 학생 작품' 등을 주제로 120평방미터 정도를 꾸며놓았다. 이는 학생과 교사, 심지어 주민들이 은연중 학습효과를 거두도록 하기 위함이다. 문화벽 설치를 위해 100여 점의 미술작품과 50여 점의 분재, 50여 점의 서예작품 등을 수집, 제작하기도 하였다. 학교가 주관하는 중요한 교육협력 활동으로는

'학부모 개방의 날'이 있다. 이는 학교와 가정 간 효율적인 소통을 위한 수단이 된다. 학부모 개방의 날에 학부모는 어떤 교실이든 원하는 대로 수업참관이 가능하며 교사들은 면대면으로 학부모들과 만나 교류하고 의견을 수렴한다. 이는 학교, 학부모, 마을주민 간 거리를 좁히는 데 중요한 역할을 한다.

둘째, 교육행정부문에서 주관하는 교육협력 활동으로 '백천만 공정(百千萬工程)'이 있다. 즉, 100명의 교장들이 기업에 방문하고, 1,000명의 교사들이 가정을 방문하며, 10,000명의 학생들이 마을로 들어가도록 한다는 활동이다. 100명의 교장들은 이 지역에 위치한 기업들을 매년 2번 이상 방문하여 기업의 학교교육에 대한 의견을 수렴한다. 1,000명의 교사들은 가정방문을 실시해야 하는데 초등학교의 경우 80% 이상, 중학교의 경우 60% 이상 가정을 방문해야 한다. 가정방문을 교사의 평가에 반영하여 교사들이 이를 중시하도록 하고 있다. 10,000명의 학생들은 휴일과 방학을 이용해 마을에서 주관하는 각종 활동에 참여한다.

셋째, 마을에서는 특히 방학기간 학교교육이 정지되는 단점을 보충하는 역할을 해주고 있다. 중국의 많은 지역에서 학교가 방학에 들어가는 순간 학생들이 교육의 사각지대에 놓이게 된다. 하지만 샤오싱시의 경우 마을교육공동체를 통해 이러한 공백을 메우고 있다. 학생들은 방학이 시작되면 '마을교육 등기표'를 들고 주민위원회에 가서 등록한다. 일찍이 1991년 5월 25일 샤오싱시에 첫 번째 마을교육위원회가 설립되었고 그 이후 빠르게 확산되어 현재는 시, 마을, 주민위원회를 중심으로 다양한 교육네트워크가 구성되어 있다. 학교, 기관, 단체, 기업과 사회인사들이 참가하여 600여 개의 교육네트워크를 구성하고 있고, 68개의 애국주의 교육기지, 105개의 청소년 교육활동실, 500

개의 교외 실천기지가 설립되어 있다. 또한 애국주의 교육 강사단, 법제교육 강사단, 학부모 학교 강사단 등 5개 마을교육 팀과 2,000여 명의 사회각계 인사들이 지도자로 참여하고 있다. 샤오싱시에서 마을교육공동체가 활발히 이루어질 수 있었던 데에는 당, 정부, 사회각층의 참여, 공동관리를 위한 분위기와 기제가 수립되어 있기 때문이다.

샤오싱시는 지금까지 마을교육공동체라는 '대규모 사회교실'을 통해 청소년들이 학교에서 배우지 못한 다양한 지식을 배우고 소양을 쌓을 수 있는 것으로 평가하고 있다. 통계에 따르면 샤오싱시의 청소년 범죄율이 최근 9년간 0%에 가까우며 저장성에서 범죄율이 가장 낮은데 이러한 배경에는 바로 마을교육공동체의 역할이 중요하게 작용하고 있다고 볼 수 있다.

## 3. 중국 마을교육공동체 운영의 한계점

중국에서 마을교육공동체를 지속적으로 발전시켜나가는데 몇 가지 한계점들이 지적되고 있다. 첫째, 많은 지역에서 여전히 마을교육공동체에 대한 인식이 형성되지 못하였고 공동교육을 위한 환경조건도 열악한 편이다. 도시화가 진척되면서 인구의 대거 이동으로 신도시가 형성되었고 이로 인해 마을 구성원의 구조가 복잡해지고 자녀교육 문제에 대한 이웃 간의 관점 차이도 커지고 있다. 사회적으로 "학교교육은 정식교육이고, 가정과 마을교육은 비(非)정식교육이다"는 생각이 만연하여 학교-가정-마을 간 선을 긋기 때문에 삼자 간 유기적 결합이 어렵다. 또한, 정식교육이 비정식교육보다 중요하다고 생각하기 때문에 학교교육은 중요시하고 가정과 마을교육은 무시하는 경향도 있다. 심지어 '학교만능주의'가 만연해 있기 때문에 우리는 무의식중에 교육이 사회 전체의 책임이라는 것을 잊고 있는 것이다. 이 때문에 마을교육공동체를 실현하기 위해 이러한 오해를 해소하는 것이 우선되어야 한다는 주장이 나오고 있다.

둘째, 마을교육공동체 방식이 다양하지 못하다. 비교적 보편적인 가정-학교 교육협력체는 학부모회나 담임교사에 의해 구축된 학부모 연락망 정도에 불과하다. 이러한 공동체는 단순히 학부모에게 학생성적이나 학교통신문을 전달하는데 그쳐 삼자 간 교육관점을 교환하고 교육에 대한 합일점에 도달하는데 한계가 있다.

셋째, 마을주민위원회 등 조직의 능력이 부족하고 마을교육자원을 충분히 발굴하지 못하고 있다. 학교와 마을이 협력하는 과정에서 마을은 늘 수동적인 위치에 놓여있다. 학교에서 볼 때 마을은 단지 교육자원을 보충하는 역할자에 불과한 것이다. 최근 여러 초중등학교에서 마을에 손을 내밀고 교육협력기반을 조성하기 위해 노력하고 있지만 '학교중심론'이 여전히 강하게 자리하고 있는 형편이다.

넷째, 학교와 마을 간 네트워크 형성이 미비하다. 경제적으로 비교적 발달된 도시에서는 그나마 학교와 마을 간 소통과 협동이 중요시되고 있지만, 농촌 등 낙후된 지역일수록 학교와 마을 간 관계는 매우 소원한 편이다. 지방정부에서도 관련 정책들을 제정하고 여러 가지 활동을 통해 학교와 마을 간 교류를 촉진하고 '학교-마을' 교육공동체의 주형을 만들어 가고 있다. 하지만 계획, 자원 공유, 협조 및 공동번영 등에 있어 여전히 결함이 존재하고 있다.

학교-마을 간 네트워크 형성이 잘 안되는 이유는 학교와 마을교육 간 소통하고 협력하기 위한 정책법규가 마련되어 있지 않고, 학교교육 자원 및 교육활동이 사회에 개방되어 있지 않기 때문이다. 또한 이들을 이어줄 전문 조직이나 기구가 설치되어 있지 않아 마을교육공동체에 대한 총괄적 계획이 이루어지지 못하고 있다. 학교에서 마을과의 소통 및 마을교육을 학교업무의 일부로 생각하지 않고 있는 경우가 많으며 대부분의 학교에서 아직 마을교육위원회와 같은 기구가 설치되어 있지 않다. 특히 가장 직접적인 관계를 맺고 있는 학교와 학부모 사이의 연락망이 제대로 구축되어 있지 않다. 일부 학교에서는 학부모위원회를 수립하고 있으나 형식에 불과하여 학교와 긴밀한 연락을 주고받지는 않는 편이다. 학교에서 매 학기 한두 번 학부모회의를 개최하지만 학교 대표의 연설만 있을 뿐 상호 토론이 진행되는 경우는 드물다. 특히 학교는 학부모의 역할에 대해 '학교에 협조하는 사람' 정도로 간주하여 학부모의 요구를 이해하려는 자세가 부족하다.

## 4. 시사점

앞에서 살펴본 중국의 마을교육공동체 운영사례로부터 우리의 마을
교육공동체 운영 개선방향에 대해 정리하면 다음과 같다.

우선, '학교-가정-사회'로 연결되는 마을교육공동체 건설의 가장
기본 조건인 사회구성원들의 보편적인 인식이 형성되어야 할 것이다.
학교가 중심이 되고 가정과 마을은 수동적으로 따라오기보다 '학교-
가정-마을'이 평등한 위치에서 교육공동체를 이루어야 한다는 인식
이 자리 잡을 때 교육목표 실현이 가능할 것으로 보인다. 삼자 모두 교
육수요자에게 중요한 영향을 미친다는 점을 인식하고 교육이 학교, 가
정, 마을의 공동사업이라는 '대(大) 교육관'을 수립할 필요가 있는 것
이다. 교육자원이 학교에만 국한되어 있고 교육은 학교와 정부의 책임
이라는 인식으로부터 벗어나 마을교육공동체를 수립하고 총괄적인 계
획 수립을 통해 학교와 마을이 가진 교육자원을 서로 공유하고 공동번
영 발전의 길을 모색해가야 할 것이다.

둘째, 정부차원의 정책 제정이 뒷받침되어야 한다. 제도나 규정을
통해 학교, 가정, 마을이 해야 할 역할을 명확히 규정하고 어느 정도의
강제성을 띄게 할 필요가 있다. 너무 자율에만 맡기면 계획적이고 장
기적인 교육활동을 전개하기에 어려움이 따른다. 때로는 기존의 자원
을 바탕으로 새로운 교육활동과 시설을 마련해야 하는 경우도 있는데
이때 정책을 기반으로 하지 않을 경우 사회각층의 참여를 이끌어내는
데 한계가 있기 때문이다.

셋째, 기업의 참여를 적극적으로 이끌어낼 필요가 있다. 기업은 학
교와 마을이 제공할 수 없는 시설과 장소, 인력을 제공할 수 있다. 기업

과 마을을 동떨어진 개념으로 생각하기보다 삶의 공동체 안에서 어우러지는 일부로 인식하고 기업의 가능한 활동에 학생과 마을주민을 참여시킨다면 기업의 홍보 뿐 아니라 사회 환원에도 이바지 할 수 있을 것이라 생각한다.

참고
문헌

郭潤明(2015). 建立學校—家庭—社區教育共同體的條件探析. 家校共育, 12, 13-16.

邵曉楓(2012). 建立學校－社區教育共同體:以社會交換理論爲視角. 成人教育,1, 27-30.

曾文婕(2006). 家庭ʹ 學校與社區教育整合:新認識ʹ 新方法與新問題——第39期廣東教育沙龍紀要. 教育導刊, 7, 63-64.

徐浩斌(2005). 構建學校－社區教育共同體的研究.華東師範大學碩士學位論文.

# 중국 초중등학교의 고농도 미세먼지 대응 현황

미세먼지는 호흡기 질환을 유발하는 주요 원인으로 특히 면역력이 약한 아동과 청소년들에게 큰 영향을 미칠 수 있다. 세계의 공장으로 불리는 중국에서는 공기오염이 심각한 이슈가 되고 있으며 최근 몇 년 사이 미세먼지로 인한 스모그가 일 년 중 300일 가까이 발생한다는 보도가 나오고 있다. 최근 우리나라에서도 미세먼지로 마스크 착용이 늘고 야외활동을 줄이는 등 대기의 질에 민감하게 반응하고 있다.

## 1. 미세먼지에 관한 논의

중국에서 '스모그로 인한 휴교(霧霾停課)'는 초중등 자녀를 둔 학부모들의 골칫거리가 되고 있다. 한 매체의 조사에 따르면 70%의 학부모들이 스모그(霧霾)로 인한 휴교에 반대하는 것으로 나타났다. 맞벌이 가정이 많은 중국에서 휴교를 하게 되면 자녀를 딱히 맡길 곳이 없기 때문이다. 학부모들은 야외활동만 금지하고 휴교는 하지 않기를 바란다고 하였다. 또 휴교는 했더라도 학업을 중단할 수는 없기 때문에 오히려 추후 학업부담이 가중된다고 생각하였다. 즉 스모그로 인한 임시휴교에 대해 자녀의 건강측면에서 찬성하는 이들도 있지만 직장문제로 인해 대다수의 학부모들은 반대하거나 걱정하는 입장이다.

스모그가 발생하면 중국 각 지역 초중등학교에서는 임시휴교를 한다. 하얼빈의 경우 스모그 발생 후 초중등학교가 임시휴교에 들어가자 맞벌이 가정의 불만이 폭주하였다. 상하이시에서도 마찬가지로 스모그 발생 후 임시휴교를 결정한 후 맞벌이 학부모들의 강력한 요구에 따라 학교에서 돌봄프로그램을 운영하기도 하였다.

## 2. 교육 관련기관의 미세먼지 대응방법

### 1) 관련 법적 근거 및 제도

베이징시 교육위원회에서는 「공기 중도 오염 긴급 대응방안(北京市教育委員會空氣重汙染應急預案)」(이하 '대응방안')을 마련하고 있다. 대응방안은 지역 소재 초중등학교 및 유치원(중등 직업학교, 외국인 자녀학교, 소년궁 및 기타 교육기관을 포함함)을 대상으로 하고 있으나 스모그 적색경보가 발령되면 본 대응방안의 적용범위가 고등교육기관으로 확대된다.

공기 중도 오염의 경보등급은 「환경 공기 질량지수(AQI) 기술규정(시행)(環境空氣質量指數 (AQI) 技術規定 (試行) )」에 따라 네 단계로 구분되는데, 남색경보 발령 시, 유치원, 초중등학교, 소년궁 및 기타 교육기관으로 하여금 야외활동을 줄이도록 한다. 황색경보 발령 시, 체육수업, 쉬는 시간 야외체조, 운동회, 체육시험 등 야외활동을 금지하도록 한다. 주황색경보 발령 시, 야외 수업 및 활동을 금지하도록 한다. 적색경보 발령 시, 유치원, 초등학교 및 기타 교육기관에 대해 휴교하도록 하고, 중고등학교의 경우 지역 대기 질량에 따라 탄력제 수업을 진행하도록 한다.

탄력제 수업은 세 유형으로 구분되는데, 첫 번째는 수업은 하되 수업시간을 단축하는 것, 두 번째는 반일제 수업을 하는 것, 세 번째는 임시휴교를 하고 이어지는 주말을 이용해 보충수업을 하는 것이다.

휴교기간 유치원 및 초중등학교에서는 '정과불정학(停課不停學, 즉 휴교는 하되 학업은 멈추지 않는다)'는 원칙에 따라 인터넷, 통신 등을 통해 학부모, 학생과 네트워크를 형성하고 참고할만한 합리적인 학습방법과 내용을 제시한다. 학부모들에게 가정에서 자녀의 생활과 안전교육을 하도록 지시하고 자녀를 돌볼 형편이 안 되는 가정을 위해 학교에서 학습과 관리환경을 마련하도록 하고 있다. 교사들은 합리적으로 수업일정과 진도를 조정하고 학습내용을 탄력적으로 운영해야 한다. 학생들에게 '베이징 디지털 학교 인터넷기반'과 '디지털 학습자원'을 이용해 자기주도학습이 이루어질 수 있도록 지도한다. 대기 중도 오염 발생 시 학교에서는 소재지 및 주변상황을 고려해 교육위원회의 동의를 얻어 학교일정을 조정할 수 있다. 고등교육기관에서도 적색경보 발령과 관련한 지시를 엄격히 따라야 한다. 즉 학생들의 교내 학업과 생활을 지도하고 야외활동을 줄이고 야외에서 하는 체육활동, 동아리활동 및 사회실천 등을 금지해야 한다.

## 2) 기관별 임무 및 역할

　베이징시 교육위원회는 '영도소조(領導小組, 공기 중도 오염 대책반)'을 구성하고 상황실(辦公室)을 두어 일상적인 업무를 책임지도록 하고 있다. 대책반 상황실에서는 베이징시의 공기 중도 오염 대책 특별 지휘본부의 경보발령 및 해제발령을 받은 후 대책반 팀장, 부팀장에 보고한다. 상황실에서는 대책반의 요구에 따라 베이징시 교육위원회 홈페이지, 정보 안전 방송매체, 메시지, 통신, 전화, 팩스 등 다양한 방식으로 각 구 교육위원회에 발령 및 해제 정보를 알리고, 지휘본부에 대응조치 실시상황을 보고한다. 각 구 교육위원회에서는 관할 유치원 및 초중등학교에 대해 경보 대응방안을 마련하도록 지시한다.
　대책반에서는 각 학교 및 기관으로 하여금 공기 중도 오염 대응 업무에 중점을 하도록 하는데, 이는 초중등학생 및 아동의 건강과 직결되기 때문이다. 이 밖에도 홍보교육을 통해 교사, 학생, 학부모들이 공기 중도 오염 대응 방안을 이해하고 실천할 수 있도록 지도하고 있다.

### 3) 대응 절차 및 조치사항

스모그 발생 시 학교의 대처 요령은 다음 세 가지 절차와 방법을 따르고 있다. 첫째, 아침체조와 체육수업을 취소하거나 실내활동으로 전환한다. 학교에서는 학생들의 야외활동 시간을 줄여 학생들의 건강을 보장한다. 둘째, 교내 방송, 학교 홈페이지, 전광판 등을 통해 스모그 발생을 알림으로써 사전에 예방한다. 교사들은 학생들이 스모그에 대처할 수 있도록 마스크 착용, 손 씻기 등을 교육한다. 셋째, 스모그 안전교육을 실시한다. 초중등학교에서는 스모그가 인체 건강에 미치는 영향과 이에 대한 대처방법에 대해 설명한다. 여건이 되는 학교에 대해서는 교실에 음이온 공기정화기를 설치하도록 권장하고 있다. 음이온이 먼지, 세균과 붙어 천연 벽을 형성하면서 미세먼지의 위협으로부터 적절히 보호해주는 역할을 해주기 때문이다.

## 3. 미세먼지 발생 시 수업과 학교운영

베이징시 교육위원회에서는 스모그 발생 시 학교에서 수업과 관리를 위해 정보통신기술을 어떻게 사용하고 있는지에 대한 조사를 진행한 바 있다. 이에 따르면 베이징시 초중등학교의 스모그 발생 시 수업운영 현황은 다음과 같다.

첫째, 정보제공 플랫폼을 이용하여 즉각적으로 수업 대체방안을 마련함으로써 스모그로 인한 영향을 줄인다. 팡산구(房山區) 량샹(良鄕)초등학교의 경우 휴교기간에도 맞춤형 온라인 수업을 진행하여 학생들의 학습을 세심하게 관리하고 있다.

둘째, 인터넷 동영상 강의 플랫폼을 이용하여 온라인 수업을 진행하는 것이다. 화이로우 제오 중학교(懷柔五中)에서는 학생들에게 디지털 캠퍼스 서비스 플랫폼, 베이징 디지털 학교 등 서비스를 이용하여 인터넷 동영상 학습을 실시하고 있다.

셋째, 학교-가정 간 상호 통신 플랫폼을 이용하는 것이다. 이를 통해 학교와 학부모 사이에 온라인상에서 소통함으로써 휴교 기간에도 정보 전달이 원활이 이루어질 수 있도록 하고 있다. 화이로우 제이중학교(懷柔二中), 스징산 실험초등학교(石景山實驗小學) 등은 가정-학교 간 상호 통신 플랫폼을 이용하여 수업일정을 전달하고 수업과정에서 학생, 학부모와 긴밀히 소통함으로써 수업계획이 원활히 이루어지도록 하고 있다.

넷째, 다양한 인터넷 자기주도학습 플랫폼을 이용하는 것이다. 이는 개인 맞춤형, 자기주도적인 학습을 실시하는데 적합하고 교육활동의 중단을 방지할 수 있다. 옌산싱청초등학교(燕山星城小學)에서는 '양정교육 자기주도학습 플랫폼(養正敎育自主學習平台)'을, 베이징 제팔중학교(北京八中)에서는 베이징 디지털 학교 클라우드 교실을 이용하여 온라인 학습을 실시하고 있다.

다섯째, 온라인 업무관리 플랫폼을 이용하여 휴교기간에도 일상업무를 처리하는 것이다. 칠일초등학교(七一小學), 베이징사범대학 실험중학교(北師大實驗中學) 등은 휴교기간 OA시스템을 이용하여 수업과 학교운영에 관한 업무를 처리함으로써 휴교기간에도 업무 중단이 없도록 조치하고 있다.

여섯째, 지역사회 자원을 교육활동에 충분히 활용하는 것이다. 베이징 제일사범학교 부속초등학교(北京第一師範學校附屬小學), 창핑 얼마오학교(昌平二毛學校) 등은 베이징 디지털 학교, 배육(培育)100, 위챗, '함께 숙제하기(一起作業)' 등 인터넷 플랫폼을 이용하여 각 학년, 각 과목의 상호작용 학습을 실시하고 있다.

## 4. 특징

대기 오염이 심각한 중국의 경우 이로 인해 학교수업이 중단되는 경우까지 발생하고 있다. 중국은 이에 대처하기 위해 체계적인 대책을 마련하고 있으며 그 특징은 다음과 같다.

첫째, 학생들의 학업과 건강을 모두 보장하기 위해 '휴교하되 학업은 중단하지 않는다'는 원칙을 세우고 있다. 갑작스런 스모그 적색경보 발령으로 휴교가 발생하면 수업일수가 줄고 교과목 진도에 영향을 주게 된다. 이에 중국에서는 수업일정을 조정하거나 주말 수업보충 등을 통해 학업결손이 발생하지 않도록 조치하고 있다. 이는 학생들의 학업에 대한 지장을 최소화 하면서 스모그로 인한 외출을 줄이는 융통성 있는 방안이 될 수 있다.

둘째, 스모그로 인한 휴교 시 돌봄프로그램을 운영하는 등 맞벌이 가정을 배려하고 있다. 스모그와 관련해 가장 이슈가 되는 것은 휴교 문제이다. 휴교는 해도 문제 안 해도 문제가 될 수 있기 때문이다. 맞벌이 가정의 경우 가정에서 따로 자녀를 돌봐줄 사람이 없기 때문에 스모그가 심각하더라도 자녀를 학교에 보내기를 원하는 경우가 많다. 이러한 사정을 고려하여 의무사항은 아니지만 학교에 따라 돌봄프로그램을 운영하는 곳이 생기고 있다. 초중등학교의 돌봄프로그램 자체가 아직 보편화 되지 않은 중국 교육 현실에서 임시 휴교에 맞추어 돌봄 프로그램을 운영한다는 것은 교사들의 동의가 필요한 쉽지 않은 결정이다. 즉 이는 중국에서 점차 학부모들의 요구가 커짐에 따라 학교 운영을 융통적으로 하고자 하는 변화의 일부라고 볼 수 있다.

셋째, 가정에 있는 기간에도 원격교육 서비스를 이용해 수업내용을 보충하도록 하고 있다. 베이징시 초중등학교의 사례로부터 학교 온라인 기반뿐 아니라 지역사회에서 운영하는 디지털 교육자원 및 온라인 교실 등 다양한 교육플랫폼을 통해 스모그로 인한 수업중단의 영향을 최소화하고자 노력하고 있는 것을 보았다. 온라인 교육시스템은 휴교로 인한 수업지연을 해결하기 위해서 뿐 아니라 최근 학생들의 학업효율 향상을 위해서도 적극적으로 활용되고 있는 추세이다. 중국에서는 이러한 교육변화의 흐름에 맞게 디지털 교육 콘텐츠를 활발하게 개발하고 스모그로 인한 학업단절 예방에 적극적으로 활용하고 있다.

참고
문헌

新浪教育中小學周刊 (2015.12.25) . 讓中小學家長糾結的"霧霾停課".
　　　http://edu.sina.com.cn/zxx/wumaitingke/에서 2017.06.22. 인출.
北京市人民政府(2016.12.15).　北京市教育委員會關於啟動空氣重汙染應急紅
　　　色預警指令的通知.
　　　http://zhengwu.beijing.gov.cn/sy/tzgg/t1461893.htm에서　2017.06.12.
　　　인출.
中國網(2016.12.15). 北京市教委：紅色霧霾預警期間停課不停學.
　　　http://news.china.com.cn/txt/2016-12/15/content_39922900.htm에
　　　서 2017.06.15. 인출.
齊魯晚報(2015.12.08). 北京積極行動應對霧霾空氣重汙染 中小學幼兒園停課.
　　　http://www.qlwb.com.cn/2015/1208/509900_4.shtml에서
　　　2017.06.12. 인출.
百度經驗(2016.11.22). 霧霾天氣，中小學怎麼應對空氣汙染？.
　　　https://jingyan.baidu.com/article/6079ad0ea913b228ff86db83.html에
　　　서 2017.06.21. 인출.
北京市教育委員會(2016).　霧霾期間首都學校利用信息技術支撐教學與管理的
　　　調研報告. 中小學信息技術教育，1, 15-17.

# 중국의 국민 소통을 통한 교육정책의 신뢰 제고

중국은 최단기간에 의무교육의 전면적인 보급이 이루어고 고등교육이 대중화 단계에 진입하는 등 개혁개방 이래 중국의 교육사업은 빠르게 발전해오고있다. 그 배경에는 여러 좋은 정책들의 뒷받침이 있었기 때문이다. 반면 그중에는 졸속 정책도 적지 않았는데 이는 교육정책 의사결정에 민주적 절차와 법제의식이 결여되었던 것과 관련이 있다. 최근 중국은 이를 극복하고 교육정책 과정에서 국민의 참여를 증진하여 민주적이고 합리적인 정책을 수립하고자 노력하고 있다.

# 1. 교육정책 수립에 대한 인식 변화

중국의 권위 있는 교육학자 주영신(朱永新) 교수는 "중국의 적지 않은 교육정책들이 졸속으로 쏟아져 효과를 거두지 못하고 있다"고 지적한 바 있다. 그는 2016년 12월 베이징에서 열린 '중국교육 30인 포럼'에서 중국 교육 현대화를 위해 "교육정책의 수립과 의사결정 과정에서 국민에게 묻고, 다양한 채널을 통해 폭넓게 의견을 수렴하는 등 민간의 지혜를 얻어야 한다"고 강조하였다(宁宁, 2016.12.17).

현재 중국의 정책 수립은 기본적으로 정부 주도로 이루어지고 있다. 정부가 정책결정의 전 과정에 관여하고 있는 것이다. 이는 최고의 교육정책 의사결정 시스템이라고 할 수 없으며 가장 효율적인 방법도 아니다. 중국은 교육정책 결정에 관한 의견을 수렴하기 위해 '교육자문위원회'를 설립하고 있는데, 여기에 속한 위원들은 기본적으로 행정관료들이다. 즉 기관 추천으로 선발되고, 각 기관 마다 한 사람씩 뽑는 시스템이다 보니, 의사결정 과정에서 대중의 지혜를 얻기가 쉽지 않은 것이다. 2004년에는 중국 국가발전개혁위원회와 교육부가 교육 납입금에 대한 청문제도를 마련하고 대중의 의견을 수렴하고자 한 바 있지만, 이 또한 제대로 시행되지 못하였다.

하지만 중국에서는 최근 몇 년 동안 교육 분야의 중대 의사결정에 대해 다양한 의견을 수렴하려는 노력이 증가하는 분위기이다. 대중 참여, 전문가 논증, 리스크 평가, 적법성 심사, 집단 토론 등을 교육정책 결정 과정의 필수 절차로 삼음으로써 점차 과학적이고, 민주적이며, 법에 의거한 정책결정을 실현시켜 가고 있다.

## 2. 교육정책 신뢰 제고를 위한 노력 사례

### 1) 국가 중장기 교육개혁 및 발전계획요강의 제정

국가 중장기 교육개혁 및 발전계획요강(国家中长期教育改革和发展规划纲要)(2010~2020년)(이하 '요강')은 개혁개방 이후 중국의 교육정책에서 비교적 성공한 사례로 꼽히고 있다. 또한 이 요강의 제정과정은 중국이 교육정책 결정과정에서 어떻게 국민적 소통을 이루고 있는지도 잘 보여주고 있다. 이는 요강의 의사결정 과정이 국민에게 물어 보고 공개하는 방식을 채택하였기 때문이다. 요강은 조사연구, 기안, 논증, 공개적인 의견수렴의 단계를 거쳐 제정되었다. 전국 각지의 유관 기관, 학교, 사회단체를 조직하여 폭넓게 의견을 수렴하는 동시에, 두 차례에 걸쳐 전국 범위로 인터넷을 통해 의견을 구하기도 하였다. 이러한 점에서 요강의 제정 과정이 엄격하고 규범적이며 개방적이고 민주적이었다고 평가되고 있다. 요강에 대한 정책연구 과정에서 수천 명의 전문가가 참여하였고, 3만 명에 가까운 관계자가 토론에 참여하여 500만 자 이상의 조사 보고서를 작성하였으며, 여러 경로를 통해 210만 건의 의견이 제안되었다. 이처럼 요강을 제정하는 과정은 중국 교육정책 수립 역사상 처음으로 가장 많은 인원이 동원되었고, 조사 지역이 광범위하였으며, 참여도가 높았는데, 이는 중국 정부가 중대한 교육정책 수립과정에서 국민의 뜻을 널리 수렴하고 공감대를 형성하려는 의지가 있음을 잘 보여준다(宁宁, 2016.12.17). 요강이 발표된 이후 주영신 교수는 "요강의 정책결정 과정을 본보기로 삼아 중국의 교육정책이 앞으로도 국민에게 묻는 교육 의사결정의 전통을 이루어야 한다"고 밝혔다. 또한 그는 소수에 의한 의사결정에서 민주적인 의사결정으로, 간단한 의사결정 절차에서 규범적 의사결정 절차로 바뀌어야 한다고 강조하였다.

## 2) 샹난구 교육국 중대행정 의사결정사항의 공시와 청문제도

광시장족자치구 꾸이샹시(广西壮族自治区贵港市) 샹난구 교육국 (港南区教育局)의 경우 '교육 중대행정 의사결정사항의 공시와 청문 제도'를 수립해 지역구 주민에게 교육정책 결정을 위한 참여를 독려하 고 소통하고 있다. 교육행정 의사결정 공시와 청문제도의 일부 내용을 살펴보면 다음과 같다(港南区教育局, 2018.10.01).

■ 제5조 중대한 교육행정 결정 전 공시해야 할 사항으로는 다음이 포함되어야 한다.
⊙ 중대 교육행정 의사결정 사항을 수립하는 기본적 상황
⊙ 중대 교육행정 의사결정 사항의 타당성 설명 작성
⊙ 중대 교육행정 의사결정 사항을 작성하기 위한 관련 통계, 조사 · 분석 자료
⊙ 중대 교육행정 의사결정 사항을 작성하기 위한 논증의 경과 및 결과
⊙ 중대 교육행정 의사결정 사항을 위한 법적 분석의견서
⊙ 피드백 정보를 수집하는 채널
⊙ 기타 의사결정기구에서 공시할 필요가 있다고 판단하는 내용 등

■ 제8조 공시과정에서 수집된 정보는 사실적이고 포괄적이어야 하 며 공시상황 설명서를 작성하여야 한다. 공시상황 설명서에는 공

시의 기본적인 상황, 수집된 주요 의견, 권고 및 이유, 그리고 주요 의견에 대한 처리 결과 등이 포함되어야 한다.

■ 제9조 청문을 필요로 하는 중대한 교육행정 의사결정사항은 공시 종료 후 5개 근무일 이내에 공청회의 시기, 장소, 참가방식, 참가 자 수 등을 사회에 공고하여야 한다.

■ 제10조 다음과 같은 중대한 행정 의사결정 사항을 작성할 때에는 청문회를 조직하여야 한다.

⊙ 상급부서에서 검토하는 교육발전계획, 교육예산 초안 제출

⊙ 사회공인, 법인 또는 기타 조직에 대한 직접적 접근을 위한 교육 규범적 문서 초안

⊙ 공공의 이익이 걸린 교육정책의 수립 및 조정

⊙ 정부 직접투자의 대형 교육프로그램

⊙ 법률, 법규, 규정

⊙ 기타 지역 교육국의 의사결정 기구가 청문에 필요하다고 판단하 는 사항

■ 제11조 공청회를 개최하고 청문 진행자를 정하여 공청회를 맡도 록 한다. 청문 진행자는 본국 사무실 책임자가 맡는다. 청문을 마 친 후에는 청문 과정, 청문 결과를 청문 보고서로 작성한다.

■ 제12조 중대 교육행정 의사결정 공시 상황 설명서, 청문보고서를 지역 교육국 의사결정의 중요한 근거로 삼아야 한다.

■ 제13조 공시 상황 설명서, 청문보고서에 제시된 중요한 의견 중 의사결정에서 채택되지 않은 것은 이유를 설명하고 적시에 사회에 공시하여야 한다.

### 3) 주시 교육국 중대 공교육 정책 결정 공공 참여제도

펑주시(彭州市)는 중대 공교육 정책 결정 참여 활동을 규범화하고 대중의 알 권리, 참여권과 감독권을 보장하기 위하여 「청두시 중대 행정 의사결정 절차 규정」 및 펑주시 교육시스템에 근거하여 「펑주시 교육국 중대 공교육 정책 결정 공공 참여제도(彭州市教育局重大 公共教育政策決策公众参与制度)」(이하 공공 참여)를 제정하였다. 공공 참여란, 교육 업무에서 대중의 이익과 밀접한 사항을 결정하기 전에 사회 관련 사항의 필요성, 적법성 및 타당성을 논증하고 시민, 법인, 기타 조직의 의견을 충분히 수렴하여 과학적이고, 민주적이며, 투명한 의사결정 행정활동을 보장하는 것이다. 주로 사회 관련성이 높고 대중의 이익과 밀접한 관련이 있는 공교육 정책과 시민, 법인 또는 기타 조직의 권리와 의무에 중대한 영향을 미치는 의사결성 사항에 대해 대중을 조직하고 참여시키도록 한다. 국가 기밀이나 개인의 사생활을 제외하고 중대한 공교육 정책 결정에 대해서는 모두 적절한 방식으로 대중의 참여를 유도하고 사회적 감시를 받도록 한다. 특히 대중의 관심과 전문성이 높은 문제에 대해 직관적이고 알기 쉬운 방식으로 설명하거나, 체험, 감독에 참여할 수 있는 경로를 제공함으로써 의사결정에 대한 이해와 지지를 증진하고, 의견을 충분히 표현하며, 감독할 수 있도록 한다. 공공 참여는 중대한 공교육 정책결정이 미치는 영향의 범위와 정도에 따라 다양한 형태로 공개적으로 의견을 수렴하거나 공청회를 열어 합리적인 의견과 건의를 수용할 수 있게 한다(彭州市人 民政府网, 2018.06.11.). 공공 참여에서 공개적으로 의견을 구하는 방식으로는 다음 두 가지가 있다.

첫째, 공인매체를 통해 의견을 구한다. 정부 홈페이지, 언론사 등을 통해 실시될 중대 행정결정 방안 및 설명을 사회에 공개하고, 의견 제출 경로와 방식, 기일 및 연락 부서와 연락처 등을 알려준다. 이때 의사결정 방안을 발표하고 의견을 수렴하는 시간이 20일보다 적지 않도록 요구하고 있다.

둘째, 간담회를 개최하여 의견을 구한다. 공교육 정책의 사항에 따라 해당 분야의 인민대표대회 위원과 정협 위원, 그리고 이러한 결정으로 영향을 받는 시민, 법인 및 기타 조직의 대표들을 초청하여 간담회를 개최하고, 참석자들에게 중대 행정결정 초안 및 설명을 통보하도록 한다.

## 3. 특징

시장경제 체제의 확립과 발전으로 중국 국민의 독립 주체로서의 지위가 예전보다 크게 향상되었다. 또한 사회주의 민주 정치와 법제 건설을 통해 중국은 국민의 정치 참여의식과 법치의 관념을 제고해가고 있다. 이에 따라 중국 국민의 정책 결정에 대한 참여 욕구가 커지면서 정부는 이를 충족하기 위해 정책 결정과정에서 정보공개, 의견수렴, 청문제도 등 다양한 경로를 통해 시민의 정책 결정 참여 기회를 증대하고 있다.

교육정책 결정과정에서 국민의 목소리, 특히 정책에 직결된 이해집단의 의사와 요구를 수렴하는 것은 국민의 공감대 형성을 위해 매우 중요한 일이다. 또한 사회저, 교육적 익영향과 중격을 피하기 위해서도 필요한 경우 언론을 통해 더욱 폭넓게 의견을 수렴하고 조정해야 한다.

주영신 교수는 교육정책 제정에서 대중의 의견 반영이 결핍되는 것을 극복하기 위해 정책결정 지원기구 설립, 중대 교육정책 결정 청문제도 수립이 필요하다고 언급하였다. 이는 중국 뿐 아니라 국민과 소통하고 국민적 신뢰를 바탕으로 한 정부 정책 마련에 방점을 두는 우리 정부에게도 매우 유용한 방안이 될 수 있다. 주용신 교수가 "교육은 느림의 예술이어서 조급해서는 안 된다. 조령석개(朝令夕改) 보다는 인내심을 가지고 완성해가야 한다"고 충고하였듯이 졸속으로 정책을 수립하기보다는 좀 더 천천히 충분한 시간을 두고 다양한 의견을 수렴한다면 보다 효과적이고 장기적인 교육정책이 마련될 수 있으리라 생각된다.

宁宁(2016.12.17).　朱永新：教育政策制定要汲取民间智慧，发布出来就要做
　　到.
　　https://www.jiemodui.com/N/64098.html에서 2019.02.07.인출.
港南区教育局(2018.10.01).　关于印发港南区教育局重大事项领导班子集体决
　　策制度等四项制度的通知.
　　http://www.gggn.gov.cn/index.php/cms/item-view-id-48267.shtml
　　에서 2019.02.07.인출.
彭州市人民政府网(2018.06.11).　彭州市教育局重大公共教育政策决策公众参
　　与制度.
　　http://www.pengzhou.gov.cn/pzs/c111449/2018-06/11/content_ec5d
　　2847466f4a568837f511565431c1.shtml에서 2019.02.11.인출.

# 중국의 헌법·교육법 속 교육 기본권

균등하게 교육받을 권리는 국민이 가진 기본적인 권리이다. 성별, 직업, 사회적 지위, 경제상황, 신체적 상태 등 요인에 의해 이러한 권리가 침해되어서는 안 되는 것이다. 중국에서도 국민의 교육 평등권에 대해 헌법과 교육법에 명시하고 이를 토대로 모든 국민에게 균등한 교육을 보장하고자 노력하고 있다. 특히 장애학생의 교육권이나 농촌에서 도시로 이주해온 노동자 자녀들의 교육권 등 사회적 약자의 교육권을 보호하기 위한 정책마련을 통해 이들의 교육기회를 확대해가고 있다.

# 1. 중국의 헌법·교육법 속 교육 기본권

중국은 1982년 헌법 제46조 1항과 교육법 제9조 1항에서 "중화인민공화국 공민은 교육받을 권리와 의무가 있다"고 명시하였다. 2006년 의무교육법 제4조에서도 "든 중국 국적의 학령기 아동 및 청소년은 성별, 민족, 인종, 가정 경제상황, 종교신앙 등에 구애받지 않고 법에 따라 평등하게 의무교육을 받을 권리를 가진다" 하여 국민의 교육권을 분명히 제시하였다(申素平·陈梓健, 2018).

| | 법조항 | 내용 |
|---|---|---|
| 헌법 | 제46조 1항 | 중화인민공화국 공민은 교육받을 권리와 의무가 있다. |
| | 제49조 3항 | 부모는 미성년 자녀를 부양하고 교육할 의무가 있다. |
| 교육법 | 제9조 1항 | 중화인민공화국 공민은 교육받을 권리와 의무가 있다. 민족, 인종, 성별, 직업, 재산, 종교 신앙 등에 구애받지 않고 법에 따라 평등한 교육을 받을 기회를 가진다. |

위에서 언급하는 평등하게 교육받을 권리에는 균등한 교육권 보장, 교육의 실질적 평등, 이질 집단 간 교육균등이라는 세 가지 의미가 포함된다. 첫째, 균등한 교육기회의 보장은 실질적인 평등을 실현하기 위한 중요한 토대가 된다. 구체적으로는 모든 국민이 교육 분야에서 평등하게 교육받을 권리를 말하며, 공정하게 발전할 수 있는 교육 공간을 조성하는 것을 의미한다. 둘째, 교육의 실질적 평등은 교육의 기회가 균등하다는 전제하에 효과적인 조치를 취하여 진정한 교육평등을 실현하는 것을 의미한다. 교육의 실질적 평등을 이루는 과정에서 국민의 개인차를 존중해야 한다. 하지만 평등한 교육을 받은 국민들이

얻는 학업성취도가 다르므로, 교육의 실질적 평등을 실현하기 위해서는 교육과정에서 자신의 잠재력을 최대한 발휘해 목표 수준에 도달했는지에 관심을 갖는 것이 중요하다. 또 교육의 실질적 평등은 교육자원의 합리적 배치에 의해 구현되어져야 한다. 하지만 중국은 현 단계에서 교육자원 도농분배의 불균등한 문제로, 법적인 측면에서만 교육의 기회 균등이 이루어졌을 뿐 실천적 차원에서 교육의 실질적 평등이 실현되었다고 보기는 아직 어렵다. 셋째, 이질 집단 간 교육균등은 교육 분야에서 이질 집단이 동등한 교육권을 보장 받도록 하기 위해서 교육의 이질화 원칙을 고려해야 한다는 것을 의미한다. 사회적으로 불리한 지위를 가진 집단에게 더 큰 법적 보장을 해줌으로써 모든 사회 구성원이 평등한 교육 권리를 누릴 수 있도록 해야 한다는 것이다(蔣慧丽, 2019). 중국은 교육의 기회 균등을 견지하는 바탕 위에서 관련 법을 통해 특수한 계층의 교육 평능권을 중점적으로 보호함으로써 법의 공평한 원칙을 구현하고자 노력하고 있다.

## 2. 교육 기본권 실천을 위한 정책 추진 사례

중국에서 교육 기본권 실천과 관련하여 가장 이슈가 되는 부분은 특수 아동의 교육보장 문제와 농촌에서 도시로 이주해온 농민공 자녀의 교육권 보장에 관한 문제이다. 다음은 이들 집단에 대한 교육권 보호를 위해 중국에서 추진하고 있는 정책이다.

### 1) 특수 아동의 교육보장 정책

중국은 2017년 5월 1일부터 「장애인 교육 조례」 (이하 '조례') 개정안을 본격 시행해오고 있다. 이는 1994년 반포하여 실시해오던 원래의 조례를 전면적으로 개정한 것이다. 새 조례에서는 교육 발전 추세에 맞게 장애인 교육 발전의 이념을 새롭게 하고, 장애인의 교육권을 보장하기 위한 제도를 보완하였다. 또한 장애인 교육을 장애인의 사회통합에 초점을 둠으로써 장애인이 평등하게 사회활동에 참여할 수 있는 결정적 역할을 하였다. 새 조례는 '수반취독'(随班就读, 즉 장애 학생으로 하여금 일반 학교에서 함께 교육을 받도록 하는 것), '영거절'(零拒绝, 즉 조건이 되는 장애 학생이 일반학교에 입학지원 할 경우 이를 거절할 수 없도록 하는 것) 등 '통합교육'과 '입학거부제로'라는 중요 원칙을 확립하였다. 이외에도 장애인 교육 전문가 위원회 제도, 개별화 교육 제도 등을 신설해 특수 아동의 평등한 교육권 실현을 위한 제도적 기반을 마련하였다(王大泉, 2017). 따라서 2017년 발표된 새 조례는 장애인 교육발전에서 기념비적인 의미뿐만 아니라 전반적인 교육법체계의 구축과 교육이념 전환에 중요한 의미를 갖는다고 할 수 있다.

특수 아동의 학부모가 학교나 교육행정기관과 갈등을 빚고, 분쟁이 제때 해결되지 않으면 특수 아동의 교육권 실현에 큰 차질을 빚을 수밖에 없다. 이에 따라 새 조례에서는 특수 아동 학부모와 학교의 입학·전학 배치와 관련해 논란이 있을 경우 지역 교육행정기관에 분쟁 처리를 신청할 수 있는 '입학쟁의해결제도'를 마련했다. 지역 교육행정기관은 신청을 받은 후, 장애인 교육 전문가 위원회에 의뢰해 특수 아동을 평가한 후, 평가 결과와 권고에 따라 학교의 취학 요건과 특수아동 및 학부모의 의사를 종합적으로 고려하여 특수 아동의 입학·전학 배치에 대한 결정을 내리게 된다(中国残疾人事业发展研究会, 2019).

하지만 입학쟁의해결제도는 특수 아동 학부모와 학교 간 분쟁을 해결하기 위한 근거만 제시하고 있을 뿐, 특수 아동 학부모와 교육행정기관 간 분쟁을 어떻게 해결해야 하는지에 대한 언급은 없다. 또한 입학·전학 배치에 관한 내용은 있지만 특수 아동의 학교교육 과정에서 생기는 문제해결에 대한 언급도 결여되어 있다. 이에 학계에서는 새 조례의 내용을 앞으로 좀 더 포괄적이고 세부적이며 명확히 할 필요가 있다고 주장하고 있다(蔺全丽, 2018).

또한 새 조례는 "국가가 장애인에게 균등하게 교육받을 권리를 보장하고 장애로 인한 어떠한 교육 차별도 금지한다"는 입법원칙을 총칙에서 규정하고 있다. 이러한 원칙에 기초하여, 조례는 장애인을 위한 교육지원을 명확히 제시함으로써 심신 및 기능적 장애로 교육권을 평등하게 향유 받지 못하는 어려움을 해소하였다. 균등하게 교육받을 권리를 보장한다는 원칙에 따라 장애인의 평등한 교육활동에 대한 우선권을 보장함과 동시에, 취학 전 교육부터 고등교육에 이르기까지, 그리고 일반 교육부터 직업교육에 이르기까지 장애인의 평등한 교육권 보호에 중점을 둘 것을 요구하고 있다. 예를 들면 수능에서 시각장애인을 위한 큰 글씨 시험지나 점자시험지를 제공하는 등 장애인 학생들이 평등하고 공정하게 경쟁할 수 있는 교육기회나 환경을 제공하는 것이다(王大泉, 2017).

## 2) 농촌 잔류아동의 의무교육 보장을 위한 정책

농촌 잔류아동(留守儿童) 문제는 농촌 노동력의 도시 이동이 빨라지는 가운데 나타난 중국의 주요 사회문제 중 하나이다. 하지만 중국은 아직 이에 대한 특별 법규를 마련하지는 못하고 있다. 이는 입법 과정 중 국민의 교육권 보장이 완전히 이루어지지 않고 있음을 보여준다. 헌법 제46조에는 국가가 국민의 교육받을 권리를 보장할 의무가 있다고 명시하고 있다. 국민은 교육 권리의 주체이며 농촌 잔류아동 또한 국민의 주요 구성원에 속한다. 특히 이들은 사회약자라는 특수성을 띤 집단으로 헌법과 정부에 의해 이들의 교육권이 보호될 필요가 있다. 헌법에서는 농촌 잔류아동의 교육권 보장에 대한 구체적인 언급은 없지만 이들의 교육권 보장을 위한 방향과 근거를 제시했다는 점에서 그나마 의의를 찾을 수 있다(刘忠军, 2018).

헌법 외에도 교육법, 미성년보호법 등에서 이들의 교육권 보장에 대한 언급을 찾을 수 있다. 교육법 제9조에서는 "국민은 평등한 교육을 받을 권리가 있다"고 명시하였는데, 여기서 '평등'의 의미가 강조되고 있는 것을 볼 수 있다. 교육법 제49조에서는 "부모나 보호인은 아동의 교육권 보장을 위한 의무를 지닌다"고 하여 헌법의 기초 위에서 국민의 교육권 보장을 위한 주체를 가정으로까지 확대하고 있는 것을 볼 수 있다. 교육법 제5조에서는 "정부는 교육권 보장을 위한 주요 책임을 진다", 제13조에서는 "아동의 보호인은 교육권 보장에 대한 구체적 책임을 진다"고 하였다. 이 밖에도 미성년 보호법에서도 아동의 교육권 보장과 관련하여 이와 비슷한 규정을 찾을 수 있다. 이러한 일련의 교육 기본법을 보면, 아동의 수교육권(受教育權)은 법률적으로는 근거가 있지만, 이러한 근거들이 종종 이행과정에서, 특히 주체 책임의 이행에 있어서 여전히 문제가 있다는 지적이다. 예를 들어 조작성이 부족하고 감독 강도가 떨어져 농촌 잔류아동의 교육권 침해나 보장 부족 문제가 제대로 해결되지 못하고 있다는 것이다(刘忠军, 2018).

이에 따라 중국 정부는 정책적 수단을 이용해 농촌 잔류아동의 교육권 보장에 힘쓰고 있다. 2003년 국무원이 발표한 「농촌교육 강화에 관한 결정(关于进一步加强农村教育工作的决定)」을 보면 "농촌 의무교육의 질을 부단히 향상시키고 중앙과 지방 재정에서 농촌 의무교육에 대한 투입을 늘려 농촌 의무교육 학교 교사의 대우를 보장할 것, 교육 인프라를 농촌 교육의 필요에 맞게 확보할 것"이라고 언급하고 있다. 여기서는 특히 "농촌 빈곤 가정 학생에 대한 지원 제도를 수립하고, 농촌 학령기 아동이 학업 중단 없이 건강하게 성장할 수 있도록 보장할 것"이라고 언급하여 농촌 잔류아동의 교육권을 보장하기 위해 정책적 노력이 이루어지고 있는 것을 볼 수 있다.

농촌 잔류아동의 부모들은 농민공(农民工)이라 하여 대부분 농촌을 떠나 도시에서 근로자로 일하고 있기 때문에 중국 정부는 이들 자녀들이 도시로 이주해 올 수 있도록 함으로써 보호자 권리와 교육받을 권리가 모두 실현되도록 노력하고 있다. 예를 들어 2003년 국무원은 「더 나은 농민공 자녀 의무교육에 관한 의견(关于进一步做好进城务工就业农民子女义务教育工作的意见)」을 발표하고, 농민공 자녀 입학문제에 대해 '양위주(两为主, 두 가지 위주)' 원칙을 내세웠다. 즉

전일제 공립학교 위주, 지역정부 관리 위주를 통해 농민공 자녀의 입학문제를 해결한다는 것이다.

이 밖에도 국무원은 일련의 관련 정책들을 발표하여 농민공 자녀가 도시 학교를 다닐 때 내야 하는 '차독비(借读费)' 등 불합리한 유료화 항목을 없애고, 농민공 자녀의 도시 취학을 유도하는 데 중요한 역할을 했다. 2006년 국무원이 내놓은 「농민공 문제 해결에 관한 몇 가지 의견(关于解决农民工问题的若干意见)」에서도 "농민공의 도시 진입에 따른 각종 장애를 타파하고, 도시 내에서 동등한 권리를 보장받으며 자녀의 교육권이 보장되도록 할 것"을 중점적으로 강조했다. 특히 2014년 국무원이 내놓은 「호적제도 개혁에 관한 의견(关于进一步推进户籍制度改革的意见)」이 시행되면서 농촌 호구와 도시 호구의 경계가 허물어지고 교육에서 도농 이원화 구조가 사라져 농민공 자녀가 도시로 이주해서 교육을 받을 수 있는 보다 효율적인 시스템이 구축되었다(刘忠军, 2018).

## 3. 해결과제

중국은 균등한 교육권을 보장하기 위해 의무교육, 특수교육, 민족교육과 관련된 법률을 앞으로도 개정해야 하는 과제가 여전히 남아 있다. 중국은 교육 평등권에 대한 행정법의 법적 보장을 더욱 강화하고 교육의 기회 균등과 실질적 평등을 보장하기 위해 더욱 노력해 갈 것이다. 특히 소수민족 교육과 도농 간 의무교육 자원 균등, 특수교육 분야에서 법률 규정을 세분화 하고, 교육 평등권의 입법 보장을 위해 부단히 보완해 갈 것으로 기대된다. 이를 위한 중국교육의 발전 방향을 정리하면 다음과 같다.

우선, 교육평등권 보호를 위한 행정법의 기능적 역할을 충분히 발휘하도록 하기 위하여 선진국의 성공 경험을 벤치마킹하고 국정에 맞게 의무교육법을 정비할 필요가 있다. 蔣慧丽(2019)는 의무교육법상 교육비 투입 규정을 개정해야 한다고 강조하였다. 각급 정부가 의무교육비 투입에 대해 부담해야 할 비율을 명확히 하고, 기본적인 투입기준을 정하며, 지방정부의 실시세칙에 따라 구체적인 집행 근거를 제공해야 한다는 것이다. 경제가 발달한 지역의 경우 의무교육 경비 마련을 성(省)급 정부 위주로 하고, 반면 경제가 덜 발달한 지역은 의무교육비의 대부분을 중앙과 성 정부에서 부담하도록 하는 것이다. 예를 들어 경제발달 지역은 성 정부가 60%, 중앙정부와 지방정부가 나머지 40%를, 경제 낙후지역은 중앙과 성 정부가 90%를, 지방정부가 나머지 10%를 부담하도록 하는 것이다. 또 의무교육비의 최소 투입기준을 정해 기준에 미달하는 농촌 빈곤지역은 중앙과 성 정부가 차액을 보전할 수 있도록 해야 한다.

둘째, 장애인이 교육평등권을 행정법에 의해 보장받도록 하기 위해 특수교육법을 제정해야 한다. 그동안 중국에서는 장애인의 교육권이 제대로 보장받지 못하고 있다고 지적되어 왔다. 이를 위해 법적 보장의 폭을 더 넓히는 것이 중요하다. 중국의 현행 장애인보장법에서 인가하는 장애는 총 7종인 반면, 다른 법에서는 시력, 청력 그리고 지적 능력에 장애가 있는 경우에만 교육 평등권을 보장해주도록 하였다(蔣慧丽, 2019). 이는 다른 장애를 가진 사람들에게 불평등한 대우가 될 수 있다. 따라서 장애인의 법적 보호 범위를 넓혀 모든 장애인에게 교육 평등권을 보장할 수 있도록 해야 한다. 행정입법을 통해 특수교육 경비를 보장하는 것도 필요하다. 특수 의무교육의 경비 투입 비율을 명확히 하고, 점차 경비 투입을 늘려, 특수 의무교육의 필요를 충족시켜나가야 할 것이다.

이 밖에도 중국은 다민족 국가로 소수민족이 교육에 대한 평등권 보장을 받을 수 있도록 소수민족 교육 입법을 서둘러야한다. 학계에서도 소수민족 교육경비의 출처, 분배 및 사용 등에 대해 명확히 규정해야 하며, 소수민족의 상황을 고려한 소수민족 교육에 관한 법률을 개정하고, 이를 통해 소수민족의 교육 평등권을 보장해야 한다는 목소리가 나오고 있다(蔣慧丽, 2019).

참고
문헌

申素平·陈梓健(2018).权利还是义务:义务教育阶段受教育权性质的再解读.北
　　京大学教育评论,16(02), 151-163.

蒋慧丽(2019).受教育平等权保护的行政法保障.法制博览, 7, 237.

王大泉(2017).新修订《残疾人教育条例》的理念与制度创新.中国特殊教育,
　　6, 3-6.

中国残疾人事业发展研究会（２０１９）.残疾人教育条例.
　　http://www.cdpf.org.cn/ztzl/special/CDRS/szkd/200711/t20071114_
　　267890.html에서 2019.7.31.인출.

蔺全丽(2018).英国特殊儿童受教育权纠纷解决机制探析.郑州师范教育, 7(05),
　　46-50.

刘忠军(2018).农村留守儿童受教育权的政府保障体系研究.黑龙江:东北农业
　　大学